唐浩明——著

伍

張之洞

這是一個成功的人生——
少年解元，青年探花，中年督撫，晚年宰輔。
這也是一個備受奚落的人物——
起居無時，號令無節，行爲乖張，巧於仕宦。

國家圖書館出版品預行編目資料

張之洞／唐浩明著. -- 初版. -- 臺北市：遠流, 2002[民91]
冊： 公分

ISBN 957-32-4712-7(全套：平裝). -- ISBN 957-32-4713-5(第1冊：平裝). -- ISBN 957-32-4714-3(第2冊：平裝). -- ISBN 957-32-4715-1(第3冊：平裝). -- ISBN 957-32-4716-X(第4冊：平裝). -- ISBN 957-32-4717-8(第5冊：平裝). -- ISBN 957-32-4718-6(第6冊：平裝)

857.7　　91013621

張之洞（共六冊）

〈伍〉

作者　唐浩明
主編　李佳穎
執行編輯　洪淑暖
封面設計　唐壽南
發行人　王榮文
出版發行　遠流出版事業股份有限公司
臺北市汀州路三段一八四號七樓之五
郵撥：0189456-1　電話：(02)2365-1212
傳真：(02)2365-7979　(02)2365-8989
著作權顧問　蕭雄淋律師
法律顧問　王秀哲律師／董安丹律師
印刷　一展印刷事業有限公司
初版一刷　2002年9月1日
初版二刷　2003年3月15日
ISBN　957-32-4712-7（全套：平裝）
ISBN　957-32-4717-8（第五冊：平裝）

定價250元

目錄　下卷（上）

第一章　與時維新

第二章　中體西用

第三章　血濺變法

第一章 與時維新

1 桑治平寄重望於張家二公子

奕訢的復出，沒有給大清帝國的政局以絲毫扭轉。百年腐敗已經將國勢置於危險的巔峯，它以人力不可阻擋的趨勢急速滾向災難的深谷。躲在威海衛海港的北洋艦隊剩餘的二十多艘戰艦，幾乎在一夜之間被日本的聯合艦隊全部摧毀。北洋艦隊翼長劉步蟾自殺。北洋水師衙門所在地劉公島被日軍團團圍住。提督丁汝昌萬般無奈，只得以自殺謝天下，剩下的軍艦、炮台及一切軍事器械全部落入敵手。以北洋水師衙門的被佔、提督殉國為標誌，李鴻章苦心經營二十多年、耗資千萬兩銀子的北洋海軍，已向國人宣告徹底覆亡。作為海軍的核心和靈魂，北洋水師的這個下場，也向世人表明，大清國海軍已接近全線崩潰。湘軍宿將劉坤一和他所節制的關外六萬湘軍，也抖不起半點往日的威風，不僅關外軍事毫無起色，而且僅只六天之內便連失中莊、營口、田莊台等戰略要地。在日本陸軍強大的炮火和鋒利的武士刀面前，當年耀武揚威的湖湘子弟猶如雪人兒見了太陽似的，立即消融化解，潰不成軍。湘軍的神話從此掃地以盡。

海陸兩軍全面失敗的殘酷事實，擊破青年光緒、帝師翁同龢以及朝中那些強烈主戰者的幻想及其虛驕僥幸等種種心態，也堅定了慈禧、奕訢等人的求和選擇。奕訢請求美國公使田貝出面調停。在日本天

皇頒發進犯中國的敕書中，本就明確地標明了戰爭的前後兩期。前期的目的是摧毀中國的海軍，震動渤海灣，至於打下北京，佔領全中國，那是後期的目標。日本鑒於前期目標已達到，遂賣了個人情給美國，接受求和的調停。於是，就有了李鴻章代表朝廷所簽訂的馬關條約。這個條約不僅令中國蒙受極大恥辱和損失，也讓李鴻章背上了萬世不能卸掉的黑鍋。中國被迫賠償軍費銀二億両，相當於全國全年財政總收入的兩倍多。承認日本對朝鮮的控制，割讓遼東半島、澎湖列島和台灣島。遼東半島的割讓引起俄、德、法三國的不滿，在三國的干涉下，中國又以三千萬両銀子的代價贖回，作為回報，又違心地同意俄、德、法三國在此半島上租借軍港，修築鐵路、開採礦山的特權。

猶如天崩地震，日亡月歿，又好比崑崙傾圮，黃河倒流，馬關條約的簽訂，對大清王國、對中華民族的打擊和震動是史無前例、慘痛無比的。

它讓大部分中國人深感憤恨，既憤恨這個東洋鬼子的兇殘貪婪，又憤恨朝廷的無能軟弱，最後又把這種憤恨幾乎全集中在李鴻章一個人的身上，眾口一辭罵他漢奸。昔日紅得發紫的一代雄傑，如今落到通國不容的地步。他被革去一切實職，只留下一個文華殿大學士的虛銜，龜縮在賢良寺裏，憂鬱孤獨，門可羅雀。馬關條約也讓不少中國人深感失望，隔海相望的蕞爾小國，歷史上從來都是在堂堂大中國的面前低一截矮一頭，現在居然可以稱王稱霸，欲將中國拼入他的版圖，可見中國如今腐朽到何等地步！人口雖多，卻一盤散沙；軍隊雖多，卻形同烏合。許多人在搖頭歎息，在自哀自憐：中國的命運不知將伊於胡底！也有少數強悍者，他們將失望化為怨恨，怨恨慈禧、光緒為首的整個滿洲政權。他們認為都是這些關外來的滿洲人將中國弄得如此一塌糊塗，使本來輝煌的中華文明蒙羞含垢，所有罪責應由滿洲

人來承擔。自從明崇禎甲申年北京淪落之後，中國實際上已經亡國，中國人至今已做了二百多年的亡國奴，只有驅逐胡虜，才有中國的復興。他們在暗中結社立會，集聚力量，尋找機會，以四十年前的洪秀全、楊秀清為榜樣，揭竿起事，光復漢室。馬關條約也讓不少中國人開始對國家的現狀和未來作深入的思索。思索給他們最大的啟發是：國家之所以如此受辱，其原蓋出於弱，要使由弱到強，除加速發展以軍事為主要內容的自強事業外，還要對有礙於自強的各種陳規陋習，乃至律令法則作相應的改變。這一批人多為士林中的熱血青年和官場中頗思作為的開明派。張之洞屬於這一種人，並因他的地位和辦洋務的業績，成了他們中眾望所歸的首領。

中國和日本發生衝突以後，張之洞一秉當年清流本性，態度強硬，力主以牙還牙，並主動為朝廷出謀畫策，運籌帷幄。高陞號運兵船被日軍擊沉後，其中有五個英國人為此喪生。張之洞向朝廷建議，聯合英國一起來譴責日軍的暴行。在戰爭進行過程中，他多次致電李鴻章，向他提出自己的軍事建議。威海失手後，他甚至電商自己的老部下現已升為台灣巡撫的唐景崧，請他趁眼下日本國內空虛，派一支艦隊奇襲日本本土。可惜，張之洞的這些努力均未奏效，事態的惡化，令他憂慮萬分。

在李鴻章赴馬關與日本商談條約時，張之洞多次電奏朝廷，認為日本的條件太苛刻，對此萬不可答應，否則中國將從此不能自立。不如拿這些銀子購兵艦、募洋將，與倭寇決一死戰。條約簽訂後，他又致電唐景崧和不久前奉命赴台籌辦台灣防務的南澳鎮總兵劉永福，要他們利用台灣紳民反對割台的民氣，拖延交割，以便盡最後的努力，爭取國際干涉，不讓台灣從祖國的領土中分割出去。然而，張之洞的這一切努力也都白費了。尤其令他痛心的是，在此生死存亡之際，他曾寄與重望的唐景崧與過去的戰

友反目，為着個人的權利名位而明爭暗鬥，不能合作對敵。經過一番反抗、抵禦後，唐、劉二人先後渡海回歸大陸，台灣被日本強行佔領了。誰也沒有想到，這一佔領便是整整的五十年。

痛定思痛，張之洞認定自強種種，首在強軍。受命署理兩江後所辦的第一件大事，便是組建一支軍隊，他親自將這支軍隊命名自強軍。自強軍共有前隊八營，炮隊二營，馬隊二營，工程隊一營，共計近三千人。自強軍聘請德國軍官為教練，依照德國陸軍的操典予以訓練。它的區分兵種及各營統一於總指揮的特點，迥異於過去的湘淮軍，使之成為一支朝野矚目的新型軍隊。建軍的同時，他又在江寧創建一所陸軍學堂，以便為自強軍培養既懂軍事又懂外語的新式軍官。

看着自強軍在一天天長進，張之洞心裏高興。他設想今後還可以在湖北也籌建一支類似的軍隊。這天晚飯後，隨他前來江寧的老友兼親家桑治平，約他到自己的房裏説話。

桑治平寓居督署的房間，在衙門西北角上。三十多年前的兩江總督衙門，正是與京師紫禁城擁有同等政治地位的天王府。天王洪秀全請干王洪仁玕依照在香港所見的洋人教堂的樣式，為他修造一座小型拜上帝會教堂。這座洋式教堂在王府西北角，全用花崗巖砌就，窗櫺上裝的是當時最為時髦的彩色玻璃。房頂做成尖尖的塔狀，上面有一個鐵製的大十字架。上下兩層，除開一樓大廳外，樓上樓下共有六個大小單間。這裏人跡少，極為安靜，洪秀全常在這裏做禮拜，讀《聖經》。住在這裏，他有一種與天父天兄直接對話的感覺。他説的話，天父天兄都能聽到。恍恍惚惚中，他也常見天父天兄在向他指示方略，賜予智慧。天王還常常在這裏寫詩作文，修改增補他的《御制詩文集》。有時，他看中哪個漂亮的女官，也會帶到這裏來幽會，為的是迴避他眾多的王娘和進府來請示機宜的列王天將們。

同治三年六月，湘軍吉字營的一把大火，將天王府幾乎焚燒殆盡，這座小教堂因為地處偏僻又是巖石建成而幸存。曾國藩將江督衙門從安慶遷回此地後，有人曾建議將這座建築拆毀，曾國藩制止了。他說一座好好的房子，拆了可惜，留下還可以住人。他只叫人將尖塔和十字架拆掉，因為那是邪教的象徵，代之以中國傳統的人字型屋頂。也叫人將彩色玻璃取下，那是迷人心性的豔色，代之以中國傳統的灰白皮紙。經過改造後的這所房屋，既舒適好用，又平實素樸，曾國藩便將之作為高等驛館看待，專門接待來兩江的朝中貴客。平時無人來則鎖起。他自己仍守着湘鄉農人似的簡樸生活，這座驛館他一夜也沒住過。曾國藩的這個傳統一直沿襲下來。數十年來，歷任江督都沒改變它。桑治平隨着張之洞來到江寧後，為着對老友的禮遇，張之洞將他安置在這座署中驛館裏。柴氏夫人半年前過世了，他一人獨居。來到江寧後，張之洞給他派了兩個僕役，與他同住驛館，以便隨時照顧。

平時，桑治平都過來，與張之洞和大家一起在署中會議廳或書房裏議事，這次為何將他請到自己的寓所來呢？在二樓的一間小房子裏，落座後，張之洞笑着問：「仲子兄，你叫我到這裏來做甚麼？莫非你在這裏發現了當年洪秀全的遺物，叫我來悄悄欣賞？」

桑治平也笑了，說：「要有長毛遺物，也早叫人搜走了，還輪得到我？」

僕役獻上茶後，桑治平叫他們不要再上樓了，他要和總督商談要事。

「有一樁事，我事前沒有和你商量，自作主張地辦了，現在來向你請罪。」

「甚麼事？」張之洞一時摸不着頭腦。

「兩個月前，我私自要江寧陸軍學堂派兩個機敏的學生到天津出了一趟差，前幾天回來了。」

「到天津去做甚麼？」

「到天津小站去實地考察一下定武軍的訓練情況。」

「我以為甚麼大事！」張之洞莞爾一笑。「這算甚麼，你不要神神秘秘的，事先告訴我也無妨。」

「我如先告訴你，你一定會說，那有甚麼可考察的，袁世凱那小子乳臭未乾，他能有甚麼好招。」

「你料定我一定會這樣說？」

「你一定會這樣說！」

「真的是深知我心！」

二人相視大笑起來。

「你為甚麼對袁世凱和他的定武軍這樣感興趣？」笑完之後，張之洞鄭重其事地問。

「香濤兄，這個袁世凱，我已注意多時了。聽許多人講，袁世凱有過人的膽識、氣魄和才幹，他把武定軍訓練得有聲有色，本想親自去看看，但我去反而不如陸軍學堂的年輕人的方便，於是讓他們去先瞧瞧。聽了他們回來的稟報後，我有些想法，所以請你來這個偏地方好好談談。」

看窗外，已正夜色四合了。桑治平起身，將窗簾拉上，室內的西洋玻璃罩大煤油燈光，顯得更加明亮而柔和。

去年海戰爆發前夕，袁世凱一連二十餘通電報請求朝廷增兵朝鮮，但未得一字回音。袁世凱於失望憤慨中私自離開朝鮮回國，向李鴻章哭訴朝鮮局勢危在旦夕的實情。李鴻章無力挽救朝鮮的政局，卻賞識這位昔日戰友的後代的清醒頭腦。他為袁世凱擔當「私自回國」的責任，向朝廷舉薦這個青年才俊。

朝廷沒有指責袁世凱的擅離職守，比照商務代辦的品級，給了他一個浙江溫處道道員的官職。但袁世凱不想去浙江，在京城裏磨蹭着，等待別的機會。袁世凱的運氣好，一個絕好機遇果真讓他等到了。一年前屬於洋務派系的廣西按察使胡燏芬被委以重任，來到天津小站，招募訓練新式陸軍——定武軍，這時他又奉命調任津蘆鐵路的督辦，於是定武軍軍務處督辦一職空缺。袁世凱看中了這個缺。定武軍屬洋務範疇，李鴻章是全國洋務的總頭領，定武軍訓練場地在天津小站，屬於直隸地面，李鴻章是直隸總督。毫無疑義，對於這支軍隊，李鴻章異常重視，並握有很大的發言權。於是，袁世凱便向李鴻章請求不去浙江而補這個缺。

李鴻章仔細聽取了袁世凱的陳述，面容凝重目光深邃地盯着即將束裝就道的溫處道員。此人在朝鮮十年，幾次平定危局，訓練士卒、吃苦耐勞，尤其是極有政治頭腦，有預見，判事明晰。十年來，他實際上充當了中國在朝鮮的發言人。此人今年尚只三十五六歲，寬肩厚胸，兩腿粗短，正是所謂主富貴的五短身材。特別是那兩隻眼睛，圓大烏亮，精氣四溢，顯示出遠過常人的機靈和精神。袁家上兩代與淮系淵源甚深，可以將他當作淮系後起之秀來培植。李鴻章拍了拍袁世凱肩膀，微笑着說：「慰廷，你就準備去補胡燏芬的缺吧。只是到了小站要好好地去幹，把定武軍訓練好，莫給父祖輩丟臉，老夫將寄厚望於你！」

一個月後，袁世凱果然奉旨改派小站定武軍軍務督辦處。出身兵家有過十年行伍經歷的袁世凱，深知亂世軍隊的重要。他一到小站，便把定武軍視作自己的性命之所在，以百倍於大清尋常帶兵將領的激情，投入到軍務之中。

袁世凱到小站不久，定武軍的面貌便大有起色。軍營號角嘹亮，甲冑鮮明，紀律嚴格，令行禁止。從將官到士兵，訓練時吃苦耐勞，認真負責，直把操場當沙場；不訓練時，識字讀書，聽報告，開演講會，軍營如同學堂。尤其一事他做得最為大膽：原先一千五百人的定武軍，半年之後擴大為七千五百人。先前最不起眼的小站，因定武軍而弄得名聲大噪，引起朝野內外、四面八方的注意，也因此引起了桑治平的注意。

「香濤兄，陸軍學堂兩個學生在小站住了半個月，受到他們很熱情的接待，聽了他們回來後講的所見所聞之後，我有一些想法。我隱隱約約覺得，這個從朝鮮回來的年輕人，不可小覷，他和他的定武軍或許有可能成事。」

「是嗎？」張之洞的嘴角邊微露冷笑。「我聽說袁世凱這傢伙是個惹是生非的人。他在朝鮮仗勢坐大，不把朝鮮君臣看在眼裏。也不把日本看在眼裏，這次戰爭的爆發，有人講袁世凱負有重大責任，是他激怒了日本人，也得罪朝鮮君臣，把他們推到了日本人那邊。」

「這些人說的也可能不無道理，袁世凱或許應該負有某些責任。我們今天不談這些，我只是覺得袁世凱不是平庸之輩。實在地說，大清官場惹是生非的人並不多，今天官場太多的是平平淡淡、庸碌無為的官吏。它窒息了生機，加重了衰落，這其實更為可怕，更值得憂慮。」

張之洞當然不是一個喜歡平庸的人，他也多次聽人誇獎過袁世凱。只是袁世凱沒有兩榜功名，走的這條發跡之路又不是他心目中的成功大道，說到底，只是不喜歡袁這個人而已。

張之洞說：「當今官場多平庸，你這話說到點子上了。只是袁世凱這個人並沒有甚麼特別過人之

處，你為甚麼對他期許這樣高？定武軍將有可能成事，我們自強軍今後就不能成事嗎？」

桑治平笑了笑說：「我今夜特為和你談談定武軍，正是為了讓我們的自強軍今後能成大事。」

他收起笑容，面容肅穆地說：「我在隱居古北口的時候，曾花氣力研究過歷史上的軍隊。從歷朝歷代的常規兵制到戰爭爆發時的臨時調遣，從史書上的重大戰役到著名的軍事將領，尤其是近期的八旗、綠營、湘軍、淮軍，我都曾對他們傾注過很大的興趣。這樣地研究過後，我有一個認識：凡是能成大事能建奇功的軍隊，都是統帥個人的私家部隊，而不是朝廷的官軍。從古時的楊家將、岳家軍到現在的湘軍、淮軍，都可證實我的這個看法。香濤兄，你想過沒有，三十年前，建立功勳時的湘淮軍，實際上就是曾家軍、李家軍。」

初聽起來這是十足的離經叛道，細想起來卻又不無道理。張之洞不露聲色地盯着這位一直在輔佐自己卻不願接受任何官職的老友兼親家，全神貫注地聽他說下去。

「我隱隱地感覺到，袁世凱走的是這條路子，也就是說，朝廷的定武軍正在被他利用，將慢慢變成袁家軍。」

張之洞心裏微微怔了一下，問：「你有證據嗎？憑甚麼說定武軍將會變成袁家軍呢？」

「眼下證據還不夠，憑那兩個學生半個月的觀察，不足以構成憑據。不過，這個是次要的。他袁世凱今後能不能達到這一點，且擺在一邊，我以為，他若是有心人，應該這樣做，要利用這個大好的機會，來做這件事。」

張之洞似乎聽出點名堂來了，他沉住氣，再聽下去。

「當年我在古北口的時候，村子裏的農夫平素務農，冬日裏則趕山追獸做獵人。我有一個獵人朋友，他跟我說過這樣的話。他說獵人靠的是獵犬。獵犬的作用，平時追趕野獸，危急時則能救援主人，通常的獵人都買未成年的良犬來訓育。但他家裏卻是從自家眾多母狗所生的狗崽中，挑選好的來培育，故他家的獵犬比別人家的獵犬更忠心，更護主。這個獵人朋友說的其實是一個很簡單的道理：自家的親，別人的疏。」

桑治平喝了一口茶後，繼續說：「這個道理也適用於帶兵上。帶現有的兵，如同養半大的狗，帶自己從無到有組建的軍營，好比養自家生的狗，其間是大不相同的。但帶兵與養狗又有大不相同之處。家生狗誰家都可以養，但自己組建軍隊，朝廷決不會允許。非常時期雖可例外，但糧餉的籌集卻又大不容易。現在打着朝廷的名義招兵買馬，戶部解餉，各省供糧，豈不是天賜良機？袁世凱的聰明就在這裏，利用這個機會，擴大定武軍，同時也就徹底改組了定武軍，這支軍隊實際上是他的家養犬了。他之所以把全副心思投進去，不是他特別的忠誠、特別地要報效朝廷，他是為他自己在做事。你還記得那年廣武軍二百名軍官隨船到武昌的事嗎？」

「怎麼不記得！」張之洞說，「為此還招來一道指摘的上諭。只是後來全力辦鐵政去了，顧不上辦湖北新軍，這批人也沒好好用。」

「不瞞你說，我當時就藏有遠圖，只是未向你挑明罷了。六年過去了，那批軍官已滿身暮氣，不能有所指望了。」

桑治平在心裏歎了一口氣，頗為當年的「遠圖」未酬而遺憾。張之洞瞪大眼睛看着，等待他的下

文。

桑治平壓低嗓音：「我們大清國，其實從嘉慶年間開始，就進入了亂世。亂世中靠的甚麼，就是靠軍隊，有軍隊就有名位事業，無軍隊，則頭上的烏紗帽總提在別人的手裏。曾國藩當年在江西處於進退維谷的場面，借奔父喪來擺脫困境，但朝廷為甚麼在守喪僅一年便又叫他復出呢？不是因為他會打仗，而是因為湘軍是他的。朝廷起復他，不是看重他曾某一個人，而是看重他手下的十幾萬湘軍。李鴻章為甚麼能長保富貴尊榮，普天下的清流都罵不倒他，就是因為他手裏有一支從淮軍轉化過來的北洋水陸兩支軍隊。同時代對付長毛的，如袁世凱的叔祖袁甲三為甚麼四處流動，一事無成，就是因為他手下的軍隊，不是家生而是抱來的犬。袁世凱正是吸取了他袁家的祖訓，改弦易轍，走曾、李的成功之路。」

張之洞聽了這一番話後，終於忍不住了：「仲子兄，我明白了你的意思，你是不是要我借着這個好機會，把自強軍辦成張某人家養的獵犬——張家軍？」

「香濤兄，」桑治平面色莊重地說，「我知道，以我們之間十多年的相知和今日的關係，我說的話即便你不贊同甚或反對，都不會懷疑我的用心。」

「這是自然的。」張之洞平靜地點了點頭。

「那我跟你說幾句或許你聽了不大順耳的話。」桑治平有意停了一下，望了一眼坐在對面的兒女親家，見他在凝神聽着，便認真說下去，「自從甲申年來，你致力於洋務事業，將中國徐圖自強的希望寄託在你所辦的那些洋務局廠上。你的用心很好，為此花費的精力也很令人欽佩，並且已見成效。但說句實在話，裏面的問題很多，有人甚至悲觀地認為，不要說難以讓中國自強，就連這批局廠本身能辦得多

久都還成問題。」

張之洞不以為然地說：「這些個話，我也風聞過。但既想要辦大事，又想不要聽到反對的話，那幾乎是不可能的，何況洋務這種自古以來所沒辦的大事。總不能因有人懷疑，我們就不辦了。」

「不是這個意思，我一向都全力支持你辦洋務局廠。問題不少也是事實，這樁事今後可以請蔡錫勇、念礽等人來細細商討，我今夜也不跟你談這碼事。我是說你辦局廠是對的，但局勢有可能不會讓你順利辦下去。」

張之洞盯着桑治平問：

「你這話是甚麼意思？」

「乾脆說白吧！」桑治平略作停頓後蹦出一句硬綁綁的話來。「依我看，局勢極不安寧，說不定更大的混亂就要出現。今年春天京師的公車上書，在全國官場士林引起了很大的震撼，朝廷失去威信，民心浮動，這是大亂將至的徵兆啊！」

桑治平所說的公車上書，是指的今年春闈前夕，在京應會試的各省舉子，聽說李鴻章在馬關與日本人簽訂了割地賠款的條約後，羣情激憤，在廣東舉子康有為、梁啟超的帶領下，一千多名舉人集會抗議，又一起來到都察院請代為遞交上奏朝廷的萬言書，請求朝廷拒絕承認這個賣國的條約。千餘公車聯名上書，是史無記載的大事。這一事件很快便由京師傳遍全國各地，激蕩了一股從上到下、從官場到市井的久違的愛國正氣，身處江寧的兩江總督張之洞怎能不知？當年的清流砥柱是從心底裏同情這批公車的熱血之舉的。不過，他並沒有將此與大亂將至聯繫起來。

張之洞皺着眉毛問了一句：「有這麼嚴重嗎？」

「我看差不多。」桑治平肯定地說，「大亂來到的時候，局廠還能辦下去嗎？你再想辦也沒法辦啊，到那時真正管用的是軍隊。有兵，才可以平亂；帶兵的人，才是國家的主心骨。但願不再有長毛、捻子的事出現，如果萬一出現這種不幸的局面，我不希望看到袁世凱和他的定武軍獨佔風光，我盼望你能做當年的曾國藩、李鴻章，自強軍就是昔日的湘軍、淮軍。」

「你是叫我不要做別的事情了，就像過去的曾國藩，現在的袁世凱一樣，全副心思來辦自強軍？」

桑治平慢慢地說：「我想，你也可以這樣去做，把洋務交給別人，而自己一心一意辦軍隊，把自強軍牢牢地握在您的手裏。」

「我今年五十八歲了，曾國藩辦湘軍時才剛過四十，袁世凱只有三十五六歲，我這把年紀了，能和他們比嗎？能天天跟那些小伙子們一道去操練演習嗎？」

「你可以不和他們一樣上操場，但你可以和他們一起住營房，如果你去的話，我陪你去住。」

張之洞笑了，說：「那也不行。曾國藩那時只有辦湘軍一件事，袁世凱也只有一個督辦軍務的專職，我身為湖督又身兼江督，我怎麼可以甩得開！」

「其實呀，只要你有心，這些事都有辦法可想。你可以在自強軍營裏住上半年，這半年裏湖督江督的一般事務都委託給別人，特別重要的事才親自辦，不會誤事的。」

「難道說離開督署住軍營，就可以將自強軍掌握在自己的手裏嗎？」

「當然不是這麼簡單。」桑治平摸了摸下巴說，「掌握一支軍隊，關鍵在於控制這支軍隊的高級軍

官。你在軍營住上一段時期，與軍營建立一種水乳交融的關係，然後在這中間去物色去培養自己的人。若督辦處的各位督辦、協辦，各營的管帶都是你一手選拔提升的人，而不是現在的狀況：督辦由江蘇提督兼任，協辦是他的多年袍澤，各營管帶及哨官都由協辦任命。徹底改變這個狀況之後，才可以說自強軍是你的了。」

張之洞陷入了思索。桑治平這個設想是很對的：現在的自強軍雖是經自己的手募集的，但名義上是朝廷的軍隊，實質上也還是在江蘇提督的手中，自己不過是公事公辦；倘若不再呆在江寧，這支新式軍隊，也跟現行的綠營一樣，與自己就無半點聯繫。世道亂時，不要說聽你的號令去衝鋒陷陣，即便讓它為你辦一丁點小事，也不可能做到。但是，讓自己放下這大帥的地位，去做一個只有三千人的自強軍的將領，張之洞卻不屑於這樣做。再說，這種越俎代庖的事，明顯地違背了朝廷的制度。世道尚未亂，一道道大清律令擺在那裏，倘若有人告你一個私營軍隊的罪名，也是一樁難以糾纏的官司案。想到這裏，張之洞說：

「仲子兄，我已經老了，沒有親自指揮一支軍隊的魄力了。我只是想為朝廷做一點強國強兵的實事，也不想把這支自強軍當作個人的軍事力量。這或許會令你失望，但這也是無可奈何的事。」說完，長長地噓了一口氣。

這的確令桑治平大為失望，端茶杯的右手在半途中停住了。他凝眸望着眼前的署理兩江總督，似乎第一次有了這樣的印象：他的確是老了！差不多白完了的髮辮、鬍鬚，就像製麻局裏堆放的那些苧麻，零亂而沒有光澤；瘦長多皺的臉龐，好比從熱炕灰裏扒出的一隻煨白薯，慘慘的而沒有血色；矮小單薄

的身體靠在藤椅上，如同一個十五六歲的小孩，因沒有發育成熟而顯得很不起眼。平時似乎不是這樣的呀！鬚髮雖白而面皮紅潤，身材雖小卻虎虎有威。今夜怎麼這等萎瑣而庸常！

桑治平在心裏歎了一口氣後說：「香濤兄，這些年的操勞的確耗費了你不少心血，以望六之年來親領虎符，是有不少難處。我今夜向你提出一個要求，請你萬不要瞻前顧後而不接受。」

要求？這麼多年來，桑治平可從來沒有提甚麼要求呀！「甚麼要求，你只管說，我們之間是甚麼關係呀，你所想要的，我還不盡力而為嗎？」

桑治平淺淺一笑，說：「再過三個月，仁梃就要從武昌自強學堂畢業。我請你派他到自強軍去，先做個隊官，一年半載後升個營官，日後讓他代替你來掌管自強軍。」

婚後，仁梃進了武昌自強學堂，系統地學習英文、測算、機器製造等西洋實學。張之洞和桑治平都深感自己不懂西學，有意讓兒輩彌補這一絕大遺憾。原本讓仁梃畢業後進鐵政局，跟着蔡錫勇、陳念礽他們學洋務實業，這是張之洞和桑治平的共同願望。在張之洞斷然拒絕自領自強軍的這一刻，桑治平突然冒出一個想法來：讓仁梃來做這樁事，比起父親來，仁梃自有許多不及之處，但同樣也有許多超過之處。仁梃身材雖不高大，但他自小跟着桑治平學過不少拳腳功夫，身子矯健、靈活，宜於武事。雖沒系統學過軍事，但他懂洋文洋學，德國的操典，英國的武器，他只要去學，就會比別人快十倍百倍。更重要的是，他只有二十五歲，如一輪初出地平線的朝陽，霞光萬道，前途無限，已到望六之年的父親和岳父哪裏可望其項背！

「讓仁梃到自強軍去，這事我倒沒想過，如果他願意，也是可以的。」張之洞捋了捋長鬚。「不過，

他在武昌學的不是軍事，一到軍營便做隊官，也不合適，人家會說他仗老子的勢力。」

桑治平說：「不說別的，就憑仁梃一口流利的英語和他的測算學問，在五六十個自強軍營、隊官中就無人可比。仁梃缺的是軍事方面的常識，可以先讓他做個見習隊官，過幾個月再補實缺。若讓他從士兵做起，何時才能走到掌管自強軍這一步？」

「你不要因為仁梃是你的女婿，你就偏愛他，袒護他，我倒是並沒有看出他有哪些過人的地方。你對他的期望是不是太高了？」

「仁梃是不是有過人之處，暫且不說，首要的是培養他，這是至關重大的事。這一點，近世唯曾國藩看得最透，做得最好。他說過，只要有中等之資質，若加以良好的培植，讓他有充份施展才能的機會，就可望做出大事業來。反之，一個有上等資質的人，若不幸而沉淪淹沒的話，他也會一事無成。對曾國藩的這番話，我是深為贊同的。世間聰明人很多，能幹出事業來的，不過千分之一、萬分之一罷了，絕大多數的人都沉沒了，真令人痛惜。你的部屬學生，你都着意培植，為他們創造一個好的環境，難道對自己的兒子就如此苛求薄待嗎？」

張之洞哈哈大笑：「仁梃有你這樣偏袒他的岳翁，真是他的福氣。好吧，就按你的辦，讓他到自強軍。但有一個條件，先得在江寧陸軍學堂讀半年書，然後按別人一樣的待遇，先做見習隊官。他若真有才幹，再循級提拔，千萬不要揠苗助長，愛之反而害之。」

桑治平寄厚望於女婿，殷切期盼他儘快長成一株能擋風雨的大樹。不料，風雲難測，禍福相倚，因仁梃的來到江寧，反而鑄成桑治平一生痛悔不已的大錯！

2
桑治平決定跳出名利場，與初戀情人一道融入天地造化之中

仁梃在江寧陸軍學校僅僅只學了三個月的軍事學，江蘇提督自強軍督辦程世壽為討好制台大人，便將仁梃安置在最時髦的炮兵營中做一名見習隊官。炮兵營共有二百五十餘人，分為四個隊：兩個炮兵隊，一個運輸隊，一個工兵隊。炮兵營的管帶林志宏原本就是江蘇綠營的一個都司，曾由劉坤一派往德國學過半年的炮兵，會講一點德國話，是個心高氣傲的年輕軍官。他任自強軍的炮兵營管帶，是程世壽的提拔。在林志宏的心目中，於他有恩的只有兩個人，一個是原江督劉坤一，另一個就是程世壽，對於張之洞，他並無私人感情。張仁梃在江寧陸校只呆了三個月，便到炮兵營任見習隊官，他對此頗有看法。看在程世壽的面子上，他沒有拒絕；但對仁梃，他卻以通常的仗父勢的衙內視之，心裏有着很深的偏見。炮兵營四個隊，實際上是三個等級。兩個炮兵隊是第一等級。炮兵技術性強，招募時較嚴，待遇也較好。其次為運輸隊。最差的是工兵隊，說起來也是當兵吃糧，其實幹的全是挖土壘石頭等粗活重活。故而工兵隊招募條件寬鬆，只要是年輕有力氣就行了。這裏的四十幾號人，多來自山野鄙夫市井遊民和別的綠營中開缺的兵油子，最是散漫混亂難得管理。剛好原隊官喪母請了幾個月假回籍去了，於是林志宏便把仁梃派到工兵隊，有意將這個癩痢頭交給他剃。

仁梃少不更事，不知工兵隊裏如此複雜。他一到隊便立即對相沿成習的懶散漫漶的風氣予以堅決整頓，嚴厲聲稱：自強軍乃新式軍隊，為國家強大的希望之所在，決不允許八旗綠營中的那種軍營暮氣在工兵隊中出現。仁梃以年輕人的熱血之氣對待自己的職守，也決心把工兵隊改造好，以此打下在自強軍的基礎。他規定了嚴明的紀律。自己住在營房裏，與工兵隊的士兵們一起操練、演習、出勤、辦差，毫不含糊。仁梃的小家雖然就安置在督署衙門內，從雨花台駐地回家也不過兩個小時，他也只是半月才回家一次。仁梃在工兵隊的表現，父親、岳父甚是讚賞，工兵隊裏那些散漫慣了的兵痞子們，卻極不滿意。

工兵隊裏有三個最煩人的癩痢頭。一個是四川人，姓魏，排行老么，人稱魏么爹。一個是安徽人，姓羅，排行老二，人稱羅二。一個姓于，江寧本地人，一臉麻子，人稱于麻子。

魏么爹四十多歲的年紀，十五六歲時由一個做袍哥小頭目的遠房親戚帶到湘軍鮑超的部下，過了近三十年的軍營生活，是個十足的兵油子。魏么爹也沒有娶妻小，時常找一些易到手的寡婦混混，幾十年的餉銀結餘便都流入到那些寡婦手裏，自己也並沒有甚麼積蓄。羅二家住皖北，八九歲就跟着做私鹽販子的父親走南闖北，現雖只有二十八歲，卻也是一個天不怕地不怕的無賴。于麻子才二十歲出頭，是個好吃懶做的混蟲。魏么爹把袍哥的那一套帶進工兵隊，對羅二、于麻子說，人的力量在於結團夥，當年湘軍裏袍哥會裏的爺們，在軍營稱王稱霸，連曾國藩都拿他們頭痛。我們三個若結成團夥，就力量大了，誰都不能欺侮我們，工兵隊裏明裏聽隊官的，暗裏掌舵的就是我們。羅二、于麻子都擁護，於是三人結了拜把兄弟，魏做老大，羅做老二，于麻子做老三。

這三人聯成一氣後，果然力大氣粗，工兵隊裏那些散兵遊勇都怕了他們。隊官真的拿他們沒辦法。張仁梃整頓工兵隊，最先得罪的便是這三個袍哥兄弟。

這一天，張仁梃將工兵隊帶出營房十里外的一個荒山坡上，作一次築炮台的實戰訓練。將四十五個士兵分成三組，每組築一座炮台，三天內築成。夜晚就住在臨時支的帳篷裏，不得回營房。

這是一樁苦差事，士兵們心裏都不情願，但又不能反對，只得硬着頭皮去幹。第一天下來，三個炮台都只挖了幾尺深的腳基，炮台連個影子都沒有。如果按這樣的速度下去，五六天都不一定築得起。張仁梃心裏焦急，訓罵督促都不頂事。第二天一整天，才勉強砌上三尺高的牆腳基石。三個炮台上的人像商量好了似的，一樣的懶懶洋洋、拖拖拉拉。張仁梃氣極了，尋思着如何來扭轉這個局面。

魏么爹新近在營房邊又勾搭上一個三十來歲的小寡婦，兩人正在熱火的時候。魏么爹每天晚上都要去那小寡婦家裏歇上大半宿，天快亮時才回營房。眾人都怕他，明知他這檔子事也不敢舉報。魏么爹在帳篷裏接連獨睡了兩個夜晚，心火燒得燎燎的，實在忍受不住了。這天剛吃完晚飯，他跟羅二、于麻子打了聲招呼，便急急忙忙地趕回雨花台，一頭鑽進小寡婦的家。

第二天早上，三個炮台上的人已上個把小時的工了，還不見魏么爹來，羅二、于麻子也替他着急。這時，張仁梃來到炮台監工，見缺了魏么爹，便問他的棚長，棚長答不知，又問他昨夜在帳篷裏睡沒有，棚長答不在。張仁梃立時惱怒起來，心裏想，正要找隻雞來殺給猴子們看看，不料恰好出了一隻，非得好好懲罰不可。正在這時，他遠遠地看見魏么爹向工地這邊奔了過來。張仁梃迎了過去，喝道：

「姓魏的，你給我站住！」

魏么爹一怔，身不由己地停了下來。

「你昨夜到哪裏去了？」

魏么爹在路上已想好一個對策，答道：「報告張隊官，我昨天拉肚子，回營房拿止瀉藥去了。」

「止瀉藥呢？」張仁梃沉下臉來。

魏么爹沒有想到剛到炮台邊便被截住，更沒有想到這個張隊官如此認真，兩隻手在身上胡亂摸了幾下後說：「報告隊官，我是一路跑來的，藥包在路上給跑丟了？」

「這是甚麼？」

魏么爹在上衣口袋裏東摸西摸的時候，不小心帶出了一角彩色絲絹。張仁梃走上前，一把將絲絹從口袋裏扯了出來，卻原來是一方粉紅色的手帕；順手抖了抖，那手帕上繡了些荷花蓮葉遊魚等圖案。旁邊圍觀的工兵隊一陣狂笑起來。這都是些想女人想得發瘋的兵痞子們，見了這種女人的東西，無異於貓聞到了魚腥，一個個大受刺激，探頭探腦的，齜牙咧嘴的，口角流涎的，搔頭抓腿的，真個是醜態百出，妒意橫生。有兩個平時對魏大恨得要死，但又畏憚不敢公開發作的兵丁，此時彷彿找到了報復機會，又覺得有靠山在後，平添了幾分膽氣，在人堆裏小氣罵道：「這個狗娘養的，老子們在流黑汗，他倒去嫖婊子去了。割了他的雞巴，看他還有這份騷勁沒有！」

張仁梃聽到了罵聲，知有人在支持他，於是勁頭更足了。他對着身邊的棚長下令：「把他給捆起來！」

棚長拿了根繩子，走到魏么爹身邊，見魏么爹鼓着眼睛望着他，賠着笑低聲說：「上司差遣，身不

由己，你老委屈下。」

魏么爹發作不得，只得服服帖帖地給捆了。

張仁梃指了指前面一棵歪杆松樹說：「把他捆在那裏，曬一天太陽，誰也不能給他一口飯一口水，讓他結結實實地吃點苦頭。」又指着棚長說，「你給我守着，若有人敢違背我的命令，軍法處置，決不講情面。」

張仁梃聽到人羣中有人在說「辦得好」、「還是張隊官厲害」，心裏頗為自得。

正是五月末的時候，天氣已經很熱了，捆綁在鬆樹杆上的魏么爹，被太陽曬得汗如雨淋，身上臉上蚊蟲叮咬，兩隻手被牢牢捆住，動彈不得，又無飯吃，又無水喝，到了下午便頭發昏，眼發黑，整個人都蔫搭了。幸而他的兩位把兄弟趁着棚長拉尿離開的空隙，送幾次水給他喝，不然，這個年過四十的老兵油子真挺不過來。直到天黑，才解除處罰，喝水吃了點飯，魏么爹彷彿有種從鬼門關裏打了個轉身的感覺。張仁梃如此狠狠地治了下魏么爹後，果然讓那些士兵親眼看到這個公子哥兒出身的見習隊官不好惹，施工時再也不敢偷懶，都拚命幹活，前兩天的誤工被奪回來，三個炮台只延誤半天時間，終於修築成功了。張仁梃初戰告捷，卻不料因此埋下禍根。

回到雨花台駐地後，魏么爹做東，請兩個把兄弟喝酒，表示謝意。酒席間，魏么爹談起那天的受苦受辱，對張仁梃恨得咬牙切齒，要兩個把兄弟幫忙出個主意，報這一箭之仇。三顆腦袋湊在一起嘀咕了好長一會，終於設下一條毒計來。

過了幾天，便是五月份的休沐之日。當時一般衙門是每旬一個休沐日，軍營嚴些，半月一個休沐

日，通常安排在十五和三十兩天。休沐日軍營放假，士兵們也可進城去買點東西或下館子。仁梃平時住軍營，一個月內也只有這兩天才回到督衙去看望父親和妻兒。這次仁梃特別想快點回去，因為上次休沐日剛好有急務，他沒有回家，有一個月未見妻子和剛生下兩個月的兒子了。兒子白白胖胖的，特別逗他喜愛。想起美麗的妻子和憨稚的兒子，仁梃的心裏就佈滿了溫馨。下午，他匆匆和士兵們一道吃完晚飯後，便急忙離開軍營，進城回家。

來到朱雀巷附近，被兩個從後面追來的人趕上。

「張隊官，遠遠地看着像你，原來果然是你，回家去呀！」

張仁梃一看說話的是于麻子，遂點點頭打招呼：「進城來啦！」

「張隊官，今天是我的生日，特為邀小于子來喝杯酒，沒想到在這裏碰到您，真是萬幸。」

張仁梃轉眼看時，說話的是羅二，笑笑地說：「喔，今天是你的生日，祝賀你呀，二十幾啦！」

「二十八歲啦！」羅二咧開嘴笑了笑說，「張隊官，您一定要賞我一個臉，答應和我們喝兩杯。」

張仁梃為難了。他巴不得下一步腳邁過的就是自家的門檻，哪有心思在這裏和這兩個他實在看不上眼的小兵一起喝酒。「過兩天吧，過兩天我們再喝！」

「你規定的，軍營不能喝酒，過兩天怎麼能喝？」

「張隊官，你是看不起我們這些丘八吧，不肯賞臉！」

「張隊官，要是平時呀，我們也不敢斗膽請您喝酒。今天是生日，又恰巧在這裏碰上了，您不喝，也太看不起我們了。」

于麻子、羅二一人一句，說得張仁梃猶豫了。帶兵還得要愛兵呀，這是岳父大人一再叮囑的。愛兵如子，這是歷代名將的共同特點。有兒子過生，作父親的不慶賀嗎？何況在城裏這樣巧遇，不和他們喝兩杯，也是說不過去的。

張仁梃答應了。二人興高采烈，擁着隊官走進旁邊的一家小酒店。羅二、于麻子一邊說着奉承話，一邊勸酒。仁梃畢竟只有二十五六歲，經不起如此勸，幾杯酒下肚便失了分寸。三人你一杯我一杯，直喝了個把小時，都有七八分醉了。仁梃也不想喝了，邁出酒店門檻時，腳步有點趔趔趄趄的，於是，羅、于二人一人一邊攙扶着仁梃往督署走去。快到督署大門時，羅、于二人說：「衙門我們進不去，張隊官您自己走吧，我們就此告辭回營房了。」

這一路被風吹着，仁梃覺得酒醒了許多，便說：「不要你們送了，你們趕緊回去吧！」

仁梃走進督衙時，守門的衛兵見二公子走路有點歪斜，忙過去扶他，聞着滿嘴酒氣，知他喝了不少酒，關心地問：「醉沒醉，要不要扶？」

仁梃不想讓督署衛兵知道他喝醉了酒，便揮手說：「我沒醉，不要你們扶。」

說罷，徑直向裏面走去。衛兵見狀，也沒有再去攙扶他。兩江總督衙門的西面，三十年前是天王洪秀全的西花園。西花園裏有一個人工挖掘出的池塘。這口池塘又大又深，裏面種着荷花，養着各種名貴的觀賞魚，池塘裏還有一艘碩大的石舫，通過一座九曲迴欄與岸邊聯繫着。池塘與石舫給西花園增添了許多美色。因此，儘管是長毛頭子留下的東西，大清的歷屆總督都笑納不廢。仁梃的家便在這池塘的北邊。

來。

當下，仁梃沿着這熟悉的池邊小路向家裏走去，冷不防，從花草叢中鑽出一個身着夜行服的蒙面人

那人從背後沒發出一點聲音地來到仁梃的身邊，待到仁梃發現有人時，他早已被那人舉了起來，沒來得及叫喊，便被投入池塘深處。仁梃本不會游水，又加之喝醉了酒，渾身無力。他在池塘上上下下地竄了幾下後便沉了下去。可憐一個前途似錦的制台公子，一個閨中嬌妻稚子盼歸的年輕男人，便這樣在自家門前的池塘裏活活地被淹死了。

第二天中午，當仁梃的屍體浮出水面時，整個總督衙門立刻像滿鍋沸水似地鬧騰起來。張之洞聞訊趕到池塘邊時，桑燕早已哭倒在丈夫的身邊，暈死過去。桑治平也是老淚縱橫，緊緊地握住女婿那早已僵冷的雙手。看着一個月前尚神采飛揚地對他講述自強軍內的種種狀況，對自己的見習隊官業績充滿信心的兒子，如今卻這樣全身浮腫，臉色鐵青地凶死在衙門裏，張之洞只叫了聲：「梃兒，你怎麼會這樣？」，便立時覺得天旋地轉，眼前一陣發黑，頹然倒地。

醒過來的時候，張之洞已躺在自家的床上，旁邊圍滿了人。他的情緒已安定許多。

他望着佩玉問：「虎子媽怎樣？」

虎子是仁梃出生才兩個月的兒子的乳名。

佩玉道：「她昏睡在床上，還沒醒過來。」

張之洞又轉眼對女兒說：「我這裏沒事，你和你姨這幾天都到你二哥屋裏去，照顧你嫂子和侄兒。」

準兒含着眼淚點了點頭。

看到大根在旁邊。他對大根說：「仁梃怎麼會死在池塘裏，你代我去請江寧縣令一定要查清楚。」

「四叔，」大根走前一步說，「昨天下午，江寧藩台、江寧縣令都來了，還帶了一批仵作，將二少爺全身細細地看了。二少爺身上有很重的酒氣，頭部、喉部、胸腰部這些要害的地方，也沒發現被擊打的痕跡。仵作們說，初步估計，二少爺可能是喝多了酒，失足摔到池塘裏去了。又據門衛說，他們是昨夜十一點多鐘看到二少爺回來的，滿嘴酒氣，走路也走不太穩，要扶他不讓扶。」

張之洞閉着眼睛，一滴滴渾濁的淚水從眼眶裏不停地流出。好長一會兒，他才將督署總巡捕叫到跟前說：「你去對江寧藩司和江寧縣令說，此事不要鬧得滿城風雨了，有人問起來就說是失足落水的。只是仁梃死得很蹊蹺，他一向不多喝酒，怎麼會醉到這種地步？他說工兵隊複雜，要下死力整頓，是不是得罪了人，別人有意害了他？這事沒有根據不能亂說，還請江寧縣和自強軍督辦處一道去細細查訪。」

總巡捕安慰道：「大人好好將息，要為國家保重。二公子的事，我一定會叫江寧縣和自強軍嚴密查訪，弄個水落石出。」

仁梃的葬禮完後，大根帶着一班子人將他的靈柩運回南皮原籍落葬。

那夜將仁梃丟下池塘的蒙面人正是魏么爹。這個老兵油子犯下這樁傷天害理的事竟然如同無事一般，依然和他的兩個把兄弟在工兵隊裏吃喝混日子。江寧縣和自強軍督辦處密查暗訪了好一陣子，也沒有查出甚麼線索來，遂一致認為張仁梃是酒醉落水，與旁人無干。這樁督署衙門的大奇事，風風雨雨半個月後，也便漸漸平息了。

除老父、嬌妻外，仁梃的死還給另一個人的心靈以沉重的打擊，此人便是他的師傅、岳翁桑治平。

十年師生，本已情同父子，這三年來又做了女兒的丈夫、外孫的父親，情誼加上血脈之間的聯繫，使得桑治平悲痛不已。桑治平在仁梃的身上，寄託了重大的期許。

剛離開古北口，跟隨張之洞來到山西的那幾年，桑治平對自己仍抱着很大的信心；相信可以借助張之洞的權位來施展自己鑽研多年的管桑之學，趁着眼下年歲尚不大精力尚充沛的有利時機，再拚搏一次，以期不負平生。

來到兩廣後，張之洞力倡洋務，在念礽等一批從歐美回國的留學生面前，尤其在後來辦鐵廠、槍炮廠、辦布紡絲麻四局等洋務局廠的過程中，桑治平強烈地感到了自己與念礽等人之間的距離。這距離不僅是兩輩人之間的代溝，更是中國傳統治術與西方科技之間的巨大差異。桑治平常常想：導中國於富強的，看來應是來自西方的那一套學問，不可能再是中國的傳統治術；包括自己多年來所潛心探索的管桑之學在內，或許都要向西學洋技讓步了。

每當這種時候，桑治平心中常會湧出一股濃重迷惘感和失落感，也因此而萌生過再度歸隱的念頭。然而桑治平畢竟沒有歸去，一個重要的原因便是為着仁梃。

桑治平想：自己是年歲偏大，不可能再攻西學洋技了，但仁梃還不到二十歲呀，他還可以學洋文讀西書，以後中西會通、華洋兼資是能做出一番大事業來的。為國家造就一個人才，為自己贏得良師的稱讚，這不也是中國士人的美好抱負嗎？為此，他把尚在度蜜月的女婿親手送到了武昌自強學堂，讓他拜紅毛藍眼睛的洋人為師，讀英文，學測算製造。女婿在洋學上的長進，使桑治平看到了未來的希望。但是也就在這幾年裏，念礽對湖北洋務局廠的批評，又常令他憂慮。

念礽多次在他面前講鐵廠槍炮廠的弊病：貪污、浪費、懶散、無序、人浮於事、裙帶風氣重，這些弊病正在吞食局廠的軀體，污染局廠的光彩。員工大部分不懂技術，扼控局廠大權的又都是些不知管理只想做官的候補道府，再加之湖北官場，從巡撫到州縣，真正支持辦洋務的人寥寥無幾，不敢公開反對，只是礙着一個張大人而已。念礽常常感歎：中國的洋務事業，好比一隻黑夜航行在大海中的木板船，沒有光明，沒有導航燈，風浪大，自身能力小又孤單無援，走一步算一步，隨時都有被風浪打翻的可能，前景實在渺茫得很。

桑治平聽到這些話後，對眼下紅紅火火的湖北洋務，常會無端冒出火滅政息的預感來。

去年秋冬的戰事和今春京師的公車上書，更給桑治平敲起了警鐘。一次割地三大島，一次賠款相當於全國兩年的收入，京師輦轂之地，千餘名應試舉子集體抗議朝廷。這三件事，都是史無先例的。而就在舉國悲憤的時候，頤和園的太后六十大壽慶典，依舊糜費奢豪地如期舉行。日本的太后是賣掉首飾買軍艦，中國的太后是用買軍艦的銀子來修園子，而且一天四萬両銀子的花費。這個老太婆，半月就要花費掉一艘吉野號，兩個月就要花費掉一艘超級主力艦，一年就要花費掉一支全國性的海軍。

有如此太后在朝，決不可能建成同仇敵愾、共赴國難的氣氛，只能促成亡國敗家、改朝換代！大清國或許不久就會有大亂，亂世中誰還來辦洋務局廠？那時要的是軍隊。當張之洞署理兩江、辦起江蘇自強軍時，桑治平就想過，應該勸張之洞效法當年的曾國藩，將自強軍牢牢控制在自己的手裏，若大帥本人不願意，則由少帥去代行其職！

仁梃當自強軍隊官的那幾個月，是桑治平近年來最為欣慰的日子，誰知飛來橫禍，奪走了未來自強

軍統帥的年輕生命！

桑治平終於病倒了。病榻上的桑治平思前想後，心中滿是愴傷。他不止一次地捫心自問：這該不是上天在警示我，濟世之夢不要再做了？

一生以功名事業為追求目標的桑治平，在大夢初覺的日子裏，一面與宏抱偉圖漸離漸遠，一面卻對情感世界的嚮往與日俱增。

柴氏去世又將近一年了。回憶與柴氏結褵的二十五年歲月，他發現，於柴氏，居家過日子的成份多，愛戀的成分少。

他一生真正眷戀的歷時愈久思念愈深，常常是無須想起便悄然襲入心頭的，卻是在他情竇初開時，那個肅府小丫頭送給他的含情脈脈的目光和純情少女的溫馨。在刀光劍影的熱河行宮，在漂泊尋覓的孤旅村舍，這目光和溫馨，常常會不期而然地浮出，成為前行的動力，中宵的慰藉，有時，甚至會是他生命的全部。就在與柴氏做夫妻的年代裏，它有時也會像遙遠天際邊的一點星光，向他閃爍着神秘的魅力，令他生發出一股急欲奔去的衝動。

真是皇天不負有心人，終於有了香山城的巧遇。當看到秋菱為他做的二十四雙鞋的時候，尤其是當他得知念礽是自己的兒子和為了這個兒子，秋菱屈身做妾和年輕守寡的坎坷經歷時，桑治平的心被重重地震撼了。

他全身充滿着被愛的幸福，感受到兩情相愛的真摯與久長；然而，他為此也增添了深重的不安：今生今世，對秋菱的虧欠太多太多了！

他恨不得立即就與秋菱破鏡重圓，再譜一段有情人終成眷屬的佳話。但他不能這樣做，因為他有柴氏在室，他不能因一個女人而去傷害另一個女人。就這樣伸手便可得到的熟果，又眼睜睜地看着它懸掛在枝頭，一拖就是七八年了。如今柴氏已謝世，障礙已消除，若依舊讓兩顆火熱的心各自涼着，這一輩子還圓不圓夢，「彌補虧欠」云云，豈不成了空話？

桑治平借江督提塘處向香山縣發了一封急函，仍與小兒子一道住在香山縣城的秋菱很快便收到了這封信。

秋菱早已從念礽的來信中知道仁梃淹死的事，但她不知道桑治平為此已在病榻上躺了三個月。此刻的他需要自己到江寧去陪陪，秋菱還有甚麼猶豫顧忌的？她讓小兒子送到廣州，然後自個兒在廣州搭乘一艘直接駛達江寧的海輪。經過半個月的海浪顛簸，終於抵達江寧，在蒼茫夜色中來到桑治平的身邊。

與上次相比，病中的桑治平明顯地消瘦了，惟獨兩隻眼睛依舊明亮清澈，與三十多年前的肅府西席沒有多大區別。秋菱急切地問：「哥，你害的是甚麼病？」

「哥」，這一聲當年在肅府中背着人被秋菱叫了千百遍的稱呼，今天再次響在桑治平的耳畔，令他激動難已，三十多年前的歲月，彷彿被這一聲輕輕的呼喚給喚回來了：他們攜手回到了肅府的初戀時代，回到了那個奔騰着熱血與情愛的秋夜……

五十出頭的秋菱雖身板依然硬朗，但面容到底沒有過去的細嫩、鮮亮了。歲月就像無形的霜風，吹乾了人身的精血，凋露着人生的青春。一股更強烈的珍惜生命、把握幸福的意念在桑治平的心中油然而生。害的甚麼病？這病可多啦，有對仁梃的痛惜，有對事業的迷惘，有對來日苦短的憂慮，更有對多舛

命運的哀傷。總之，害的不是身病而是心病。他希望在今後，再慢慢地與她訴說衷腸，而眼下，他更希望秋菱能和他一道去選擇一種全新的人生暮年。

「我害的病，連醫生也說不清楚。這些天已好多了，此刻見到你，差不多就全好了。」桑治平望着秋菱，兩眼流露出喜悅和興奮：「秋菱，你一路上受了許多辛苦，你不會怨我千里迢迢叫你來，太過份了吧！」

「看你說的！」秋菱輕聲地說，「嫂子不在了，你在病中能想起我，這是你心裏有我，我哪能不來？莫說江寧還不太遠，即便是關外、西北，我也會恨不得插上翅膀，馬上就飛到你的身邊。」

「謝謝你。」或許心中太激動，也或許是大病初瘉，腳腿乏力，桑治平兩腿微微發抖，半天挪不開步伐。秋菱忙跨過一步扶着他。

「秋菱！」桑治平伸過手去，將秋菱的雙手緊緊地握住。這雙手，曾經是那樣的豐潤柔軟，那樣的溫馨可人，而今儘管已沒有過去的光澤和細膩，但它溫情依在，馨香猶存！摸着它，桑治平的心中充滿暖意，全身的活力在瞬間已被激發。

秋菱沒有將手從桑治平的手中抽出。在桑治平的撫摸中，秋菱感受到愛意的綿遠，青春的復蘇。在大變突來後的驚恐日子裏，在三十多年空落苦寂的歲月裏，秋菱曾無數次地渴望得到桑治平有力的支撐、愛的滋潤，也曾千百次地夢見兩個有情人緊緊地依偎着、幻想着，但今天，當這一切都真實地出現在眼前的時候，卻又因過份的激動而心緒慌亂，不知所措。

二人相向而坐，思緒萬千，卻一時無言。

「秋菱，」沉默好一陣後，桑治平先開了口，「那年念礽結婚時，我特為換上在香山拿的那雙鞋，你注意過沒有？」

秋菱點了一下頭，心中蜜蜜融融的。

「你為我去熱河做的那雙鞋，我一直捨不得穿。我現在穿給你看。」

桑治平說着，從身後櫃子裏取出一個布包來。秋菱眼睛一亮，這塊藍底白花家織布，正是當年她親手從箱子裏挑出用來包鞋的，想不到，三十多年後再次見到它，依然光鮮如新！

打開藍布包，裏面露出一雙男式布鞋來。這雙她一針一線飽含着情與愛所納出的鞋子，鞋底仍然白淨無染，顯然還從沒有穿過。鞋子依舊，納鞋的人卻再也不是當年的妙齡少女了。重睹舊物的那一剎那間，秋菱有一股悲涼的滄桑感。

桑治平慢慢地換上新鞋，然後離開椅子站起來。在秋菱的攙扶下，來回踱了幾步。

「秋菱，這鞋子穿在我的腳上好看嗎？」

一股從心靈深處湧出來的笑意，佈在秋菱那被歲月剝蝕被海風吹皺的臉上。她輕輕地點了點頭，卻沒有說一個字。

藍花布包的這雙布鞋，其實包的是秋菱的一顆心，是秋菱當年的青春憧憬。她想像着：等他一回來，便和他商量婚嫁的事情，由他向肅相去請求。若肅相寬宏大量的話，是可以放她出相府的。若肅相不同意的話，她就向肅相請求，以公子考取秀才作為交換條件：明年公子考取秀才了，不要任何酬勞，只要放她出去就行了。她相信對他來說，這不是難事。從小失去家庭歡樂的窮苦丫頭，是多麼渴望得到

愛情，盼望有一個屬於自己的小家啊！誰知世事竟如此不可預料，人生的遭遇竟是如此坎坷。熱河行宮的那場政變，不僅摧毀了煊赫一時的肅府，也打碎了她的美好追求。她突然覺得自己好比一個遇到災難的船客。大船沉沒了，她成了一個無辜的受難者，是死是活，漂向何方，歸於何處，都只能閉着眼睛聽天由命。雖說後來沒有死，也有了丈夫和家，但這一切都不是當初的設想。就像魚翅和粉條一樣，看起來相差無幾，親口品嘗者則知道滋味是根本不同的。

就在徹底絕望的時候，香山巧遇，帶給她無比的驚喜。她也曾因此燃起過一星圓夢的火苗，但無情的現實很快便將這火苗給澆滅了。「能夠有這樣的結局，也算蒼天沒有虧待自己了」。這些年來，秋菱在每一次的思念之後，便都這樣自我安慰着。

「歇一會兒吧！」秋菱將桑治平扶到椅子邊。「你病還未全好呢！」

「秋菱，」桑治平望着坐在對面的夢中情人，深情地說，「你這次就別回香山去了，我們結合吧！讓我伴着你，也讓你伴着我，共同釀造一段美好的晚年吧！」

秋菱先是一愣，隨即便是酸甜苦辣種種況味一齊湧上心頭。盼了多少年，終於盼到了這一天。這句本是三十多年前就應說出的話，卻因別人的爭權奪利而推遲到今日，本應是「美好人生」，卻變成了「美好晚年」！

這是甜，還是苦？這是幸福，還是不幸？望着窗外的那輪明月，它依然如當年一樣的皎潔明亮。月亮呀月亮，三十多年，在你不過一眨眼功夫，但對一個人來說，它卻是半輩子！

秋菱的眼眶裏淚水漣漣，好半天，她才說了一句：「都已經是五六十歲的人了，還要結合嗎？」

「要，要！」桑治平連連說，「就算活到八十歲吧，也還有二十多年的日子哩。陳酒要比新酒香，夕陽更比朝陽美，我們好好合計下，把這二十多年的日子安排得快快樂樂的。」

秋菱抹掉眼角邊的淚水，說：「怎麼安排法，你說給我聽聽。」

「首先，我要辭掉這份幕友差使。」

「辭職？」秋菱有點驚訝。「張大人會同意嗎？」

「我要說服他同意。」桑治平鄭重地說，「我在名利圈子裏兜了大半輩子，越到後來越覺得這個圈子其實很窄，人只有跳出名利場，才會領略到天地的寬闊。離開肅府後我在大江南北漫遊了好幾年，看到了宇宙的壯美、山川的雄奇，只是因為心裏總在想着找你，沒有很好去感受；後來在古北口隱居好些年，因為心裏老想着建功立業這檔子事，也沒有仔細地去品嘗生活。這一兩年來，我開始悟出了一個道理：名利不必去追求，事業也不是你想做就能做得成的，人的生命只有一次，好好地享受人生才是正事，而人的生命也只有融於天地造化之中，才能得到大美；必須跳出名利場這個小圈子，才能進入大境界。有你在一旁，我的心靈算是有了真正的依托。我要和你攜手融於大美，就像當年范蠡攜西施泛舟太湖一樣。我想張大人會理解的。」

秋菱一時還不能琢磨透桑治平心情變化的大道理，作為一個普通的女人，她本能地認可桑治平的這種選擇。

「離開總督衙門，我們將到甚麼地方去住？」

「在張大人幕府裏做了十三四年的幕友，我已積蓄了四千兩銀子，粗茶淡飯，夠我們用了。我們可以

回我的洛陽老家去住，也可以四海為家，隨處租房子住。」

「好！四海為家更好！」秋菱的臉色開始明朗起來，稍停一會，她又擔心地說，「我還沒有跟兒子們說哩，奶奶都做了八九年，五十出頭的人了，還要出嫁，兒孫們會看笑話的。」

桑治平笑道：「耀韓怎麼看，我還不大知道。但我們的念礽，我想他一定會贊同的。他在美國十多年，受的是西方教育，西方女人改嫁再婚，是很普通的事，念礽對這事一定會是開明的。哥哥都同意了，弟弟還有甚麼話說？萬一他們兄弟還有點遲疑的話，就乾脆把事情的原委都給他們挑明了！」

「別，那些事千萬別告訴他們。」秋菱的臉紅了起來，急忙止住桑治平的話。

桑治平開懷大笑起來，快樂給他帶來了力量。他發現自己的病頓時好了七八分，趁勢把羞澀而喜悅的秋菱摟入懷中。

3 「舊學商量加邃密，新知培養轉深沉」，朱熹的這兩句詩給張之洞以啟示

果如桑治平所料，念礽很快便從武昌給兩位老人發來了賀信，祝賀他們這段美好的黃昏戀，到時他要代表弟弟和陳氏家族出席婚禮，致辭祝賀。兒子的這種態度，令秋菱極為欣慰。一切都就緒後，桑治平向張之洞正式辭行了。

「仲子兄，這太讓我意外了。」張之洞壓根兒也沒想到跟着他十幾年相處極為融洽的好朋友，會突然向他辭別。「若是對我對總督衙門，或是對別的人有甚麼不滿意之處，你儘管提出來，一切都可商量，只是請你務必不要離開這裏。」

張之洞的這番真情實意，倒使得桑治平為自己的這個決定有一絲不安了。他沉吟片刻，只得以實相告：「這些日子裏，我時常想起賈太傅。賈太傅責備自己未盡到師傅之職乃至於憂傷而死。仁梃死於非命，我這個為師的有不可推卸的責任。我內心憂傷，方寸已亂，每一見到西花園那口池塘便悲從中來，我理應長歸田廬，息影山林了。」

作為仁梃的父親，張之洞這段時期的心情豈能好過？但他生性堅強，深知身上所負擔子的沉重，不得已而強打起精神處理日常事務。得知桑治平的辭職乃是出於仁梃的緣故，張之洞是又感激又慚愧。他

沉痛地說：「仲子兄的這番心情，讓我愧謝交集。我是仁梃的父親，仁梃二十五歲便走了，我心裏能不難受嗎？他死於非命，我能不自責嗎？眼看你的女兒年紀輕輕便已守寡，小孫子不滿周歲便成了孤兒，我的心裏痛苦萬分。」

張之洞不覺語聲哽咽起來，他停了停，喝了口茶，把湧擠到眼眶邊的淚給強壓了回去。

「但我痛極之時也能自解，一來死生有命此乃天意，而非人力所能勉強。我一生經歷這種打擊太多了。四歲喪母，二十歲喪父，二十餘年間連喪三妻又痛失嬌女，我恨天公對待我太殘忍，恨極之時，也只有以此自解。二來仁梃已長大成人，娶妻生子了，死於非命，作父親的自然有責任，但已不是重要的了，這責任首在他自己。我今天也以這二則反思來規勸你。你一不必太悲傷，二更不必自責失職。仁梃早已獨立辦事了，並非在你跟前讀書的學童，他與墜馬而死的漢梁王還是有別的。你千萬不要因此而離開這裏。」

桑治平本來還想對張之洞說，他對眼下他們共同從事的這個事業也已失去了信心，洋務局廠也罷，自強新軍也罷，大概都不可能導中國於富強。話已到嘴邊，他還是嚥了下去，他實在不忍心挫傷了張之洞的心。他知道，局廠、江蘇新軍，費盡了張之洞的心血，已是其生命的一部分。此時說這種話，無異於在他心頭上插上一把刀。他又想乾脆把與秋菱這段情感故事說出來，取得張之洞的諒解。念頭剛起，他便覺不可。說出那段往事，無疑就是會露自己「肅黨餘孽」的身份。對於大受慈禧寵信官運紅極的總督來說，張之洞如何接受得了？但甚麼理由都不說，此舉豈不突兀得不可思議？想來想去，他決定有所保留地托出與秋菱之間的關係。

「香濤兄，我告訴你一件事吧！念礽的母親是我的表妹，我與她從小訂的娃娃親，後來不幸分散了，直到那一年我去念礽的老家香山縣，才奇跡般的重逢。現在我也是一個人了，我準備與她完婚。一場三十多年前就該完的婚，不料竟推遲到晚年。」桑治平無可奈何地悽然一笑。

張之洞只從念礽口裏知道桑治平是他母親的遠房表兄，卻沒有想到還有「娃娃親」一層在內，張之洞高興地說：「這樣說來，我與你是親上加親了。你和念礽的媽完婚是樁大好事，但這與你離開這裏沒有任何聯繫呀！」

桑治平說：「念礽媽離開老家四十多年了，很想回家去看看，我也是離家三十多年了，也想念家鄉的親人，我們準備結伴回河南。杜甫說青春結伴好還鄉，我和她這是老來結伴好還鄉了。」

說罷，苦笑幾聲。

張之洞說：「回鄉探親，這是應該的，我不攔你，放你半年假如何？」

桑治平停了片刻說：「念礽媽想在家鄉多住幾年。」

張之洞沉默了，心裏想：他是要陪念礽媽在老家住，怪不得要辭職。失散三十多年的娃娃親，是應該加倍珍惜。儘管老大捨不得，張之洞也只得同意：「我實在不忍心打擾你們的這番情感，只能遵命。只是十多年來你不圖名利，不圖地位，一心一意輔助我為國家做事，我對你有說不盡的感激。」

聽了這話，桑治平的心中湧出一種濃重的傷感來。他嚥着嗓子說：「香濤兄，不說這些了，人生聚散，乃是緣份。我才具有限，不能為你做更多的事，此生能參與你的一系列大事業，尤其是鎮南關大捷，為疲憊多少年的大清國贏得一場大勝利，雖然後世說起這場戰爭來不會想到還有一個桑某人曾經為

此潛赴越南會見劉永福，但我私心還是欣慰無比的。要說感激，倒是我要感激你，是你的經緯大才，讓我多多少少品嘗了抱負施展的那種愉快感覺。」

張之洞聽出了話中那些時隱時現的幕友情緒。幕府中的人員，有的確實為主人出過很好的主意，有的還親身參與事情的成功，但無論如何，他們都不會在事情的結束獲得屬於第一位的榮耀。他們總是輔助者，有的甚至提都沒被人提起。壓抑委屈之感，為人作嫁之歎，是幕府獨具的氣氛。這就是幕友情緒。寬厚的主子，幕友的情緒會平和些；與主子有不一般關係的幕友，此種情緒更會平和些。張之洞待幕友算是寬厚，桑治平與他的關係又非比一般，故佐幕十四年來，張之洞才初次感覺到桑治平其實也有通常的幕友情緒。他暗自責備平日自己粗心了忽略了。張之洞想起二百年前的一個故事來，帶着情感說：「康熙年間，河道總督靳輔與他的幕友陳潢之間的友誼，為後世留下了一段主賓之間的佳話。康熙十年，禮部侍郎靳輔外放安徽巡撫。離京南下經過邯鄲呂洞賓祠，見祠內牆壁上有一首題詩：四十年中公與侯，雖然是夢也風流。我今落魄邯鄲道，要向先生借枕頭。靳輔正欲覓一個好幕友，他從詩中看出這正是一個有才學而不遇時運的落魄者。見題詩墨跡未乾，知其人尚未走遠，便派人四處尋覓，果然找到了。題詩的人名叫陳潢，乃浙江錢塘一個落第秀才。靳輔與陳潢談了一天一夜，二人深相契合，互為知己。靳輔請陳潢佐幕，陳欣然答應。靳任皖撫六年，陳亦隨之六年，二人亦主亦賓，亦師亦友，幾無尊卑上下之別。後來靳遷升河道總督，陳又隨之赴任。輔佐靳治理黃河，成效巨大。靳不沒陳之功，當康熙南巡時至河工上時，靳當着康熙面奏陳之功，康熙授陳僉事道。後來，靳遭小人之陷被革職，陳也受到牽連，冤死獄中。四年之後，靳復職。復職後的第一件事，就是為已死的陳潢伸冤彰績，又將陳之

遺作編為《歷代河防統籌》一書刊印，親自為之作序，將陳潢的治河業績傳播於世。我讀前代史乘至此，總免不了為之感慨再三。」

桑治平插話：「靳輔、陳潢之間的友誼，我也曾聽人說起過，的確令人感動。」

「這些年，我每每將你視為陳潢一類的人物，也願意做一個惜才愛才真誠待友的靳輔。只是你一再拒絕舉薦，所以至今仍是一個布衣，這是我於你有虧之處。」

桑治平笑道：「這的確是我一再拒絕的。你不要有虧欠之感。」

「宦海多風波。即便像靳輔那樣一心為國的人，也遭人之害，連累了陳潢。我其實也時常有辭家歸里的念頭，只是身為疆吏不能自由而已。只好硬着頭皮做下去，也不知哪天又會遇到一個徐致祥式的人出來跟我作對。你可以隨時退身，這就是你勝過我的地方。我同意你的選擇，只是，我有兩個要求，你務必要接受。」

見張之洞已經允諾，桑治平有一種輕鬆感。他說：「你有甚麼要求，只管說，只要我能做到，我會不遺餘力的。」

「第一，十多年來，你披肝瀝膽為我做了很多事，幫了很多忙，遠比別的幕友作的貢獻為大，但你一直並沒有比他們多拿銀子。前些年拿的是西席薪水，後些年也拿的一般幕友的薪水。為你請銜你不答應，為你加薪你不肯。你現在要回籍休養了，我送你五千兩銀子，請你一定要收下。」

「香濤兄，你的盛情我領了，但這五千兩銀子我不能收。」桑治平誠懇說，「十多年來，我的薪水已不低了，除日常開支外，尚有些結餘，以後的日子完全可以過得下去。再說，君子相交，以道義為重，

我做你的幕友，原本是想借你的名位為國家和百姓做點事，並不在謀利。你也千萬莫以薪水少為歉。」

薦舉不受，似可理解，這白花花的銀子居然也不受，就未免有點太迂執了。這樣不要名利的迂執人，茫茫人世能有幾個？身為執掌名利的朝廷命官，對於伸手索求，甚至不擇手段索求名利的人，不能讓他得逞。而對於那些真為國家做事卻淡泊名利的人，也不能讓他受委屈。這才是頭腦明白的官員之所為。想到這裏，張之洞正容道：「仲子兄，你不忮不求，真令我欽服，但這五千兩銀子各有依據，你且聽我說清楚。首先，這其中兩千兩，不是送給你的，而是送給秋菱的。秋菱是你的娃娃親，也是我的兒女親家。她遇到這等喜事，我這個做親家的不能不有所表示。這兩千兩銀子是我的賀禮，給她置辦衣物的費用。你無權推辭。」

桑治平知道這是張之洞的隨機應變，但也確實不好拒絕，遂笑了笑，點了點頭。

「在你光緒十一年主掌幕府日常事務時，我要給你每月加二十兩銀子的薪水，你沒有同意，但我已命賬房，每月支出，給你存在南洋錢莊，此筆銀子連息錢在內共二千五百八十兩。第三，我兼署江督，朝廷給了我兼薪，你當然也應兼薪，這一年來的兼薪共計三百六十兩，這幾筆銀子加起總共四千九百四十兩，另外六十兩是我送你的路費。所有幕友回籍都有路費，你自然也不能例外。仲子兄，你說這五千兩銀子你是該收還不該收？」

桑治平笑了笑說：「難為你一片好心。這樣吧，你把存錢莊的二千五百八十兩銀子依舊存着，算是我捐給幕府的銀子。今後若遇到哪位幕友有困難之事，需要銀子的話，你代我作主，或二百，或三百地送給他們，其餘的那二千四百二十兩銀子我收下。」

「好，好，就依着你吧！」張之洞苦笑着說，「第二，我想請你離開督署之後也不要息居林泉之間不問國事。你以旁觀者的身份冷眼觀看天下局勢，如有大事，請你隨時給我以指點。我給你十個有湖廣總督關防的火漆信函，這是我平時巡視各處隨身所帶的密函，你可以交給所在地的縣州以上的衙門，他們會連夜加快遞給我，不會誤事。這件事，請你務必不要推辭。」

桑治平凝神答道：「好，我接受了。只要我認為應儘快告訴你甚麼，我會動用這些寶貝的。」

「好！」張之洞說，「那我就先謝謝你了。你今後務必多多保重。」

「香濤兄，請你也務必為國珍重。」桑治平深情地注視着這位因喪子而顯得更加憔悴蒼老的總督說，「你這幾個月來也明顯地老多了，你一身當五省重任，可謂朝廷的江南柱石，你千萬不能病倒。近來吃飯睡眠都還好嗎？」

「吃飯尚可，睡覺比以前差多了。這個把月來連午睡也不敢睡了。」

「為甚麼？」

「中午一睡，夜裏就更難入眠。但中午若不睡，這一個時辰也不知怎麼打發，心裏總是鬱鬱悶悶的。」

桑治平突然間有了個主意：「假若有一個極博學又善言辭的人，每天中午到府裏來陪你說說話，幫你打發這一個時辰如何？」

張之洞說：「到哪裏去尋這樣的人！不瞞你說，我自離開京師外放這些年來，像潘祖蔭張佩綸那樣既博學又會說話的人還真沒遇到幾個。江寧附近有這樣的人嗎？」

「有。」桑治平想起一個人來。「江寧書院有個教習，詩做得好，品詩更精當。有次我去書院看主講蒯光典，恰遇他也在。聽他與蒯光典談前賢今人的詩，頗有點咳唾成珠的味道。」

張之洞說：「江寧書院還有這等人才，他叫甚麼名字？」

桑治平答：「他叫陳衍，學子們都稱他石遺先生，福建侯官人。」

張之洞喜道：「原來陳衍在鐘山書院，近在咫尺卻不知！」

桑治平說：「你認識他？」

「我沒有見過他的面。三年前，林贊虞御史外放昭通知府路過武昌時來看我，我見他的紙扇上題了三首絕句，便借過來看。詩寫得很不錯，下面落款為『陳衍』二字，便問陳衍是甚麼人。他告訴我是他的同鄉，有閩中第一詩人之稱，我那時就想見見此人，想不到他也在江寧。就煩你帶個口信，請他明天中午到督署來，我聽他談談詩。」

桑治平起身告辭，張之洞久久地握着他的手，說：「甚麼時候離開江寧，早兩天通知我，我要和全體幕友為你餞行。」

桑治平感激地點了點頭。

第二天中午，陳衍來到督署，巡捕將他帶到正在湖邊觀魚的張之洞身邊。張之洞見陳衍四十左右年紀，一身舊布長袍，臉上架了一副黑框大眼鏡，渾身上下，十足的學究模樣。

待陳衍坐下後，張之洞隨口問道：「你來鐘山書院多久了？」

陳衍答：「快三年了。」

「甚麼出身？」

「光緒壬午科舉人出身。」

「喔。」張之洞點點頭。「先前作過些甚麼事？」

「一直在福州閩江書院任教，因蒯山長相邀，大前年來的江寧。」

張之洞瞇着兩隻顯得昏花的眼睛，將陳衍仔細看了一眼，說：「知道我召你來督署做甚麼嗎？」

「聽蒯禮卿說，大人想聽我談談詩。」

張之洞點點頭。

「但不知大人想聽卑職談詩的哪些方面？」

張之洞懶散地鬆了鬆袍帶，說：「中午這一個半小時，老夫想輕鬆輕鬆下，聽說你博學善言，於品詩極有見地。你就在老夫面前品品詩吧！揀你最拿手的說說，就像那些唱曲子的人一樣，先唱精采的。」

張之洞的這個比喻令陳衍頗為不快：怎麼能將我這個「八閩第一詩人」與唱曲子的人相提並論？本想拂袖而去，但又不敢得罪這位總督大人。倘若他怪罪下來，撤去書院教習一職，那一家老小如何度日？陳衍決定乾脆在這位目中無人的總督面前放聲高論一番，讓他看看我石遺先生的學問，下次還敢如此輕薄否？

「那卑職就隨隨便便說了。」

「你說吧！」張之洞從袖口裏取出一個鼻煙壺，在鼻子底下來回嗅着。

「自古以來，學士才子都想做好詩，但很難，也都想品詩鑒詩，但更難。比如孔門弟子三千，賢人七

十，夫子能與之說詩者，也不過子貢、子夏二人而已，就連長於文學的子遊都進不了這個門檻。如何品詩呢？孟夫子有句話說得好，說詩者不以文害辭，不以辭害志，以意逆志，是為得之。然則知人論世談何容易！故古今詩話汗牛充棟，能有傳世價值者，不過百中之一罷了。卑職有意為《石遺詩話》已在十年之前，擬以四十年成此巨著，若天假我以七十中壽，則此書可成。」

張之洞笑了笑，說：「你打算用四十年時間來寫你的詩話，其志可謂遠大。你已有十年的準備了，想必心得不少，能向老夫透露一星半點嗎？」

陳衍想了想，說：「說詩標舉名句，其來已久；詩話之起，實由此。當年謝安與子姪輩閒時論詩。謝安說，你們各舉《詩三百》中兩句自認為最好的詩來。姪謝玄說，我最喜歡的兩句為『昔我往矣，楊柳依依』。姪女謝道蘊說，最好的應屬『吉甫作誦，穆如清風』。謝安說，你們說的都不錯，但依我看，最好還是『訏謨定命，遠猷表告』二句。後人說，從這個故事可以看出，品詩其實是在品自己。謝玄是大將軍，常年外出征戰，故對羈旅物候感觸深。謝道蘊是女人，性情溫和，故喜歡清風明月一類。至於謝安，肩負宰相重任，宏謨遠猷，自是他的嚮往。」

張之洞點點頭說：「你剛才這個故事，用來說明你的品詩實為品自己，很是妥貼。你說詩話原於標舉名句，看來你對名句頗有研究，說說你的體會吧！」

陳衍說：「依我看，詩中名句，以狀景為多。這多半受鍾嶸《詩品》的影響。他舉了四句詩：『清晨登隴首』，『明月照積雪』，『高台多悲風』，『思君若流水』，說這些詩句都是即目所見，並非出自經典。在他的倡導下，詩人多在狀景上下功夫。唐人善此道，故詩中名句多，宋人偏重情理，相對

來說便少些。」

張之洞：「你這說法偏頗了，宋人詩中也有很多寫景的名句，如林和靖『疏影橫斜水清淺，暗香浮動月黃昏』，東坡的『竹外桃花三兩枝，春江水暖鴨先知』，陸游的『山重水復疑無路，柳暗花明又一村』，陳簡齋的『客中光陰詩卷裏，杏花消息雨聲中』，難道不都是狀景的名句嗎？」

陳衍想，世人都說張之洞偏愛蘇東坡，因蘇東坡而偏愛宋詩，看來此說不假。於是笑了笑說：「大人所舉，的確為宋詩中狀景的名句，兩宋詩才輩出，像蘇黃辛陸等人，皆詩界巨擘，豈能說宋詩中無寫景名句，只是相對於唐詩來說略遜一籌罷了。至於宋詩中的情理之佳句，又遠過唐詩，不說別的，僅朱熹的兩句『舊學商量加邃密，新知培養轉深沉』，便有多少可細味之處！」

張之洞在辦洋務的這些年裏，時常想，洋人的學問與中國的學問，不應該對立，兩者可互補短長。如果能融合起來，那就最好。陳衍吟誦的朱夫子的這兩句詩，突然間給了張之洞以啟示：若將洋人的學問看作新知，中國的學問看作舊學，那麼早在朱熹那裏就已經融合了：切蹉舊學能使學問精邃，培植新知，則學問便更加深湛。

他不再與陳衍辯難了，轉而以平等之態問道：「曾聽人說詩貴風骨，也重色澤，足下專於品鑒，於此可否有說？」

陳衍說：「大人此說極有意思，詩人不但可以風骨別之，亦可以色澤別之。」

「試為老夫一別？」

陳衍沉吟片刻說：「此種色澤，非尋常脂粉之色，乃天然之色，為花卉、山水、彝鼎圖書種種之色

澤。王右丞，如金碧樓台，陳後山如淡淡靛青，黃山谷則赭石加硃砂，陳簡齋好比山茶臘梅。至於吳波不動，楚山叢碧，李太白足以當之；木葉微脫，石氣白青，孟浩然足以當之；空山無人，水流花放，韋蘇州足以當之……」

陳衍興致大發，越說越得意，不料張之洞插了進來：「粉紅駭綠，韓退之足以當之；縈青繚白，柳子厚足以當之。」

陳衍先是一愣，隨後快樂地大笑起來，連連說：「大人真捷才。大江白浪，山高月小，蘇東坡足以當之……」

「算了吧，我看你一口氣可以把唐宋各大名家盡塗上花花綠綠的色彩，也不知他們認可不認可。」張之洞快活地笑了起來，話中雖有譏嘲之意，眼裏卻是讚賞之光。他邊說邊起身道：「我要去辦公了，今天談得很愉快。你今後常來我這裏做做客，我樂意與你談詩。」

陳衍忙說：「謝大人的厚愛。」

「據說你博學多識，佛學禪義你懂嗎？」

陳衍突然想起昨天答應一個人的事來，機會這不就來了嗎？他忙說：「卑職對釋家向無興趣。大人要聽釋氏之學，近日鐘山書院來了一位大名人，他對此亦有研究，不妨叫他來陪大人說說。」

「這個大名人是誰？」

「他就是今春在京師鬧公車上書的首領工部主事康有為。」

「噢，康有為到江寧來了！」

張之洞對康有為並不陌生。早在粵督任上，他就收到由翰苑朋友張鼎華轉來的康有為的一封信，康建議在廣州開辦一個譯書局。張認為這個建議不錯，便叫梁鼎芬去見康。梁帶回康開列的一大堆西洋書目，認為都在翻譯之列。張有意讓康來主持這個譯書局，但不久，他就奉調湖廣，此事也就作罷了。

「你明天陪他來見我吧！」

4 若康有為能為我張之洞所用，豈不更妙

江寧城水西門外，有一個佔地約七百畝的大池塘，名叫莫愁湖。相傳東漢洛陽城裏有個女子名叫莫愁，遠嫁江寧盧家。盧家為迎娶她，築別院於此池塘邊。莫愁一生平順。她雖是一個極普通的女子，卻在中國文學史上很有點名氣。梁武帝有一首流傳很廣的樂府歌辭，就是專門詠的莫愁。開頭兩句「河中之水向東流，洛陽女子名莫愁」，江寧城中三尺小兒都能背誦。晚唐大詩人李商隱為唐明皇與楊貴妃的愛情悲劇作了一首七律，結尾兩句說：「如何四紀為天子，不及盧家有莫愁。」竟然說開創大唐最為輝煌時代的玄宗皇帝還不如莫愁的丈夫。這樣一來，莫愁便成為一個享有很高知名度的中國古代民婦，莫愁湖也便跟着出了大名。

莫愁湖四周樹木蔥蘢、風景清幽，陽光照射在平靜如鏡的湖面上，水光瀲灩，清亮可人，是一個極好的休閒遊覽之處。風和日麗的時候，江寧城裏的名利之徒，會常常藉此暫且擺脫一下世俗的名韁利鎖，獲得片刻的心境安寧。至於文人墨客們，無論是春夏秋冬，還是風霜雨露，都有撩起他們遊莫愁湖的雅興。他們會在這裏領略歷史的滄桑，獲取詩文的靈感。歷代江寧城主便因此而在莫愁湖畔建起了不少樓台亭閣，以便更多地吸引遊人。圍繞着莫愁湖的著名建築有鬱金堂、湖心亭、賞花亭、光華亭、長

廊、曲樹，把莫愁湖裝點得更加多姿多彩，遂有金陵第一名湖之稱。

這是一個初冬的晴朗日子，陽光溫和，小草雖大半枯萎，而樹葉卻多數還留在枝丫上，只是顏色變得暗黑，猶如翠衣上加了一件深色外套，準備迎接即將到來的九九嚴寒。幾株高大的楓樹上掛滿了紅紅黃黃的五角葉片，給略帶幾分肅殺的冬景增添不少亮麗的色彩。

在三三兩兩的遊客中，有一位三十七八歲的男子。他中等身材，略微有點胖，白白淨淨的臉皮，嘴唇上留一口烏黑的八字短鬚。頭戴一頂茶色小圓帽，身穿一件黃褐色的布長衫，夾雜在遊人中，沒有絲毫的特別之處。然而此人卻非同一般，他就是名動海內的康有為。

康有為乃廣東南海縣人，出生在一個官宦書香的大家族中。他從小聰穎過人，且抱負宏大。十歲喪父後，便跟着做學官的祖父讀書做文章。他博覽羣書，記性悟性都特別出色，本是一個通過科舉考試而走上仕途的好料子。無奈他厭惡八股文，又極愛讀那些與應試無關的雜書，故功名場中極不順利，直到三十六歲時還只是秀才。

廣東乃近代中國風雲聚會的重要省份，康有為受家族和環境的影響，從小便仰慕曾國藩、左宗棠和駱秉章等人的事業，志在用世。目睹國家的外患內憂，百姓的貧窮困苦，康有為憂心忡忡，竭力尋求救世的學問。他從程朱轉陽明，又從陽明入佛學，均未找到藥方。後在忘年交翰林張鼎華的影響下，開始注重時務和西書。二十二歲時，康有為來到香港考察，見原來的一個漁村荒島，在英國人的治理下，不過短短四十多年的時間，便成了一個繁榮的都市。這裏貨物山積，生活富裕，管理有序，文明禮貌，遠非內地所可比擬。香港的現實，使他確認中國的出路在於向西方學習。

光緒十四年，康有為再次北上參加直隸鄉試。在京期間，他廣為結交開明學生和士紳，深入了解朝廷的政治動向。他希望通過向朝中權要上書的途徑，來闡明自己的救國主張，以期引起最高層對自己的重視。他先是向軍機大臣潘祖蔭致書求見。不料他初見潘時，便大談改革變法，把潘嚇了一跳，便以長輩的身份教訓他應熟讀大清律例，不可想入非非，輕言變法。潘祖蔭到底是個清流領袖，惜才愛才，是他的本色。他雖不喜歡康有為的輕率造次，卻也沒有給他太難堪，勉勵他好好讀通聖賢之書，又送他二十両銀子作盤纏，要他儘快離京回粵，以免惹事生非。

康有為回到寓所，越想越不是味道。他怕自己方言很重的敍説，沒有表達清楚自己的思想，於是又提起筆給這位在士大夫中素負重名的老才子寫了一封長信，指出「大廈將傾而酣臥安處，若罔聞知，真所謂安其危而利其災」的國勢現狀，希望能借潘之言「感悟聖意，使翻然有欲治之心」。但這封信如泥牛入海，再無回音。康有為失望之餘，又向學界領袖、同治帝師大學士徐桐上書，誰知不懂世故的康有為看錯了人。徐桐乃徹底守舊派，凡聽新、高、洋之類的話便厭惡，且架子極大。在徐桐的眼裏，康有為簡直是一個狂妄的無稽之徒，他拒絕接受康有為的信。徐桐的傲慢，使康有為極為不快，但他仍不灰心。他聽説從西洋回國不久的曾紀澤是個通達明白、禮賢下士的君子，便又投書曾紀澤。曾紀澤對康有為頗為欣賞，他親到南海會館看望康，與他商討澳門及變法等問題。但終因地位的懸殊與相知的不深，曾康之間這次見面，沒有對康有為產生實質性的效果。康有為仍不罷休，又寫信求見翁同龢，但翁同龢因對康有為了解不夠，拒絕了康的求見。康又寫信給都察院都御史祁世長，這封信也無回音。一連串的挫折，不僅對康有為心靈打擊甚大，還影響了他的功名。這次鄉試，他的文章已被列為第三名，但

徐桐視他為狂生，強行命令主考官將他的名字刷下，中舉之望再次破滅。

但這一系列的打擊，反而刺激了康有為，使生性倔強的他更加執着了。他借當時皇陵附近山崩的機會，越過阻擋他的王公大臣們，直接向慈禧、光緒上書，並標了一個極為刺眼的題目：為國勢危蹙祖陵奇變請下詔罪己及時圖變摺。在這份摺子中，康有為將中國喻為一個身患重病的人，臥不能起，手足麻木，百竅迷塞，內潰外侵，百脈潰敗，病入骨髓，而這還不是最大的憂慮，而最大的憂慮是皇太后、皇上無欲治之心，赫然提出變成法、通下情、慎左右的三項建議。

康有為乃一介布衣，根本無權向皇帝上摺，於是他只能請大臣代遞。他找到國子監祭酒，即甲申年彈劾掉恭親王及全班軍機的盛昱。盛昱為康有為的愛國激情所感，將其摺交給翁同龢。但翁讀了這份摺子後，覺得語氣太亢直，不合宜，予以謝絕。盛昱又去找祁世長。祁當面盛讚康有為的忠義，答應為其代奏，但臨時又變卦失約。於是這封飽含康有為心血的摺子終於未能到達光緒的手中。康有為在京師的活動，沒有取得成效，只得快快離京回家。

回到廣州後，他結識了從四川來到廣州的經學大師廖平。廖平接續龔自珍、魏源的學業，治的是今文經學。康有為為廖平的學說所折服，轉而潛心於今文經學的研究，他終於從冷落千餘年的今文經學中找到改革變法的理論根據。從此，他以今文經學中的通三經、張三世為基礎，演繹出自己的一套維新理論。在他所親手創辦的萬木草堂中，他一邊教學傳道，一邊發憤著作，將他的研究和思考寫進《新學偽經考》和《孔子改制考》兩本書中。前書將祖祖輩輩士人尊奉的古文經學，宣佈為劉歆所偽造的學說，後書把夏商周三代歷史稱之為孔子為改制所擬託的理想，其實是根本不存在的，是孔子的託古改制。這

種驚世駭俗的說法，無異於給死水一潭的中國學界和政界投入一顆驚天動地的炸彈，引來無數士紳官員們的憤恨抗議，直欲把康有為食肉寢皮而後快。《新學偽經考》一書因此而不得不毀板停印。《孔子改制考》也因此而未能付梓，只是以手抄本在民間流傳。但康有為的學說，卻贏得了他的萬木草堂的學生梁啟超、陳千秋、徐勤等人的五體投地的崇拜，也獲得得了海內無以計數的有志之士的敬重。

前年，他終於中了舉。中國軍隊徹底敗於日本的慘痛事實，使得全國上下稍有頭腦的人都意識到非變革不可，不變革真有亡國滅種之禍，從而對具有先知先覺的康有為更表尊敬。今年春上，當康有為振臂一呼，幾乎所有應試的舉子全都予以熱情響應，「公車上書」便以亙古未有之先例載入史冊。同時，也使得康有為成為變法維新的當然精神領袖。會試發榜，康有為中了進士，分發工部任主事。

康有為借這股士氣，在京師創辦《萬國公報》。這是中國有史以來在京師出現的第一張報紙，以介紹世界各國情況作為其主要內容，間或也發表一些康有為及其弟子梁啟超等人所寫的政論文章。《萬國公報》的發行，在北京引起的反響是巨大而深遠的。

接着，康有為又創辦強學會，以強大中國作為該會的宗旨，藉此以團結同志壯大力量。強學會得到了北京不少開明中下級官員的支持，紛紛入會，連在天津小站訓練新建陸軍的袁世凱也積極入會，並捐銀五千兩。翁同龢、李鴻藻、孫家鼐等京中大老都對強學會予以支持。李鴻章也表示願意入會。但強學會將李鴻章視為漢奸禍國殃民者之流，拒絕他入會的申請，甚至連他捐的兩千兩銀子也不收。

但朝廷中也有不少王公大臣對這些事大為不滿。他們認為在京師結會辦報，其居心難以測度，宜嚴加監視防範。一批庸員俗吏也對此看不順眼，攻擊指責聲時時不斷。有人擔心節外生枝，勸康有為離開

京師，暫避風頭。康有為也意識到京師阻力太大，又一時難以成事，而中外交通的重要碼頭上海，其環境相對來說較寬鬆些。於是康有為以創辦強學會上海分會為由，離開北京南下。

上海是兩江所轄之地，署理江督張之洞，正以興辦洋務實業的巨大成就，隱然取代李鴻章成為天下督撫的首領，深受慈禧、光緒賞識。康有為也看中了張之洞。他想：若是取得張之洞的支持，不僅對在上海辦強學會有好處，而且對今後的維新事業也都大有好處。不過，康有為聽不少人說張之洞不好打交道，架子大脾氣乖張，又自視甚高瞧不起人。說不定他根本就拒絕接見，即便是勉強接見了，也可能以一種居高臨下盛氣淩人的態度，或是斥責，或是奚落，就像他對待許多有所干求的謁見者那樣。同樣心高氣傲的康有為，最為忍受不了別人的輕蔑。猶豫了好幾天，康有為以大丈夫能伸能屈為勉勵，丟開一切顧慮，毅然又從上海北上來到江寧。

到了江寧城後，他沒有向總督衙門投書求見，而是先去拜訪官場士林中的朋友，從那裏得知仁梃落水身亡及張之洞近來心情鬱悶的信息。他暗思這次來的真不是時候，打算再住兩三天便回上海去，過了冬天後再說。前天下午，他去拜訪名翰林江寧鐘山書院主講蒯光典，恰逢陳衍也在座，三人洽談甚歡。蒯光典和陳衍賞識康有為的才華，同情他的維新變法主張，表示遇有機會，一定將他引見給張之洞。康有為於山窮水盡中看到了柳暗花明，頗為欣慰。

今天一早起來，康有為覺得心情頓時輕鬆起來，便對隨侍來江寧的學生徐勤說：「我去莫愁湖逛逛，你今天不要出去，就等在客棧，若書院方面有消息，你到莫愁湖找我。」

這時康有為正信步向湖畔的一座古建築走去。這是一座二層五間的樓房，來到近處，院牆正門頂額

上的三個大字迎面撲來：勝棋樓。在正門與樓房之間的庭院裏，有一張方形石桌，桌面鐫刻着一幅棋盤，方桌四周有四個石凳。康有為走進樓房的一樓正廳，對面的牆上高懸着一幅人物畫像。此人面容威嚴，身軀壯偉，身穿團花金粉王袍，頭上戴一頂黑色烏紗帽，帽子左右有兩個向外延伸的附加物，酷似蜻蜓的翅膀。畫像右上角有一行字：大明中山王徐達。這裏有着一個廣為人知的著名故事。

徐達與朱元璋本是從小要好的窮苦放牛娃，後來一同投軍。徐達英勇善戰，又對朱元璋忠心耿耿，終於輔助朱元璋做了大明王朝的天子，他自己也成了開國元勳，拜丞相封魏國公。有一次，朱元璋和徐達一道來到莫愁湖遊玩。遊覽途中，在湖畔一座宋代傳下來的樓房邊稍事休息。朱、徐都酷愛下棋。小時作牧童時，便常在山坡田頭下着玩，以一捆柴或一個雀蛋做賭注。朱元璋一時興起，邀徐達下棋，徐達問以何物作賭注。朱元璋說，以這座樓房，誰贏歸誰。徐達笑道，到底是做了皇帝，口氣大了，這座樓房不知可以換多少個雀蛋。朱元璋不以為忤，哈哈大笑。

一局下來，朱元璋輸了，這座樓房便歸徐達所有。徐達死後追封為中山王，徐氏後人便以此地為中山王的祭祀之地，將此樓改名為勝棋樓，以紀念當初君臣相得的這段佳話。

康有為久久地凝視着徐達的畫像，想像着五百年前那場莫愁湖畔的君臣博弈的歡樂情景。志在天下的維新派領袖完全陶醉於其間了。他多麼希望今上就是明太祖，而自己就是那輔佐帝業的中山王啊！到大功告成的時候，君臣之間也來個圍棋賭墅，留一段美談長留後世子孫！

正在凝神遐想之際，徐勤氣喘吁吁地跑了過來：「老師，江寧書院的陳先生打發人來說，下午一點去督署見張制台，十二點正，他派轎子來客棧接你。現在已十點半了，趕快回去吧。」

馬上就可以見到赫赫有名的張大帥了，康有為歡喜之中不免雜夾着一絲兒緊張：這場「遊說」二人戲該如何上演呢？「說大人則藐之」，康有為想起亞聖孟軻的名言，頓時增添了勇氣。他拉着徐勤的手，興奮地說：「我們趕快回客棧吃午飯！」

剛吃完飯，鐘山書院的轎子便來了。因為是進的制台衙門，康有為不便帶徐勤同去，便一人登上轎子，來到衙門口，陳衍的青布小轎早已停在那裏了。二人在門房的導引下，來到兩江總督西花園附近的花廳。花廳周圍植有花木，築有太湖石假山。廳堂只有檐頂，沒有門窗，正因為沒有隔離，它於是與花木山石相倚相偎，融為一體。在這座花廳裏，天王洪秀全曾經會見過他的戰友袍澤，毅勇侯曾國藩也曾與他的幕僚們高談闊論過。這段時間，則成了張之洞午飯後稍事休憩的場所。陳衍和康有為落座不久，便見從對面鵝卵石鋪就的小徑轉彎處，迤邐走來一隊人。陳衍指着走在前面的第一人說，那就是張大帥。康有為瞪大着眼睛看去：那人矮矮小小的，臉瘦長，滿嘴大鬍子，身上穿的是一件舊灰布薄棉長袍，顯得隨意草率。走路的步伐似乎有點不太平穩，一腳高一腳低的。康有為沒有想到，威名赫赫的張大帥，竟是這樣一個不起眼的小老頭！他有點不明白，為甚麼要那麼多的人跟着，一次隨隨便便的消閒式的聊天，也要擺如此大的排場麼？

張之洞一行將進花廳時，陳衍扯了扯康有為的衣角。他自己先站起，隨機也便把康有為帶了起來。待張之洞在早已擺好的太師椅上坐定後，陳衍走前一步，深深地作了一揖說：「卑職陳衍帶工部主事康有為前來參見大帥！」

說罷拿眼睛瞟了瞟康有為，只見康有為緩緩地抬起手，向張之洞拱了拱，腰桿也只微微地向前彎了

彎。

張之洞沒有理睬陳衍，將康有為仔細地盯了一眼。就在這個時候，康有為發現張之洞的所有隨從都用一種異樣的眼光在過細地打量他。他見慣了這種場面，神態自若地接受各色眼光的審查。

「啊，你就是康有為，大名鼎鼎啦！坐下吧！」

張之洞指了指康有為身邊的空凳子，又指了指周圍的人說：「他們都是衙門裏的官員和幕友們，聽說你這個大名人來了，大家都想見見，便一起來了。梁鼎芬說那年在廣州接待過你，那你們是熟人了。」

「康先生，還記得那年我們在粵海茶樓上喝茶嗎？」張之洞的話剛一落，梁鼎芬便笑着向康有為打招呼。這位兩湖書院山長兼督署總文案，對官場的興致更濃厚些。他已將書院的事全部委託給主講，自己跟着總督來到江寧，做起專職總文案來。

「記得，記得。」康有為也笑着接應。趁這個機會，他將四散在張之洞身邊的人掃了一眼，這批人中除梁鼎芬外，還有梁敦彥、辜鴻銘及專程從武進縣老家來看望老上司的革員趙茂昌等，當然這些人康有為一個也不認識。他的眼光在辜鴻銘的身上多停了一下，心裏想：聽說張之洞身邊有一個精通十國語言的奇人，是個中西混血兒，看這個人一副怪模怪樣的，多半就是他！

張之洞斜躺在棉墊靠椅上，一副憔悴無力的疲憊之態，望着康有為說：「聽說你對釋氏很有研究，說點禪家的事給我聽聽。」

為着要見張之洞，康有為將他的維新變法的主張和理論，最近這幾天又作了一番清理，以便清晰地向這位封疆大員表述，其他方面的相關材料，他也做了充分的準備，但沒有料到正在全副心思做着入世

事業的張之洞，卻對出世的佛家有如此興趣。而這方面，他恰恰沒有準備，只是在聽到徐勤轉達陳衍的話後，才匆匆想了想。

「回大帥，」康有為合着兩手在胸前拱了拱說，「有為年輕時隱居家鄉西樵山，曾對佛學有過接觸，實在地說，算不了研究。佛學博大精深，我僅略知皮毛而已。」

康有為生性好說大話，古往今來的學問在他的心目中佔有大份量的也不多，但在佛學面前，他的確有一種面臨大海的感覺：無邊無涯，深不可測。

「不要你長篇大論地說內典學理，局外人說禪，或許正中肯綮。」張之洞並未接受他的謙虛。

康有為弄不清張之洞的用意，思忖着，一個當年給他以較深印象的故事浮了出來。

「回大帥，」康有為的兩隻手又合起來在胸前拱了拱，「我原來並不知佛學，也不喜歡釋氏，當年在西樵山時苦悶已極，閒着無事，常去山中的一個小佛寺去走走瞧瞧，看那些和尚們是如何生活的。看了幾天，也覺失望。他們其實是些渾渾噩噩的無知無識之輩，除開禿頭袈裟外，與常人一個樣，他們也偷偷地喝酒吃肉，偷偷地嫖娼會女人。」

辜鴻銘先忍不住笑了起來，其他人跟着笑，張之洞的臉上也泛起了微笑。康有為心裏想，這張之洞及其身邊人與市井小民也並無甚麼區別，一樣地對酒肉女人感興趣，腦子深處殘存的一絲怯意隨着這笑聲而化去。

「有一天，我在他們的佛堂偶見一部小冊子，隨手翻閱着，不料一則小小的故事把我吸引了。故事說，有三個得道的高僧在一起聊天，三人都有這樣的體會，即苦讀經書多年，修行多年，最後的悟道，

則只在一瞬間。由一件小事引起，突然間便像屋頂上的天窗被捅開了，整個兒都亮堂，一下子便甚麼都明白了。」

這幾句引子立時把全花廳的人都吸引了。這些飽學之士，個個都是讀了許多年經典的，只不過不是佛典而是儒典罷了。常常有讀書多卷而仍淤塞不通的時候，為求得心中的暢通去苦苦地尋求天窗。釋家是如何解決這個大難題的，倒真可作一個好借鑒。

「一個高僧說，我苦讀苦修不能悟道。有一天到河裏去挑水，看見一個女人在河邊洗衣服。那女人兩隻手上各戴一隻鐲子。她不停地用手搓洗衣服，兩個鐲子不停地互相撞擊，發出好聽的聲音。我突然想：這兩個鐲子若不是戴在人的手上，怎麼可以撞擊成聲呢？世上的鐲子千千萬萬，為甚麼這兩個鐲子能戴在同一個女人的手上呢？這沒有任何道理可以解答，只有兩個字：緣份。另外兩個高僧說你這是因緣悟道。」

眾人都點點頭，張之洞也微微點點頭。

康有為繼續說：「另一個高僧說，我苦讀苦修也不得悟道。有一年春天，我一早醒來，見滿院子地上都是桃花花瓣，我掃了一個多時辰才掃乾淨。我邊掃邊想，這桃花昨天還在樹上好好的，怎麼今天早上都落到地上來了呢？昨天我還在想，今年可以好好地吃幾天飽桃子了，誰知還沒過一天，希望就全落空了，都怪昨夜的一場暴雨。這風雨無端而來，造成這場浩劫，改變了一切。我於此而悟道。另外兩個高僧總結說，你這是因無端而悟道。」

眾人都望着康有為，聽他繼續說下去。

「另一個說，我苦讀苦修多年也不能悟道。有一天夜裏，我回房子裏睡覺。進門時，腳踩着一隻軟綿綿的東西，低頭一看，那東西裂開了，流出濃糊糊的一灘汁來。我想，這一定踩死了一隻小老鼠，那濃糊糊的漿汁一定是小老鼠的內臟血肉。心裏很不安，睡在床上，嘴裏喃喃唸：阿彌陀佛，我一世不殺生，這次是誤踩，小老鼠，我明天為你超度亡靈吧！不料剛合眼，便見千萬隻老鼠齜牙咧嘴吱吱地叫着向我奔來，好像要撕裂我，為它死去的同類報仇。我嚇得醒了過來，決定立即掩埋死鼠，為它唸超度經。我點起燈走到門邊，低頭一看，原來不是死老鼠，而是一隻爛柿子，流出來的是柿子汁而不是老鼠血。心裏唸道：阿彌陀佛，我這下無罪無過了。躺下睡覺，風平浪靜，甚麼夢也沒有，一覺睡到大天亮，醒來後乾脆把那隻爛柿子吞到肚子裏去了。從此我悟了道。兩位高僧說：你這是因心而悟道！」

眾人皆大笑起來。

辜鴻銘忍不住嚷起來：「康先生，你這禪家故事說得好聽極了，《聖經》、《古蘭經》裏都沒有這麼有味的故事。」

張之洞笑着問：「他們都因此而悟道，你也悟了禪道嗎？」

康有為答：「我或許缺了慧根，雖讀了這則故事，卻沒有悟出禪道來，但後來卻對我悟世道很有啟發。」

「悟世道？」張之洞順手捋了捋鬍鬚。「說說你是怎麼悟世道的。」

好了，終於擺脱佛家禪機，回到正題上了。

「回稟大帥，」康有為正襟危坐，將兩隻手交叉插進寬大的袖子裏，高高地對着張之洞拱了兩拱說，

「我由高僧的得道過程中領悟到，我康某人因父精母血而成形，因母親順娩而臨世，不生歐美，不生漢唐，而生在由太后皇上執政的大清國，與父老鄉親、友僚門生共處於世，今日又與大帥及大帥府裏的各位先生相聚，這一切無從解釋，只有緣份二字可以說得。我要珍惜這個緣份，不虛度此生，不負我大清國天覆地載之恩，報效斯世。這可謂我因緣而悟世道。」

張之洞斂容頷首，心裏想，這康有為，許多人都說是狂人，從他這段話聽來，也通情達理，並不狂妄。

「桃花被風雨打落，僧人感到世事無端。其實，這個世界無端太多。我們好好的大清國，從來沒有礙別人的事，可是英國卻要強行將鴉片運進來，俄國要霸佔伊犁，法國則到處建教堂，傳教佈道。日本更加可惡至極，不僅炸毀我軍艦，逼我賠銀子，還要掠奪我們的台灣、澎湖和遼東。他們好比狂風惡雨欺侮桃花一樣地欺負我們大清，不讓我們好好活下去。其實，桃花也是可以抵禦風雨的，圍牆築高一點就行了。這就是桃花的自強。我們大清也可以自強，自強就能免受洋人的欺負；自強，就能讓大家都好好過日子。」

趙茂昌忙討好地說：「我們香帥現在做的就是自強的事業。香帥的事業成功了，我們大清就立馬富強起來了。」

「這位老爺說得好。」康有為明知趙茂昌是在諂媚張之洞，但他此時要附合。「香帥的鐵廠、槍炮廠和自強軍就是保衛我大清國的圍牆。」

張之洞很喜歡聽這種話。他突然想到，這康有為可不是一般的新科進士、小京官，他眼下名滿天

下，四海矚目。前京師清流派柱石，像馮桂芬、李鴻藻、潘祖蔭等人，雖也曾號稱士人的領袖，但他們的號召力以及在士人中的威望，都不能跟康有為相比。倘若藉此人之口，替我張之洞在四處騰播騰播，豈不勝過趙茂昌這類當面的好話千倍萬倍！再進一步，若康有為和他手下的那批人能為我張之洞所用，豈不更妙！

想到這裏，他臉上露出會心的笑容來，說：「你這個世道悟得不錯。」

「謝大帥！」康有為又拱起手來，說：「要說悟道，我真正佩服佛家的是因心悟道這句話。世間萬事萬物，對人來說，實只一念之間而已：存之於心則有事有物，不存於心則無事無物。就拿今日我們大清國來說，真正是百病叢生，百脈不暢，危險大極了。憂國憂民之士五內煎沸，如煮如焚，眼見國家多難，求救亡圖存之策，日思夜想，寢食不安。但同是大清子民，許許多多人則熟視無睹，渾然不覺，當官的則依舊養尊處優，貪污受賄，為民的則依舊鑽營謀利，苟且偷生。這些人猶如夢遊者似的，看起來也在行走做事，實則不明不白，無知無識。兩者之差，唯在有心無心而已！」

這段話說到了張之洞的心坎上。為辦洋務實業，他是殫精竭思，心血費盡。不說朝廷和別的地方，就拿湖廣和兩江來說，官場中大多數人或對此麻木漠然，事不關己，或潑冷水，找楂子，暗地刁難，或借機撈油水，發「洋」財。心與心不同，乃有人與人不同。

禪家故事正是將人世間的隱秘給挑穿了。

張之洞正要跟康有為再聊下去，督署淩吏目走進花廳，附在張之洞的身邊悄悄說：「徐海道員謝文田今夜裏想來看望大人，不知大人有空否？」

張之洞警覺地問：「夜裏來！他要談甚麼事？」

「談海州煤礦的事。」

「他在哪裏？」

「就在門房裏。」

「他不是我的朋友，談的又是公事，夜裏來做甚麼！就叫他進來好了。我在簽押房裏接見他。」說罷，站起身來對康有為說：「明天中午你再來，我們接着聊，陳石遺忙，就不要陪同了。你明天可以帶一個學生陪你來！」

康有為和陳衍二人剛走出西花廳不遠，便聽見從一個房間裏傳出張之洞的大聲吼叫：「這是甚麼？想賄賂我嗎？混賬東西！本督非嚴肅查辦革去你這個道員不可！」

康、陳知道這是張之洞在訓斥那個徐海道員，不敢多聽，急急忙忙地離開總督衙門。

5 張之洞資助的《強學報》，竟然以「孔子卒後」紀年

第二天中午依舊在西花廳裏，張之洞和康有為繼續着昨天的聊天，只是雙方的旁聽者都有變化。在張之洞這邊，只剩下梁鼎芬和辜鴻銘。在康有為這邊，陪同前來的不再是陳衍，而是他的弟子徐勤。徐勤是萬木草堂開辦之初的第一批學生，他與陳千秋、梁啟超三人最受康有為的賞識，有康門三大弟子之稱。陳千秋德才俱佳，可惜二十六歲時便英才早逝，康有為私稱之為顏回。梁啟超天才卓犖，常被康有為委以重任。徐勤出身富家，卻品性篤實。康有為定萬木草堂的學費是每年十両銀子，有家境貧寒的可少交甚至可不交，家境富裕的希望多交點。徐勤於是每年交銀四十両。康知徐忠誠可靠，常將他帶到身邊，讓他一身兼學生與僕役二任。

張之洞要康有為談談自己的經歷。康有為便將他的身世、求學過程及對國事的思考，特別將自己創辦萬木草堂及在京師拜謁各位大臣請代遞奏摺的事詳細地敍說了一遍。張之洞很少插話，梁鼎芬一直沒有做聲，連一向喜插科打諢好表現的辜鴻銘也幾乎沒有講話，大家都被康有為二十多年來為尋找中國的富強之路，所作出的辛苦探索和艱苦力行深深吸住。

張之洞一邊細聽康有為的濃厚粵音的京腔，一邊端視着康有為的面龐五官、神態表情，心裏在慢慢

琢磨着，眼前這個暴得大名的廣東佬，究竟是個甚麼樣的人物？

很快，一個半小時的午休時刻就要過去了，凌吏目又走進花廳，對張之洞小聲說：「謝道又來了，他要跟大人講清楚，還說昨天大人冤枉了他。」

張之洞勃然變色道：「怎麼冤枉了他，他的稟帖裏夾了一張二十萬銀票，這不是存心要賄賂我嗎？他把我張某人看成甚麼人了，真是豈有此理！」

凌吏目說：「謝道講，海州商人們開礦心切，出此下策是不對，但他們除按規交稅外，每年報效官府二十萬。大人自己不收，可以用來為百姓辦事。」

張之洞氣猶未消：「海州煤礦我早就盤算好了，由海州衙門來辦，先由江寧藩庫撥三十萬作開辦費，今後所有收入都歸官府，難道不強過他的每年二十萬？」

凌吏目不開口了。

張之洞的臉色開始和緩下來，對康有為說：「你明天再來，將你的呈皇上的幾份奏摺和你的兩部書《新學偽經考》《孔子改制考》都帶來，給我看看。」

「晚生遵命。」康有為知道兩次的談話已引起了張之洞的重視，頗為高興，稍停片刻他又說，「剛才聽了大帥幾句話，對大帥清廉高潔的品質，欽佩不已。今天的世道，像大帥這樣高風亮節的官員可謂鳳毛麟角。不過，有大帥一人即可知我大清國官場正氣尚存，操守尚存，大清富強仍有希望。大帥方才辦的是公務，晚生本無置喙之地，但晚生生性迂直，心裏有話便要說出才安，誠所謂骨鯁在喉，不吐不快，不知大帥可否容晚生說幾句話？」

在通常的情況下，像康有為這種官階很低的客人，張之洞當然不會容許他過問公務，但一來康有為在張之洞心中的地位不一般，二來剛才這幾句恭維話也讓他高興，遂道：「你要說甚麼話，說吧！」

康有為又拱了拱手才開口：「剛才聽大帥說，擬由海州官府出面開採煤礦，晚生以為官辦不如商辦。晚生研究比較中西國情多年，發現兩者之間有一個最大的差別，那就是中國辦事只用官方的力量，而西方辦事善用民間的，也就是商家的力量。有些事，如納糧、徵稅、審案、練兵等，非官方不可，但許多事，尤其是洋務實業，還是以商家辦為好。這可以克服官府辦事常見的貪污推諉等毛病，因為它的一絲一毫都與辦事人的利益密切聯繫。晚生以為海州的礦務，交給商家辦，官府可課以重稅，或在常稅外再額外交一筆錢給官府辦其他公益事。若純由官府辦，則會像許多官辦的局所一樣，虧損大而收效少。晚生實在是冒昧陳言，請大帥寬恕。」

張之洞聽了康有為這番話後沉默着。他想起了漢陽鐵廠和槍炮廠，還有馬鞍山煤礦、大冶鐵礦，的確是投資巨大而收效甚小。他三令五申嚴加監督，也不見好轉，據說裏面弊病甚多，也有好幾個人提出招商家來辦，他都加以拒絕，他不大相信唯利是圖的商人能辦好這樣的大廠礦。康有為說中西最大的差別，便是官辦與商辦的差別，這是他第一次聽到這樣簡明扼要、一針見血道破中西國情的不同，這話給了他一個震動。但他不願意就這樣輕易接受康有為的看法，免得被這個地位比他差得太遠的年輕人所輕視。他拍了拍衣袍起身，慢慢地說：「你剛才說的這番話，也算是一家之言吧！你得為我找一些實例來，讓我看看。老夫一向信服河間獻王的作法：實事求是。」

張之洞離開花廳回到簽押房，再次召見徐海道謝文田。昨天聲色俱厲地表示要對謝文田立案究辦的

話不再說了，耐心聽完他的陳述，只說了句「此事再議」，便將謝文田打發走了。這位五十多歲的徐海道台，昨天離開督署後，便像冬天從池塘裏撈出的落水者一樣，躺在床上，蓋三床棉被，仍全身冰冷、顫抖不已。他私下接受了海州商人送的三十萬両銀子的賄金，為了辦好這事，他忍痛拿出二十萬送給張之洞。不料引起張之洞的雷霆大怒，聲言要將他查辦革職。真是偷雞不着蝕把米。事情辦不好，熬了幾十年才熬出的四品頂戴都要立即被拔掉了，這不倒了八輩子的大楣！昨夜一夜未睡，今日再來督署告罪求饒，請求總督大人手下留情。不料今天張之洞竟然臉色溫和，革職一事不提了，還可以再議。謝道喜從天降，心裏不停地唸着：「祖宗保祐，神靈保祐。」早就聽人說過張之洞性格乖張，喜怒無常，這次可算是真正領教了。

翌日午後，張之洞和康有為在西花廳第三次會面。康有為將所有奏摺及部分詩文和兩部書都帶了來，當面呈給張之洞。張之洞問了問康有為這次到江南來的目的。康有為將準備在上海創辦強學分會和辦報的事說了一遍。張之洞說：「我今天下午有幾件急務要辦，不能跟你多談了。你給我的這些文章和書，我也得好好看看。明天、後天你都不要來了，大後天再來，我和你再好好聊聊。」

「晚生遵命。」康有為照例拱了拱手說，「有一件事，前兩次晚生都忘記了。我離京前，內閣侍讀楊叔嶠先生要我帶一封信給大帥。我說我還不知甚麼時候去江寧，也不知大帥能不能接見我。我怕誤事，請他還是交提塘官去辦好了。」

張之洞說：「你認識叔嶠？」

康有為說：「叔嶠是個忠義熱血之士，我與他見過多次面，對國事的看法幾乎完全一致。京師強學

會開會，他也去聽過，對我們組會辦報，他都極為贊同。」

這些年來，楊銳在京師一直與張之洞的長子仁權有密切的聯繫，也常常會有信件給張之洞。他在內閣任中書期間，因修會典有功，已晉升為正六品的侍讀。朝廷上的一些事情，京師裏的傳聞，他常會在信中向張之洞做些匯報。

張之洞「哦」了一聲，又說：「叔嶠身體還好嗎？」

康有為笑了笑說：「身體好，氣色也好，看起來是個正在走運的官。」

說罷起身告辭。

接連兩個晚上，張之洞都在閱讀康有為的四份奏摺和部分詩文，翻看他的那兩部引起軒然大波的著作。張之洞在心裏反覆掂量着康有為。這無疑是一個奇才，無論是為學還是做事，都有大過人之處。若生在太平盛世，一心一意治學，或許能達到鄭玄、孔穎達那樣的成就；一心一意做事，也或許可能獲得王安石、張居正那樣的功業。他現在既要為學又要做事，既想做聖賢又想做英雄，這顆心真是大得很哩！

在三次與康有為的面談和翻閱這些文字之後，張之洞對大清立國以來所僅見的這位公車首領有了較為清醒的看法。

康有為雖有南海聖人之稱，但張之洞從他年輕時離家出走，類似癲迷的獨居經歷，和四處趨拜京師權貴乞求奧援的行為來看，特別是從他不惜歪曲孔子編造歷史來為自己的學說尋求根據，又肆意詆毀古文經學，粗暴武斷地對待前人來看，這個人的品性大有可質疑之處。

此人行常人之所不能行，言常人之所不能言，忍常人之所不能忍，其必抱有常人所不會抱之功利，求常人所不會求之目標。他敢做出頭鳥，敢為天下先，其膽氣魄力也必在常人之上。顯然，他不是在做修誠格致的聖賢功夫，而是在做出人頭地的豪強勾當。

以此看來，他所致力的一切，維新變法也罷，強國圖治也罷，都不過是一個手段、一葦舟楫、一座浮樑而已，其最終的目的乃在於個人抱負的實現。如此，康有為則很可能是古往今來常見的野心家，並非國士！

且慢，張之洞的思路剛一到達這裏，便立時有一股強大的力量在擋住，這力量來自於康有為那四份上光緒皇帝書。這可是一個烈燄騰騰的熔爐，它燃燒的是滾燙的心，奔溢的是激烈的血。

四道上書中的一些話，不斷地浮現在張之洞的腦海裏：

「竊觀內外人情，皆酣嬉偷惰，苟安旦夕，上下拱手，遊宴從容，事無大小，無一能舉……大廈將傾，而處堂為安，積火將燃，而寢薪為樂，所謂安其危而利其災者……今兵水陸不利，財公私匱竭；官不擇財而上下鬻官，學不教士而不患無學。」

「今日中國好比重病之人，臥不能起，手足麻木，舉動不屬，非徒痿也。又感風疾，百竅迷塞，內潰外侵，朝不保夕。所謂百脈潰敗，病入骨髓，扁鵲、秦緩所望而大憂者。」

「決不能割地賠款。棄台民之事小，散天下民之事大，割地之事小，亡國之事大……天下以為吾戴朝廷，朝廷可棄台民，則可棄我，一旦有事，則次第割棄，終難保為大清之國民矣。民心先離，將有見土崩瓦解之患，自棄其民，國於亡也……不如以所賠之兩億巨款改充軍費，強兵復仇。」

「設銀行，築鐵路，造機器，開礦藏，設鑄造局鑄造銀元。」

「順天下之人心，發天下之民氣，合天下之知以為知，取天下之才以為才。」

這些話對張之洞來說，都有於心慼慼然之感，尤其談割地賠款那一段，更是深得張之洞的心。「以賠款改充軍餉」簡直與自己不謀而合，所見略同。至於「割地之事小，亡國之事大」、「可棄台民，即可棄我」、「自棄其民，國於亡也」這些話，更令張之洞拍案叫絕。他雖然反對割地賠款，卻沒有用這樣的語言予以表達，不是因為身為國家大員，不可以説這樣尖刻的話，而是沒有認識得這樣的深刻透徹，這樣的入木三分！自詡天下奏疏第一的前清流名士，在這樣的摺子面前，也有點自愧不如、後生可畏之感。

此人的詩也好。慷慨沉雄，氣勢闊闊。「《治安》一策知難上，只是江湖心未灰」，「陸沉預為中原歎，他日應思魯二生」。張之洞反覆吟誦康有為的這些詩句後，常常忍不住感歎：是個有大志的人呀！從德才學識四方面來鑒衡，此人才與識都屬海內罕見，學也不乏，只是它的路子有些偏，不能總是正學，至於德嘛，張之洞下意識地搖了搖頭。

昨天下午蒯光典到督署來説，康有為此次到江寧，是前來尋求支助的，希望能對他在上海籌建強學分會予以支援。

天性愛才惜才的張之洞，從心裏深處來説，是非常賞識康有為的。他兩充主考，再任學政，門弟子中無能寫出如這等詩文的人。他開府太原，總督三地，其幕府中也無能寫出這等深刻奏章的人。何況，此人的治國方略大多與自己相同。此人若不辦學堂自任宗師，若不廣結權要自上奏章，若不結會辦報自

封領袖，而是直接就來投靠他張之洞，願意在他麾下效力做事，他張之洞必定會予以重用，待遇優厚，對其禮儀程度當不會下於桑治平。可是，康有為不是也不屬於桑治平式的人物，那麼，又將如何對待呢？

最讓張之洞拿不定主意的是，結會辦報，此乃犯大忌的舉動。歷朝歷代，哪個君王不嚴禁結社集會組團糾夥？如今西方傳過來的報刊，其煽動力、影響力大得不得了，倘若他辦的強學會的背後有甚麼不軌的意圖，倘若他辦的報刊上今後刊載了與朝廷決策相左的文章，惹的亂子可就大了。自己身為總督，豈脫掉了干係？即便不對抗朝廷，而是惹出別的是非，比如他們在報上罵地方官員，干預官府，這些事也夠麻煩的了。要是你支持他們，今後出了事便會找到你的頭上來，到時如何說話？

張之洞陷於深沉的考慮中。正在這時，有一個人輕輕推開簽押房的門，躡手躡腳地走了進來，將一封信函放在書案上，轉身走出房間。張之洞從沉思中回過神來，看了看桌上擺的信函：原來這正是康有為講的楊銳託他帶的信。張之洞急忙扯開封函，取出信來。

楊銳首先問候老師近日的生活起居，健康狀況，然後告訴老師，大公子仁權最近幾個月來在四書文、試帖詩上狠下功夫，進步很快，下科會試高中是唾手可得。這話很讓張之洞欣慰。仁權三十三歲了，尚未中進士。他盼望兒子能早日報捷。

接下來是這封信的主旨。楊銳告訴老師，前來上海辦強學分會的公車上書領袖康有為是個非常難得的奇才，他在京師甚得人心，年輕的士子們，包括國子監的學生及各省住京應試的舉子，十之八九尊敬康有為。官場上尤其是翰苑、詹事府裏的官員們也大多對康有為的愛國熱情表示敬意。最為難得的是德

高望重的元老，如李鴻藻、翁同龢、孫家鼐等都對康有為表示賞識，尤其重要的是皇上注意了康有為。皇上讀到了他所寫的奏摺，並且將他的奏摺擺在龍案上整整一個月，時常拿起來讀，還不斷稱讚他忠心可嘉。據內廷傳出的消息說，皇上早晚要大用康有為。楊銳還表示他想加入京師強學會，並請老師能對康有為在上海的活動給予支持。

放下這封信，張之洞的心情有點激動起來。楊銳的信，似乎專為釋疑而作。撇掉翁同龢不論，李鴻藻、孫家鼐都是正派而富有閱歷的人，他們都賞識康有為，看來此人確非一般。更為重要的是，皇上看重康有為！儘管有不少傳聞，說皇上柔弱無實權，權力都握在太后的手裏。但不管怎樣，皇上終歸是皇上，太后已過了花甲，皇上才二十五歲，大清的權柄最終握在誰的手裏，這不是再簡單明白不過的事嗎？如此說來，康有為的大用，只是時間的早晚而已！想到這裏，張之洞不再猶豫，決定明確表示自己的態度：支持康有為，支持康有為在上海所辦的事業。

但是，康有為的鋒芒太露了，而且此人既然連「託古改制」的事都可以強加在孔子的頭上，他甚麼話不敢說，甚麼事不敢做？得有一個人常年在他的身邊盯着，以免出大的漏子。倘若能通過此人，將以後康有為所辦的事納入自己的軌道，那就更好。這得有一個既能幹又忠誠的人去為好。派誰去呢？張之洞猛然想起剛才送信的人，好像是和梁鼎芬一起從武昌來江寧的汪康年。那時因為在思考康有為的事沒有在意，這時張之洞心裏想，從門房將信函等物送到簽押房是大根的事，大根半個鐘頭前還來過這裏，怎麼這封信會由汪康年送進來的，莫非他是借送信為由，要跟我說話？

張之洞突然興奮起來，就派他跟康有為到上海去，豈不挺合適的嗎？

原來，表字穰卿的汪康年也是張之洞所欣賞的一個人才。那年汪康年中了進士後，正候在京裏等待分發，偶遇在京師辦事的梁鼎芬，兩人很談得來。梁對汪說，你的志向不在百里侯而在名山事業，不如跟我到武昌去。張香帥坐鎮江夏，廣招天下賢士，共襄盛舉，你到武昌去必可得香帥重用。汪康年答應了，於是跟着梁來到武昌。張之洞與汪康年見面説了話，又讀了他的詩文，果然對他大加讚賞，將他留下，讓他到兩湖書院任史學齋教習。汪和梁都有同樣的愛好：喜歡作詩論詩，張之洞也甚好此道。於是，張之洞與梁鼎芬、汪康年之間除上下級之外，更兼一層詩友關係。

張之洞把大根叫進來問：「早一會，有封信，為甚麼你沒送而叫別人送進來？」

「四叔，是這麼回事。」大根答，「我從門房裏拿了信出來，正要給您送來，剛好碰到汪教習。他說，這封信交給我吧，我給香帥送去，順便好跟他說件事。」

果然是汪康年！張之洞說：「你去把汪教習叫來。」

一會兒，三十五六歲、戴着一副西洋近視眼鏡的汪康年走進簽押房。

「穰卿，你有事跟我說，為何不說又走了？」

「我見香帥正在想事，怕打擾了您，也不是甚麼大事，便先走了。」

「坐吧，你有甚麼事。」張之洞指了指牆壁邊的高背椅。

汪康年坐下後說：「前幾天我到鎮江去了。回江寧後，梁鼎芬對我說，康有為到江寧來了，與香帥見了幾次面。總聽人說起康有為，我也沒見過。我想請香帥下次接見康有為時帶我在身邊，讓我看看這位上萬言書的公車領袖究竟是個甚麼模樣。」

張之洞笑了笑：「模樣也很一般，年紀比你大不了兩三歲，與你的區別是你有四隻眼，他只有兩隻眼。」

汪康年被逗樂了，說：「我還想聽聽他的說話，看看他的舉止表情，我是讀過他的《新學偽經考》的。讀其書，想見其為人，古今一理呀！」

「好，滿足你的要求，明天中午他會再到督署來，你和我一道去見他吧！」

「多謝香帥了！」汪康年起身告辭。「香帥忙，我就不打擾了，明天我準時來。」

「慢點走，我還有話跟你說。」張之洞用手向下壓了壓，示意他重新坐下。「康有為這次是到上海來辦強學分會的，還想在上海辦一張報紙，希望我支持他。我想聽聽你的意思。」

汪康年說：「我聽說康有為在北京辦強學會，辦《萬國公報》，京師很多人都讚賞。還聽說李中堂、翁中堂、孫中堂都派人參加了強學會，不少人還捐了銀子。」

「你都聽說有哪些人捐了銀子？」

「聽說直隸總督王文韶、在小站練兵的袁世凱都捐了五千兩，還有兩位領兵的將領聶士成和宋慶也各捐了兩千兩，李鴻章也準備捐兩千兩，他們還不要哩！」

「想不到李少荃晚年落到這個地步，既受日本人的欺侮，還要受國內無名小輩的奚落。」張之洞說話間還冷笑了兩聲，那神態，頗有點幸災樂禍的味道。

汪康年明確地說：「我個人是很讚賞欽佩康有為的。香帥是總督，不比我們，行事宜慎重，但既然京師幾位老中堂都支持，香帥支持他，朝廷也沒得話說。」

「你看怎麼支持？」張之洞斜過臉來問。

汪康年想了一下說：「第一是道義上的支持。就是承認康有為他們在上海辦強學分會、辦報紙是合法的。上海官府不能隨便干涉他們的行為。第二個是資金上的支持，辦會辦報都要錢。康有為是個書生，家中也不富有，銀子對他們來說很重要。」

張之洞點點頭說：「你說的這兩點我都接受。我還想給他一個支持，派一個人去，和他們一同辦事。」

「那當然更好了。」汪康年立即說，稍停一下，他又說，「叫誰去，這個人不大好派。這不是兩江的公務，由衙門說了算啊。若康有為以為是去監督他，會礙他的手腳，不同意不接受呢？或是他接受了，這人今後不能與他們很好共事，起不到香帥所要起的作用，也是白派了。」

張之洞盯着汪康年：「你知道我派的人要起甚麼作用？」

「我當然知道！」汪康年一副自得的模樣：「香帥怕他們出亂子，派個自己的人去好隨時掌握他們的行徑，免得出事，日後朝廷說起來，也好交代：我安排了一個人在管他們呢！」

「你這個腦子倒是鬼精靈的。」張之洞笑了起來。「那就派你去如何？」

「派我去！」汪康年愣了一下。他也是一位熱血熱腸的士人，想轟轟烈烈地幹一番大事業，對康有為及其同仁們所做的事業早已心儀。他怕是張之洞在逗他，便又問了一句：「真的派我去上海，和康有為他們一道辦會辦報？」

「真的。」張之洞一本正經地說。

「我去！」汪康年堅定地表態。

「好，明天你和我一道見康有為時，我就把你給推薦出來。」

次日，又是一個和暖的初冬午後，康有為應邀準時來到督署西花廳，不料張之洞已先坐在那裏閉目曬太陽了。康有為想起「與長者會，不能晚到」的古訓，正要表示歉意，張之洞卻不以為然，指了指侍立在身後的人說：「他是武昌來的兩湖書院的史學教習汪康年，字穰卿，仰慕你的大名，特來與你見面。」

汪康年隨即走前一步，向康有為抱拳：「我對康先生仰慕已久，你的大著和幾道上皇上書我都拜讀過，早想結識，只是無緣。昨天我聽說康先生還會來督署，便請香帥帶我一起來見面，今日如願得見，快慰平生。」

康有為來督署已經三次，還沒聽見過哪位衙門裏人說過這樣誠懇的話，知道汪康年是個真心慕他的人，心中甚是高興，也忙拱手：「穰卿先生過獎了。張大帥創辦的兩湖書院在海內士子們心目中有着崇高地位，穰卿先生身居書院史學教習，定然學富五車，欽佩欽佩。」

張之洞正要使汪康年在康有為眼中有個好印象，便接了他的話題說：「穰卿是甲午科的進士，他的志向高潔，不願做俗吏，卻要跑到武昌來跟老夫做點事。他的學問詩文，老夫都不及。」

汪康年忙說：「香帥這話，令我無地自容。」

康有為見汪康年身為進士，不去做官，卻來書院做一個無權無勢的清閒教師，心知此人確不是俗氣的讀書人，不覺生出幾分敬意來：「穰卿先生志向可嘉。」

「都坐下吧！」張之洞待康、汪二人坐定後，開門見山地說，「康先生，你的兩部大著和奏章、詩文，老夫都已讀過。你這憂時憂國之心，老夫也甚是體諒。你準備在上海辦強學分會，創辦報紙，老夫都予以支持。」

康有為今天是準備了一肚子話，來向張之洞遊說，希望能支持他的事，不料尚未開口，張之洞便這樣直截明白地表示支持的態度，令他頗為意外：這的確是一個做事的人，怪不得在湖廣辦了那麼多的洋務局廠。康有為心裏想，嘴上忙說：「謝大帥的大力支持。」

「我還要拿出點實際東西來。」張之洞接着說，「我比不得王文韶和袁世凱，他們有錢。我雖然做了一世的官，卻沒有學到積攢私房的本事，我只能捐給你們五百兩銀子。銀子雖少，卻是清清白白的俸金。另外，江寧藩庫再撥一千兩銀子，作為你們的開辦費。」

康有為不名一文，眼下最缺的便是銀子，有這一千五百兩銀子，在上海租房聘人張羅會務就有了切實的保證。他滿心歡喜，起身向張之洞作了一揖：「大帥的慷慨解囊，江寧藩府的大力支助，康某代表京師強學會和即將開辦的上海強學分會表示由衷的感謝。」

「感謝不必。」對於康有為的這個舉動，張之洞面無表情。「只是你們要把事情辦好，千萬不要在上海給老夫添亂子惹麻煩。」

康有為從張之洞的神情和說話的語氣中，感覺到與剛才的熱火不大相協調的冷意，遂答：「大帥放心，強學會是為了我大清的富強而建立，決不會給大帥添亂子惹麻煩。」

「那就好。」張之洞指了指汪康年說，「我還要給你安排一個助手，就是這位汪康年汪穰卿。他能支

持你們的事業，相信你們會合作得好的。」

張之洞的這一招，康有為倒沒有想到。張之洞派人來，毫無疑問，是代表官府來監督的。京師的強學會，就因為部院官員的干擾太多而不順利，康有為本意是想在上海另闢一方天地，名曰強學分會，實際上就是強學會總會，要徹底擺脱北京城裏的沉悶而又濃厚的官場暮氣，借助上海的海港優勢來放開手腳做事。他私下將這個決定，比之為俄皇彼得大帝當年將首都從莫斯科遷往聖彼得堡。他為自己的英明決策而自得，卻不料剛離京師的官場，又落到張之洞的控制。想到這裏，康有為有點沮喪，瞬時間他有種被罩在網中的鳥兒似的感覺。這張網又大又寬，將全中國都統罩住了，無論在他的家鄉廣東，還是在京師，抑或是在西方氣氛較濃的上海，他都無法掙脱這張網，而贏得屬於自己的那個自由空間，真是無可奈何！

但康有為自然不能拒絕張之洞的這個安排，何況汪康年給他的印象也頗好，心裏想：你張之洞可以利用他來監督我，我也可以改造他來為我所用；他若為我所用了，你張之洞也便間接為我所用了。

康有為做出一副極懇摯的神態說：「大帥給了我們這多錢兩，又慮及我們人手不夠，將穰卿先生這樣的大才派出支援，晚生真正感激不盡。只是上海強學分會一切都還在計議之中，要付諸實現，會有許多筆路藍縷的事要做，到時恐怕要委屈穰卿了。」

汪康年説：「我不怕吃苦，只要能對康先生的事業有所幫助，再苦再累我也心甘情願。」

「好，就這樣説定了。」張之洞起身道，「我還有許多事要做，今天就談到這裏。康先生，穰卿從此刻起，就歸於你的麾下了。你日後需要找我，找江寧督署的事就可以通過他。甚麼時候去上海呀？」

康有為和汪康年都站起來。康有為說：「過兩天，我就帶着穰卿坐海船去上海。」

一個月後，張之洞收到汪康年寄自上海張園的信。

汪康年在信上報告上海強學會的籌備業已就緒，即將開成立大會。信上特別提到由康有為起草的《強學會章程》中所說的「分門別類，皆以孔子經術為本」。汪康年說，康有為的「孔子經術」其實是他篡改的所謂孔子改制的那一套，希望去掉這一條，但康堅持。

康還將張之洞作為發起人的第一名列入，也不事先請示，信函裏還夾了一份《強學會章程》的抄件。

張之洞將《強學會章程》看了一遍。章程規定強學會的任務是譯印圖書，刊印報紙，成立圖書館，創辦博物館，傳播西學新學，研究如何維新變法以使國家自強，這些都沒錯。既以西學新學為業，似可不提「孔子經術」。康有為要格外標出這點，顯然是想打着孔子的旗號來推行他的那一套學說，這是不可以的。

身為兩江之主，列名為康有為所辦的強學分會的第一號發起人，更是大為不妥。張之洞忙親筆寫了一封短函，申明兩點：一從《章程》中刪去「以孔子經術為本」數字，二是將他的名字從發起人中劃去。為着鄭重，派梁鼎芬坐小火輪專程去上海張園。

康有為見到張之洞的信後，對梁鼎芬說：「章程都已發出去，無法改了，至於張大帥不願列名發起人，那就劃去好了。」

梁鼎芬正色道：「長素兄，你這樣做不妥。既然張香帥撥款捐銀給你辦強學分會，那強學分會就應

該在大事上對香帥先稟告而後行。像章程和列名這類事都是大事，你如此我行我素，香帥如何放得下心？」

康有為卻不以為然：「張大帥雖然撥了銀子，但強學分會到底不是兩江治下的衙門，用不着事事都要向他稟報。何況『以孔子經術為本』這七個字本沒有甚麼差錯，張大帥既然很支持，將他列名為發起人也不是不可以的。」

梁鼎芬沒有想到康有為居然是個如此自以為是的人，暗想此人今後怕是極不好打交道。他叮囑康有為：「今後要多向張香帥請示。」

康有為漫然應了一聲。

梁鼎芬覺得事情有點不妙，把汪康年叫來，要他今後多多注意強學分會，千萬莫給香帥招惹是非。然後，急急忙忙趕回江寧，向張之洞稟報了一切。

張之洞緊鎖雙眉不做聲，心裏想：這康有為看來是個桀驁不馴的狂人，撥款支助他一事或許草率了點。但事已至此不便改變，遂關照梁鼎芬：「你到江寧書院去一趟，告訴蒯光典，以後注意一下書院學子們對上海那邊的反應，有甚麼事隨時告訴我。」

張之洞萬沒料到，二十多天後，一樁更大的亂子駭得他目瞪口呆。

這天上午，大根照例將一大堆包封信函送到張之洞的簽押房，並在一旁當着張之洞的面將它們一一拆開。

「四叔，您看看這個。」大根將一本石印的薄冊子交給張之洞。

張之洞接過一看，見上面赫然印着三個大字：強學報。

下面有一行小一點的字：上海中國強學總會。

他心裏一動：康有為的報紙印出來了！但隨即而來的便是心中不快：為甚麼沒有事先通個聲息，比如說報紙的名字啦，一個月出幾期啦，創刊號的主要文章啦，甚麼消息都沒有，一張報紙就印出來了。堂堂署理兩江總督，上海強學會的強有力支持者，竟然和別人一樣，只是在報紙印好後才看到，這康有為的眼裏可真沒有我呀！

他掃了一眼第一頁上的文章，用大字登在首要位置上的是康有為自己撰的文章：《孔子紀年辯》。張之洞覺得奇怪，為甚麼要寫這樣的文章？四海之內，從京師到十八行省都一律用的是光緒年號，誰也沒有用孔子紀年呀！他讀了幾句，才明白《強學報》用的是孔子紀年，而康有為辯的就是他自己的做法。張之洞一驚，目光急速地在報上尋找，很快，他便看到刊頭上還有一行小小的字：孔子卒後二千三百七十三年大清光緒二十一年十二月初五日。

「豈有此理！」張之洞一掌拍到案桌上，把一旁專心拆信函的大根嚇了一大跳。

「四叔，怎麼啦？」

「康有為真是膽大包天！」張之洞氣呼呼地將手中的《強學報》重重地朝地一甩。「你趕快出去給我把淩吏目叫來。」

一會兒，淩吏目氣噓喘喘地走進來，垂手侍立。

「你把那張報紙拾起來！」

凌吏目一邊彎腰拾報一邊想：叫我來就是為你拾這張報紙嗎，為甚麼不叫大根拾呢？見張之洞滿臉怒容，他也不敢問，只在心裏嘀咕着。

「你看看這個！」張之洞指着「孔子卒後」那一行字對凌吏目說。

凌吏目邊看邊輕輕地讀了出來：「孔子卒後二千三百七十三年大清光緒二十一年十二月初五日。」他有點奇怪：怎麼要寫得這樣囉嗦，不就光緒二十一年十二月初五日好多了，還加甚麼「孔子卒後」？

「看出問題了嗎？」張之洞繃緊着臉問。

凌吏目仔細地想了想：除開囉嗦外，也不見有甚麼大問題，張大人為何這樣兇巴巴的？

「有點囉裏囉嗦的，有個光緒二十一年就可以了，不要再加甚麼孔子卒後。」

「豈只是囉嗦？」張之洞冷笑道，「你的腦子不開竅，這是自改正朔！」

「自改正朔」！這話讓凌吏目睜大了眼睛。凌吏目也是讀書人出身，知道這「自改正朔」就是「謀反篡位」的同義詞。他渾身打了一個顫。稍停一下他又想：說自改正朔是不是有點過份了，後面不還明明寫着光緒二十一年嗎？歷史上謀反者決沒有自改正朔後又加上朝廷正朔的，但在張之洞的兇光之下，他哪有為《強學報》辯解的勇氣？

「你給我立即出發，乘坐小火輪到上海張園，先找到汪康年，問他知不知道這事。然後再和他一起去向康有為傳達我的指令，火速將這一期創刊號封存銷毀，下一期不能再有『孔子卒後』這一行字，若堅持不改變，我將查封該報！」

凌吏目來到上海張園，找到了汪康年。汪康年聽了凌吏目的傳達後，十分委屈地說：「康有為這個

人極不好相處，專橫霸道，根本聽不進我的意見。他堅持要在光緒年號之前冠以孔子紀年，說這是對孔子的尊崇。我幾次說過，這太駭人聽聞，恐授人以柄。他就是不聽。」

淩吏目說：「康有為一意孤行，怕是要給香帥添大亂子。」

汪康年說：「我和你一起去見他，鄭重其事地把香帥的意見轉告他。若他依然堅持的話，那我只得離開上海回兩湖書院去。」

淩吏目是個吃了二十多年衙門飯的人，他沒有汪康年的文人氣度，有的是衙門帶給他的仗勢淩人的習慣。「到時就不是你離開上海而是要請他走路了，哪有拿了兩江藩庫的銀子而不聽兩江總督話的道理！」

汪康年陪着淩吏目上樓來到康有為的辦公室，推開房門，見康有為正撩開袍子，站在桌子邊在奮筆疾書，見汪康年進來，只隨便點點頭，手中的筆並沒有停下來。

汪康年指着淩吏目介紹道：「這是香帥派來的淩吏目。」

康有為頭也沒抬，邊寫邊說：「我們在督署裏見過面，請坐。稍等會兒，我還有兩句話就寫完了。」

淩吏目心中不悅地在一旁坐了下來。過一會兒，康有為放下筆，得意地對汪康年說：「我剛才是在給一位讀者回信。穰卿，你還不知道吧，我們的《強學報》創刊號出來後，引起的反響有多大，這兩三天我已收到十多位讀者來信了，全是擁護，一片叫好。剛才我回信的是誰，你是絕對想不到的，他是容閎容純甫老先生。他都看到了我們的《強學報》，就寫信鼓勵我們。容老先生的信，我非親自回不可。」

最先帶領留美幼童出國，後來又做過駐美副公使的容閎都稱讚《強學報》，這事也的確令汪康年與

奮。他正要問問容閎現在是不是住在上海，淩吏目冷冰冰的話搶在他之前拋出來了：「康先生，我奉張制台的命令特來上海告訴你，《強學報》上寫的『孔子卒後』那一句話大為不妥。張制台說了，只能用皇上的年號，不能用孔子紀年。」

淩吏目根本不知道容閎是個甚麼人，容閎來信稱讚一事，在他的心目中並無意義，他只為康有為對他的冷漠而生氣：我受命前來傳達張制台的口諭，就好比傳旨的欽差，你一個小小的工部主事竟然如此坐大，真是一點官場規矩都不懂的妄人！

康有為不以為然，說：「這些讀者的叫好，大多是衝着孔子紀年，和我那篇《孔子紀年辯》而來的。有孔子才有我中國，無孔子則無我中國，我用孔子紀年正是標明我中國在世界各國面前的崇高地位。我知道，張大帥是怕由此而引起改正朔的嫌疑，這點我早就考慮到了。我康有為赤心擁戴皇上，擁戴朝廷，決沒有二心，歷史上所有謀反篡位的人，用的都是他自定的年號，決不會用孔子卒後紀年，更何況下面緊書光緒年號。哪有這樣的改正朔者？請淩吏目告訴張大帥，千萬放心，不要聽信旁人的無稽之談。再說，我康某人一人做事一人當。這事我早申明過，與穰卿無關。今後朝廷怪罪下來，我一個頂罪，不干穰卿之事，更與張大帥無關。」

這幾句話頂得淩吏目無言以對。他在官場裏混了半輩子，從不見哪一個官員敢頂抗上司。不怕此人的官銜有多高，比他官大的人說的話他就得聽。官大一級壓死人，這就是官場的規矩。一個工部主事，充其量不過六品，張大帥乃從一品的總督大人，這中間不知隔了幾重天！淩吏目還是頭次遇到這樣的角色，他為官場規矩遭此破壞而憤憤不平。「康先生，我也不同你辯甚麼有孔子無孔子的理論，我只是奉

張制台的命令來通知你，你不要再説甚麼空話，下期的《強學報》必須去掉『孔子卒後』那一行字。否則，張制台將斷絕對你們的支助！」

說完也不招呼汪康年一聲，氣呼呼地走下樓去。康有為看着淩吏目的背影，對汪康年哈哈笑道：「想不到清流出身的張大帥的衙門裏，竟有這等俗不可耐的庸吏！」

汪康年說：「長素兄，雖有不少讀者稱讚《強學報》，但『孔子紀年』事關大局，還是謹慎為好。香帥這人很強硬，他是說得出做得出的，一旦斷了對《強學報》的資助，那報紙也便辦不下去了。」

康有為心裏冷笑道：孔子改制，乃天地之大道，豈能為一兩江總督的供養而作交易？你張之洞未免也太小看我了。說出的話卻溫和得多：「穰卿，此事與你無關，你不要擔心，張大人實在不容我，我離開上海就是了。」

淩吏目坐着小火輪一路氣呼呼地從上海回到江寧，添油加醋地向張之洞稟報：「康有為那小子無法無天，根本不把香帥您放在眼裏。卑職看這人遲早要出大事，香帥您得把他早點趕出上海。」

張之洞鐵青着臉聽着，不做聲。淩吏目走後，趙茂昌進來了，他向張之洞獻策：「香帥，對《強學報》的事也不要操之過急，古話說多行不義必自斃。康有為這樣做，必定會有人起來指責。那時，您再借助外力予以整治，效果會更好些。」

張之洞默然不語，心裏接受了這個建議。幾天後《強學報》的第二期出來了，紀年形式和創刊號一個樣。再過幾天第三期也出來了，同樣未改。正在張之洞忍無可忍的時候，一個急轉的變化證實了趙茂昌的遠見。

6 焦山定慧寺留下張之洞「與時維新」的楹聯

原來，就在上海出版《強學報》的同時，北京城裏都察院御史楊崇伊突然上奏彈劾京師強學總會，說該會包藏禍心，幹了不少非法活動，專門販賣西洋書籍，抄錄各駐京使館的新聞報，刊印《中外紀聞》，並借該刊之毀譽來要挾外省大員，乘機勒索，請予嚴懲以肅風紀。

楊崇伊為何上這等嚴奏，原因在於強學會中的激進人士排斥李鴻章。李鴻章因羞而怒，由怒而恨，於是授意他的兒女親家出面來糾彈。

京師中本有不少人早就對強學會的舉動不滿，便借楊崇伊的摺子，對強學會大肆發難。慈禧雖然退政頤養，實際上仍在控制朝政。她一向討厭低級官員議論國家大計，對庶民議政更是仇恨，遂在一批王公親貴的要求下，指示光緒皇帝下令查封。當天下午消息傳出，未等步軍衙門的人查抄，分住在炸子橋嵩雲草堂和琉璃廠圖書室的強學會工作人員，便早已逃得乾乾淨淨。梁啟超等人四處聯絡，希望能聯名上奏，居然一時連找個聯名的人都沒有。無奈之時，他只得來找翁同龢，想請他出面說服皇上收回成命。翁同龢愁眉不展地告訴他，這是太后的旨意，他也因支持強學會的原故得罪了太后，免去了毓慶宮差使。現在已不是帝師了，也不好隨便去找皇上說情。

梁啟超大為失望，轉而再找李鴻藻。倒是李鴻藻有主見，他知道，強學會遭彈劾的關鍵是一「會」字。這「會」與「朋」「黨」「團」「幫」一樣，都是當政者所忌懼的，凡事一扯了「會」「黨」一類的字眼，就容易使人聯想到「居心叵測」、「圖謀不軌」之類。他和同是強學會的支持者孫家鼐商量，決定改個名字。強學會的主要目的在於藏書譯書印書，不如乾脆叫個書局，為表示對朝廷的崇奉，再加一個「官」字，全稱官書局，這樣就再不會授人以口實了。李、孫合奏此意，終於得到慈禧的恩准。於是兵部衙門的官兵們將強學會的燙金匾牌砸爛，在琉璃廠小小圖書室的門上掛了塊官書局的白木板。

這事通過京報的刊載，沒有幾天便讓張之洞知道了。他於是借這股風命令上海道解散強學分會，停辦《強學報》，又命汪康年接管強學會的全部餘款及各項不動產財物。康有為只得悲恨交加地離開上海，帶着學生徐勤等人乘海輪回原籍廣東。

轉眼就到了年關。這一天，漢陽鐵廠總辦蔡錫勇遣人來江寧，報告鐵廠的經營遇到很大的困難，煉成的鋼鐵被外國客商認為不合格，堆積在廠裏賣不出去，銀子周轉不過來，連薪水都開不出去了。眼看要過年了，大家都很着急，盼望張之洞能早日結束兩江的署理，回到武昌去。

張之洞何嘗不想早回湖廣原任？兩江雖然富庶，但不是自己的家，家是耽誤不得的。遼東的戰事早已結束，劉坤一應該過不久就得回江寧了吧！正在他盼望回湖廣的時候，天遂人願，朝廷下達明諭：着劉坤一回兩江原任，張之洞回湖廣本任。

得知張之洞即將離寧回鄂，趙茂昌急忙趕到江寧城。他要借送別老上司的機會，來辦成一件他謀畫已久的大事。這些年裏，趙茂昌以鄉親身份巴結上盛宣懷的侄子盛春頤，又通過盛春頤的關係與中國電

報總局上海分局總辦經元善交上了朋友。趙茂昌知道盛氏發家的兩大基石之一便是電報業，又親見經元善也因電報分局而成為上海灘上有錢有勢的大人物。他看準電報業確是一個可以成大氣候的洋務，決定擠進來。

盛春頤給他出一個點子：由電報總局在武昌設立一個分局，總局出面提議趙茂昌做武昌分局總辦。此事他去跟叔父盛宣懷說。趙茂昌對此感激不盡，許諾若武昌分局辦起來，將送一千干股給盛春頤。

經元善也很贊同這個想法。湖北正在大辦洋務，武漢三鎮的電報業必定會越來越興旺。武昌設立分局，自然對上海分局的業務大有好處。他支持趙茂昌去做這事，並答應負責為武昌分局培訓電報生。

有這樣兩個得力人物的幫助，趙茂昌的興頭大增。但此事成與不成，關鍵在於一個人，那就是即將回任的湖廣總督張之洞。若張之洞同意，此事就成了；若張之洞不同意，甚麼盛宣懷的推薦、經元善的支持都是一句空話。

前一向尚不急，現在張之洞就要回任，再不能拖了。這天下午，趙茂昌瞅着一個空隙，對張之洞說了這個想法，不料遭到張之洞的一口拒絕。張之洞說，武昌辦電報局一事，還得過兩年再說，現在要集中精力解決漢陽鐵廠面臨的大問題。

趙茂昌失望地離開張之洞，但他並不死心，來到後院找環兒求助。

「環兒，你說大哥幫你辦的這樁大事，對你是好還是不好？」

聽着趙茂昌突然說出這樣一句沒頭沒腦的話，環兒一時愣住了。自從進了張府後，吃的雞鴨魚肉，穿的綾羅綢緞，還常常可以託人帶點銀錢給娘家，比起過去挨凍受餓的日子，當然不知好到哪裏去了。

過門三年來，丈夫也還疼愛，佩玉也好相處，而且還生了個兒子。作為一個貧賤人家的女兒，應該感恩知足了。但環兒心裏深處有很大的闕失：他畢竟太老了，又太忙太無情趣了，許多時候他不像個男人，更像個不中用的老太監。富裕了的環兒常常想，做一個老年高官的小妾，其實有太多的苦楚，還不如嫁一個年輕強壯的窮漢為好。但那些苦楚，她永遠說不出口。只得略帶幾分苦笑地回答：「我一直記着您的大恩大德哩。」

「那就好，大哥這次有點事求你，你得幫我這個忙。」

「甚麼事？」

趙茂昌將辦電報分局的事，細細地對環兒說了一遍。

「好，今夜裏我替您求制台答應。」

「那我先謝謝你了，大妹子！」

三年前下的釣餌眼看就可釣上大魚了，趙茂昌為自己的運籌功夫而高興。

夜晚，環兒服侍着張之洞洗臉洗腳，又幫他脫下衣褲鞋襪，讓他舒舒服服地躺在床上。環兒坐在床沿上，一面給他蓋上被子，一面柔聲柔氣地說：「趙茂昌要在武昌辦電報分局，你為何不同意，讓他辦好了。」

「他這人在銀錢上過不了關，要辦也得叫別人去辦。」張之洞微閉着眼睛，心裏想：趙茂昌這小子居然走起「枕頭風」的路子來了。

「哎呀，四爺，你這人真不識好歹！」環兒不像佩玉，揚州瘦馬館既教了她「媚」的一面，也傳授給

她「馭」的一面。不要說「恩威兼施」是男人世界裏上鈐制下的一個有效手段，女人中用此法來對付男人的更多更有效果。環兒粉嫩的臉上明顯地流露出幾分嗔怒。「你不想想看，你的僚屬朋友包括你的兒女在內，有哪一個像趙茂昌這樣真心真意體貼你？沒有他的張羅，你能有我這樣年輕貌美的姨太太？沒有他源源不斷的特製人參，你六十歲的老頭子還能生兒子？隨便落到哪個老百姓的頭上，人家感恩戴德都來不及，不像你們這種做大官的，人家求你還擺架子不答應。你還有點良心沒有？再說，趙茂昌的武昌電報局，說好了是像上海那樣，集股商辦，又不是用的官府銀子。你管他在銀錢上過不過得關？賺了是他的；虧了也是他的，說句不好聽的話，貪污中飽也是他的，管你制台大人甚麼事？你不如落得做個順水人情！」

環兒說到這裏，真的來了氣，丟開張之洞不管，自個兒坐到梳妝台邊慪氣去了。

人間百個老頭子，至少有九十九個服年輕漂亮女人「媚馭兼施」這一套。張之洞不是百個中的那一個，他也是九十九個中的一員。白日裏在兩司道府面前威嚴不可侵犯、說一不二的張制台，半夜裏常常被這個千嬌百媚的小妾弄得服服帖帖。今夜這一番毫不客氣的話不但沒讓他惱火，反而覺得句句在理，字字中聽。只是，將一個因貪污而革職的人重新起用，並委派這等重要的差使，這中間的障礙，總得清除才行呀！認真思索一番後，他有了個主意。

第二天一早，他把趙茂昌召進簽押房。

「開辦武昌電報局的事，我同意你去做。」

「大人同意了？」趙茂昌又驚又喜，暗自佩服環兒「馴夫」本事的高強。

「不過，得有一個條件。」張之洞習慣性地捋着花白長鬚，目光尖利地盯着面前這位前督署總文案。

「甚麼條件？卑職一定照辦。」革員趙茂昌在制台的目光威懾下，有幾分怯弱。

「你得給我寫一篇文章，不要長，二三百字就行了。說說你改過自新、與過去的貪劣一刀兩斷、重新做個廉潔自守的清官這些方面的想法。如何？」

「行，行，卑職今天就寫，明天一早交給您。」趙茂昌想，這算甚麼條件，這不就是將那年痛哭流涕說的話再說一遍嗎？

「我要叫人將你這篇文章抄出來，張貼在衙門外的轅門上，派兩個兵守着，十天後再揭下。」

趙茂昌剛剛放鬆的心，被這兩句補充的話又給揪得緊緊的。這哪裏是給總督寫文章，這不是在給江寧城百萬小民寫認罪書嗎？這不是要將我趙某人過去的貪污情事公之於世嗎？這不是讓市井輿論來公審我嗎？常州、上海都離江寧不遠，這不很快就會傳過去，讓家鄉父老笑話，讓十里洋場的朋友們瞧不起嗎？心裏打鼓似地考慮好久，趙茂昌以哀求的口氣說：「張大人，按理說您這樣做是應該的，誰叫卑職當年不自愛呢？但武昌電報局是個大洋務，今後要與各方打交道，懇求大人給卑職留個臉面。卑職日後也好將電報局辦好，為大人效力。」

「那你說怎麼辦呢？不向大家作個交代，老夫豈不有徇私之嫌？」

乖巧的趙茂昌立時從張之洞的話中聽出了弦外之音：原來並非存心丟我的醜，而只是為了堵人之口。很快，他有了一個兩全之法。

「大人，您的苦心，卑職感激不已。卑職求大人一發成全，就讓卑職這篇文章只在衙門內張貼算了。

大人也好有一個交代，卑職也藉此改過自新了。」

張之洞的手停止在鬍鬚上，久久不做聲。趙茂昌一顆心幾乎要從喉管裏蹦出來，焦灼難受極了。

「好吧，成全你，你可再不能讓老夫失望了。」

終於答應了！趙茂昌的心重新回到胸腔。「卑職一定把武昌電報局辦好，卑職一定為湖廣的洋務大業增光。」

翌日，一份趙茂昌的悔過書在衙門裏貼了出來。紙不大，貼的地方又偏僻，當天傍晚，趙茂昌便將它揭了下來。偌大的兩江總督衙門，幾乎沒有幾個人看到。趙茂昌心滿意足地離開江寧前赴上海，與盛春頤、經元善緊鑼密鼓地籌辦起中國電報總局武昌分局來。

從此，趙茂昌便因武昌電報局大發橫財，又憑藉着雄厚的經濟實力在官場上飛黃騰達，成為晚清社會中「官而劣則商，商而劣則官」的一個典型例子。當然，這些都是後話。這時督署後院也開始收拾行李，準備離開江寧買舟西歸。一天下午，蒯光典在前來送行時偶爾說到，陳寶琛已從福建閩縣來到江寧，他是專程來看望卜居江寧城的張佩綸的，現住在白下客棧，問張之洞願不願意見見面。

這消息來得太突然，張之洞一時不好回答。

因海戰的失敗，張佩綸再次遭到彈劾，他被迫離開直隸幕府，悄悄來到江寧，在紫金山腳下築了幾間茅舍。此事，在張佩綸來寧不久便有人報告了張之洞。張之洞以為張佩綸會先來拜訪，一直等着。一個月過去了，兩個月過去了，未見人來。他也曾想過去紫金山下尋找，但終不果行，不是因為忙得擠不出時間，而是心裏不大情願：馬尾之戰臨陣棄逃，已屬不可諒解，獲赦後入贅李府，更不可思議。當年

的清流操守到哪裏去了！主動登門，固然不會摒棄，若要自己去尋找，張之洞心裏着實不願意。現在是陳寶琛也來了江寧，怎麼處理呢？不見，必遭朋友譏責；若是相見，又如何見面法？思來想去，張之洞有了個主意。他寫了個便箋，託蒯光典送給陳寶琛。

陳寶琛接到張之洞的便箋時，恰巧張佩綸正在回訪他。二人展開便箋，上面只有幾句平平淡淡的話，大意是離寧在即，無法抽身，已約好初六日至采石磯與門人袁昶見面，可否於初四日在下關碼頭會面，先去焦山看看寶竹坡留在定慧寺的玉帶，然後再回頭同赴袁昶的采石磯之宴？

焦山定慧寺裏怎麼會有寶廷的玉帶呢？原來這裏有段故事。

還是在京師的時候，有一天，張之洞和張佩綸、陳寶琛、寶廷四人在一起聊天。張之洞說，當年蘇東坡遊鎮江金山寺，寺僧向他索取玉帶以作紀念。蘇東坡本是個平易的人，並不以為忤，遂解下身上所佩的那條宋神宗賜的碧玉帶，慷慨贈與金山寺。寺僧感激蘇學士的厚愛，將這條玉帶供奉起來。從此，一代代傳下去，將它作為鎮寺之寶。同治六年，張之洞典試浙江，還專門去金山寺看了這條玉帶。寶廷聽後大笑道，哪年我若路過一名寺的話，也學蘇東坡的樣留一根做它的鎮寺之寶。大家聽後並不把此話當真。誰知第二年寶廷告訴大家，他專門去了一趟長江焦山，將一條墨玉帶留在定慧寺中，寺僧也供奉起來了。歡迎諸位下次路過鎮江時去看看。寶廷居然是個這樣的性情中人！大家都笑起來，滿口答應。

「你接受他的邀請嗎？」張佩綸問陳寶琛。

「不去！」陳寶琛口氣堅定地表示，「沒想到張香濤是個這樣不念舊情的人。你在江寧住了三個多月，他不來看你。我來江寧，也不來看我。他想在我們面前擺他制台大人的架子，要我們主動去看他。

他不認老朋友，我們憑甚麼要應他的約，我又求他甚麼！」

「弢庵兄，你還不知道張香濤的用意吧！」張佩綸還不到五十歲，已經憔悴得像個花甲老人了。當年儒雅倜儻的風度，已被這些年的坎坷挫折銷蝕得找不到痕跡了。「他是想通過焦山之遊，用寶竹坡和你我的落魄來襯托他的得志呀！」

哦，經張佩綸這一指點，陳寶琛彷彿明白過來似的，氣道：「哼，張香濤竟俗到這般地步了。他走他的陽光道，我們不巴結他，也不陪襯他！」

張佩綸說：「要去看寶竹坡的玉帶，過幾天咱們倆自個兒去。」

初四日一大早，張之洞便來到下關碼頭。他想以先在這裏迎接的姿態，來表示未親上門去拜訪的歉意，但一個小時過去了，仍不見張、陳的影子。辜鴻銘在張之洞身邊十多年了，只知道向來都是別人等他，從不見他等別人，偶爾因事等別人，只要過一袋煙的工夫，他便煩躁不安，一邊埋怨，一邊抬腳走路。對這兩個革職朋友的這等耐心，真令辜鴻銘十分驚訝。他勸道：「不必等了，到鎮江去要坐兩個多小時的火輪，今晚還要趕回江寧哩。」

張之洞心裏雖然焦急，嘴裏卻說：「還等一刻鐘吧，再不來就開船。」

辜鴻銘掏出懷錶來，盯着錶面看。又過了十分鐘，還是不見一絲動靜，便吩咐駕駛員準備開船。張之洞在心裏怨道：不來應早告訴我，也免得我等這麼久。正準備進船艙，卻突然看到從上游急速駛來一個小火輪，直向他這邊衝來。「是不是武昌那邊出了急事？」正在猜測之間，只見小火輪裏一個人從艙裏走出，立在船頭，向着碼頭眺望。

這不是楊叔嶠嗎？他怎麼到江寧來了！張之洞一陣驚喜，忙止住腳步，朝着江面上的小火輪細看。果然是楊銳！張之洞顧不得制台之尊，伸出一隻手，對着火輪船頭上的楊銳揮舞着。

船上站立的正是楊銳。他已注意到碼頭上有人在向他揮手示意了，忙吩咐機手加快速度，火輪飛快地向碼頭靠近。楊銳萬萬沒想到，揮手的竟然就是老師。老師不是後天一早才啟程嗎，怎麼今天就來到了碼頭？就這樣心裏一閃念的工夫，小火輪已靠岸了。

「香師，您怎麼今天就離開江寧了？」楊銳一邊高聲打着招呼，一邊急速地跑過跳板來到張之洞的身邊。

「叔嶠，你怎麼突然來到江寧？也不寫封信來告訴我。」張之洞沒有回答楊銳的問題，反而問起他來。

「還是因為《會典》中的事。當年捻子和苗練作亂時還有許多疑問未弄清。孫中堂說，你乾脆到我的老家安徽去走一趟，把這些積案都弄清楚。於是十天前我來到安慶。前天特為到蕪湖去看望皖南道袁昶。他說你來得最好，香帥馬上就要回湖廣原任，初六日我在采石磯設宴迎接。我聽後說，那我乾脆去江寧迎接，今天一清早便坐小火輪來了。今天還是初四，你怎麼就上船了。」

「哦，原來是這樣！」張之洞對楊銳的突然到來甚為高興，方才因久等張、陳不至的惱火早已隨風飄去。「我今天約兩位老友去焦山，一直等到現在還沒來。如果不是等他們，我們師生今天就見不到面了。」

兩個甚麼身份的老友，居然約而不赴？好大的架子！楊銳心裏想，又不便問，便說：「我今天原本

見一見您後就去看看雞鳴山，憑弔一番台城、雞鳴寺和胭脂井，後天一早陪您上船一直送到安慶。現在我改變計劃，陪您去焦山，過些天再專程到江寧來多遊幾天。」

「江寧豈是一兩天可以遊覽完的，你應當改變計劃，下次專程來，今天就陪我去焦山吧。」張之洞將楊銳上下打量了一番後笑着說，「幾年不見了，變化還不大。喂，叔嶠，你為甚麼對台城這樣有興趣，一天的江寧遊，不去別處，先去台城？」

「我近來正在讀南朝史，對韋莊那句『無情最是台城柳』有更深的理解。遊台城是想去感受一下台城所承載的那種歷史風雲。有許多事，我還想好好地跟香師說說。」

「好吧，上船吧，在船上我聽你慢慢說。」

這時，梁鼎芬、辜鴻銘、大根等人也圍了過來，故人他鄉相見，分外欣喜，彼此問候着，一起走入停泊在碼頭邊的一條從英國進口的遊輪。

在船上，張之洞將為甚麼前去焦山的事告訴了學生。楊銳這才知道，老師所約的兩個老友原來就是名滿天下的清流前輩張佩綸和陳寶琛。

楊銳感歎地說：「京師年紀稍長的人都說，光緒七年香帥外放山西之前的那幾年，是京師清流最興盛的時代。那時清流諸名士以筆作刀，以口代伐，扶正壓邪，為民伸冤，贏得了官場士林的讚揚仰慕。自從香帥外放後，京師清流的力量開始削弱。到了甲申年後，因張佩綸、陳寶琛、鄧承修等人相繼革職，後來寶廷又因納妾事遭劾，清流派便風流雲散，自行瓦解了。這些年，寶廷、潘尚書去世，李中堂老邁，京師再也聽不到有人說起清流了，好像清流議政已是歷史陳跡，於是貪污受賄可以公行，瀆職荒

政視同無事，官場失去監督，權力便成了私器。」

楊銳的這番話，勾起了張之洞一腔悵惘之情。他默默地看着艙外急速後退的清澈江水，滿腔思緒不知從何理起。「人世幾回傷往事，山形依舊枕寒流」，彷彿只有千年前誕生此地的這兩句詩，才最能概括他此時的心境似的。

「是呀，清流議政已成歷史囉！」過了好長一會子，張之洞才緩緩地歎道。

「叔嶠，說點京師的時事吧！康有為他們辦的強學會改為官書局後，朝廷的態度如何？」

「自改為官書局以後，就再也沒有人說閒話了。強學會散了，集會也沒有了，官書局裏就是擺着幾百冊洋文書。那些洋文書，滿京城裏沒有幾個人認得，就是有人要找岔子，也找不出甚麼呀。」

梁鼎芬插話：「那些洋文書擺在官書局是白擺了，不如運到武昌來，讓湯生來讀。」

辜鴻銘插說：「節庵這個意見很好，叔嶠你就去跟他們說說，叫官書局乾脆搬到武昌來算了。」

「叔嶠又不是康有為的人，他怎麼可以跟官書局裏的人說這樣的話。」張之洞笑笑說，「官書局設在哪裏，你去過嗎？」

「官書局在琉璃廠，只有兩間小房子，一間房子裝書，一間房子裏還住了管書的人。」楊銳說到這裏，突然眼睛一亮。「香師，有一次我在那裏遇到了一個人，你想得到他是誰嗎？」

「誰？」張之洞看着楊銳撲閃撲閃的雙眼，二十年前成都尊經書院裏，那個純樸好學的美少年形象又出現在眼前，心裏想：二十年的人世染缸，居然沒有在他身上留下痕跡，還是那樣的純真熱情，真正難得。

「您決然想不到的。李提摩太！」

李提摩太！那個穿長袍馬褂，戴假辮子，操一口流利中國話的英國人！那個在太原巡撫衙門裏做蒸汽機、摩擦生電試驗的牧師！在廣州時，還能經常見面，到了武昌，可是再沒見過了。

「他還是老樣子嗎？」張之洞顯然被這個消息弄得興奮起來，對着身邊的辜鴻銘說，「湯生，你還記得那個李提摩太嗎？看起來跟你一個樣，又土又洋，中西結合。」

「李提摩太，我怎麼會不記得！」辜鴻銘說，「但我不同意你的說法，他怎麼跟我一樣？他是英國牧師，我是中國儒生。我的祖籍是福建同安，正宗中國人。我信奉周公孔孟，是地道的儒家信徒。」

辜鴻銘這幾句充滿異國情調的中國話，引起滿船人的哈哈大笑。但辜鴻銘的表情是認真的，他的話也一點也沒說錯。中國人一向以父系為宗，他的父親是正宗的中國人，他當然是正宗的中國人。他回國十年來，系統攻讀、無限崇拜儒家典籍，說是儒家信徒也恰如其份。聽了辜鴻銘這個反駁後，張之洞不但不氣惱，反而快活地說：「湯生說得對，是老夫糊塗了，李提摩太怎麼能和我們的辜湯生相比！」

轉過臉問楊鋭：「李提摩太這些年都在哪些地方，做些甚麼事？」

楊鋭答：「他說這些年把中國的城市都走遍了，住得較久的地方是上海，近兩年則住在北京。他說他是個牧師，以傳教作為主要工作，目的是想讓中國人都蒙受上帝的福惠，富裕強盛，過快樂的日子。」

張之洞又問：「他為甚麼去官書局，他跟康有為、強學會有聯繫嗎？」

楊鋭說：「他常去那裏看看書，也和強學會的人聊天，他跟康有為很熟。據說，康有為寫的上皇上書，無人敢遞，就去求李提摩太。李提摩太看後極為稱讚，答應幫他找找朝中大老幫忙。」

大根猛地插了一句：「中國人在京師辦事，還要找外國人幫忙，這真是怪事。」

「李提摩太比許多中國大官要能幹得多，他認識不少王公大員。據說還多虧他找了翁中堂，康有為的上書才到達皇上的几案上。」楊銳回答了大根的疑問後，又望着張之洞說，「香帥，李提摩太還惦記着您呢！」

「哦，他還記得我？」張之洞高興地說。

「記得，記得，」楊銳笑着說，「他說您這些年辦了許多大事好事。他還說，今天中國，真正為國家富強辦實事的大員只有您一人，是他勸康有為離開北京去上海，並建議康有為來找您，說只有您才是康的真正賞識者。」

原來康有為來江寧還有這樣的背景。一瞬間，他對取締上海強學會、查封《強學報》一事冒出幾分歉意來：當初不查封，而是用李鴻藻的辦法，將上海強學會改為上海官書局，將《強學報》改為官書局的報紙，可能會更好些！

一直未開口的梁鼎芬似乎隱然察到張之洞的內心活動，便說：「香帥本是很器重康有為的，跟他談了好幾次話，又是捐銀，又是撥款，希望他好好地為國家做事。但這人太狂妄剛愎，不聽招呼，尤其是他的《強學報》一再堅持要冠以孔子卒後多少年，這可是有改正朔之嫌疑的大事。香帥治理下的上海，怎能有這樣的報紙？」

楊銳說：「康有為的確是個剛愎自用、目空一切的人，不好共事。《強學報》我在官書局裏看過，除開『孔子卒後』這一條有些新奇外，其他都尚無可指責之處。不過，『孔子卒後』這一說法，在中國

人看來是犯大忌，其實，這根本不是康有為的創舉，他是學西洋人的作法，很平常的一樁事。」

康有為的這種冒天下之大不韙之舉，居然被楊銳看得如此平淡，張之洞、梁鼎芬等人都專注地聽他說下去。

「西洋人紀年就是用的這個辦法。西洋人眼中的聖人不是我們的孔子，而是他們的耶穌。他們將耶穌誕生的那一年定為元年，從那以後數下去。比如現在，我們中國是光緒二十一年十二月二十日，西洋就是公元一八九六年二月三日。康有為將這個辦法學過來，只是將聖人的生年改為聖人的卒年而已，不必太看重。據說京師裏也有人因此說康有為有謀逆之心，是恭王駁了回去。恭王對西洋的紀年很清楚，他說這點不能成立。」

恭王都知道的事，他這個號稱很懂洋務的總督都不懂，張之洞很有點慚愧：如此說來，對待康有為和上海強學會的事有點武斷了。

正在這時，遊輪已到焦山。張之洞加披一件狐皮大氅，在眾人的簇擁下登上了這座著名的江中島嶼。焦山山不高，最高處不過二十餘丈，繞山走一圈，也不過四里路。原本一座荒涼的無名島，東漢名士焦光隱居於此，故得名焦山。焦山因地形絕佳，又位於鎮江城內，故從那以後，歷代都有人在此起樓築室，修亭建寺，一千多年下來，將焦山建成一座文人景觀甚多的名勝，與不遠處的金山齊名，成為鎮江城的兩大遊覽勝地。

小小的焦山上匯集着吸江樓、華嚴閣、壯觀亭、觀瀾閣、別峯庵、定慧寺、寶墨軒等建築，又有保存完好的六朝古柏、宋代槐樹和明代的銀杏樹，的確是一座鍾靈毓秀的寶島。

今天是個冬日晴朗的日子，在陽光的照耀下，焦山上那些葉片尚未落盡的樹木仍充滿着生機，一座座亭台樓閣散落在山石草木之中，江浪水波拍打小島四周的堅強巖石，濺出串串水花，天氣雖然寒冷，但焦山風光依然可觀。

張之洞這次到焦山是來看寶廷留下的玉帶的，並非觀賞景致。對於望六之人來說，這畢竟不是遊山玩水的季節，何況他還要避開眾人，與楊銳說點機密事。於是對梁鼎芬、辜鴻銘等人說：「天氣冷，我和叔嶠直接到定慧寺去，你們自個兒去逛吧。我建議你們先到寶墨軒去，那裏有二三百方碑刻，夠你們賞玩的，大字之祖的《瘞鶴銘》便在那裏。」

聽說《瘞鶴銘》碑就在這裏藏着，辜鴻銘高興得手舞足蹈起來，便拉着梁鼎芬等人向寶墨軒奔去。大根站着不動，他一向是緊跟着四叔的。張之洞說：「你也隨處走走，不要跟我啦！」

大根其實對這些不感興趣，便說：「我陪您去定慧寺吧！」

張之洞想了想說：「那你先去寺裏告訴他們，我和叔嶠過會兒就來。」

大根邁開大步先走了。

張之洞對楊銳說：「我們找個背風向陽的地方坐坐，我要跟你說幾句重要的話。」

楊銳明白，遂陪着張之洞找了一個溫暖的山坳處，二人席地坐在一個枯草坪上。張之洞輕聲說：「叔嶠，聽說皇上體格不強壯，是真的嗎？」

楊銳斂容答：「皇上是不夠強壯，但也沒有大病，只是弱點罷了。」

張之洞又問：「太后身體還好嗎？」

「太后倒是硬硬朗朗的。」

張之洞沉思片刻又問：「依你看，太后對朝廷的事還管得多不多。」

楊銳想了下說：「朝廷上的事，大部分還是皇上在管着，太后一般不管。」

張之洞點點頭說：「你上次信上說，皇上看了康有為的摺子，賞識他，又說翁、李、孫幾位中堂都支持康有為。那為何要解散強學會，查封他們辦的報紙呢？」

楊銳說：「據說這是太后的旨意，皇上其實是不同意的，強學會變為官書局，就是皇上和太后之間的妥協。」

稍停一會，張之洞又問：「依你看，京師對維新變法這些事到底是怎樣的態度？」

「香師，我可以肯定地告訴您，」楊銳不假思考地說：「對維新變法，除開極個別的滿蒙親貴外，絕大部分官員都是支持的。聽說太后也不是完全反對變革，只是厭惡結會集議這類舉動，怕有不測事發生。」

「太后顧慮的有道理。」張之洞點點頭問，「叔嶠，你跟康有為接觸得較多，你認為康有為這個人有沒有異心。」

「絕對沒有。」楊銳堅定地說，「康有為的性格雖有點狂傲，但人是絕對忠誠的，對國家對朝廷是真心愛護的。我曾仔細觀察過他，此人是個古今少有的血性漢子。」

「叔嶠，你認為在康有為身邊有沒有真正的國士？」

「有！」楊銳肯定地說，「至少他的門生梁啟超就是一個。此人卓犖英邁，學問文章不在乃師之下。

其心地之光明、性情之率直，又要勝過乃師。」

梁啟超的名字，張之洞是聽過的，又知道他也是廣東人，十五歲中舉，是個神童，後被貴州籍的主考李端所看中，招為妹婿。張之洞生長於貴州，對貴州特別有感情，他心裏無端對這個從未謀面的貴州女婿生發出好感來。

「你下次見到梁啟超，告訴他，若他路過武昌，可以投刺求見我。」

「好。」楊銳高興地說，「他對您也是很敬重仰慕的。」

張之洞抬起頭來，見太陽已掛在頭頂了，便起身說：「我們到定慧寺去吧，剛才我們之間的談話，你不要對任何人說起。」

楊銳重重地點點頭。

說話間，二人來到了定慧寺。定慧寺建於東漢興平年間，初名普濟寺，後又改為焦山寺，乾隆皇帝下江南時，賜名定慧寺。傳說著《文心雕龍》的劉勰晚年出家於此寺。定慧寺與杭州的雲林禪寺、天台的國清寺號為江南三大名寺。山門外，住持苦丁法師已率領十餘名執事人員恭候多時，見到張之洞、楊銳後忙合十行禮，自報家門，然後像迎接佛祖臨世一樣地將他們二人迎進雲水堂貴賓室。略坐片刻，苦丁法師親自陪着張之洞、楊銳觀看寺內建築。

定慧寺果然不愧千年名剎，殿閣眾多，規模壯闊，供奉的菩薩塑像金光燦爛，往來的眾僧也衣著鮮亮。張之洞無心在此，便對苦丁說：「十多年前，朝廷有位工部侍郎路過寶剎，曾應方丈之求，將身上所繫的一根玉帶留下，此事法師知道嗎？」

「知道，知道。」苦丁忙答，「那時寒寺方丈是傳籙法師，小僧為監院，當時小僧也在場。侍郎說要學蘇學士，留下一根玉帶，問我們願不願意珍藏。我們答應了。」

「侍郎的名字你還記得嗎？」

「記得，記得。」苦丁不用思索就答，「侍郎大人的名字叫寶廷，號竹坡。後來還聽說寶大人是皇親，寺僧把這根帶子就看得更重了。」

「寶大人的帶子還在嗎？」

「在，在，小寺一直珍藏着。」

「領我們去看看吧！」

「大人請！」

苦丁陪着張之洞和楊銳登上了位於定慧寺後院的藏經樓。走進藏經樓二樓東邊的一間房子，苦丁介紹：「這間房子收藏着海內外施主贈送給寒寺的珍貴物品，有天竺國贈的貝葉經，西藏高僧所贈的唸珠，還有不少玉佛、金佛、如意、血經等，寶大人的帶子就存在這裏。」

說罷，苦丁親手從木架上取下一個尺餘長四寸餘寬二寸餘厚的黑木匣子來。打開匣子，裏面果然摺疊着一根黑色玉帶。

張之洞和楊銳凝眸諦視良久。苦丁取出玉帶，露出一張稍為泛黃的白宣紙條。苦丁說：「這是當年寶大人捐帶時寫下的條子。」

楊銳將紙條取出展開，張之洞看那上面寫着：

北宋神宗年間，蘇學士贈玉帶於鎮江金山寺。大清光緒六年吉日，寶學士留玉帶於鎮江焦山寺。兩學士、兩玉帶、兩名寺，誰曰文壇如今無趣事，有寶學士之舉，足見今世有雅人。寶竹坡親書。

看着這熟悉的筆跡，讀着這熟悉的語句，寶廷那張熟悉的面孔又浮現在張之洞的眼中。指點江山、糞土公侯的昔日情景已成歷史，如今是死的死、貶的貶、老的老了。書生意氣、清流議政，轉眼之間便人去樓空，再也不復返了！

見老師面有傷感之色，楊銳忙叫苦丁將玉帶和紙條重新摺好收藏。苦丁把匣子放回木架後說：「大人日後見到寶大人，請代寒寺僧眾問候他老人家，就說他留下的帶子，寒寺一直好好收藏着哩！」

「寶大人已故去了！」張之洞緩緩地說。

「喔——」苦丁瞪大着眼睛，發出長長的驚歎聲。

突然間，一股濃烈的懷舊感堵塞他的胸腔，憋得他似乎有點透不過氣來，他覺得應該借詩句來發抒。是的，應該留兩首詩在這裏，不僅為發抒胸中的鬱積，也以此憑弔老友的亡靈，而且，還要藉此告訴過去的朋友，尤其是今天拒絕前來的張佩綸、陳寶琛：身居高位的張之洞並沒有忘記他們！

「法師，你給我一張紙和筆來，我要送兩首詩給寶刹！」

「大人留墨寶給寒寺，寒寺將蓬篳生輝。」苦丁興奮不已，忙叫小和尚拿來紙筆。

張之洞略一思索，揮筆寫下兩首絕句：

同姓懷忠楚屈原，湘潭搖落冷蘭蓀。
詩魂長憶江南路，老臥修門是主恩。

故人宿草春復秋，江漢孤臣亦白頭。
我有頃河注海淚，頑山無語送寒流。

寫完後又在下面補一句：南皮張之洞光緒二十一年暮冬於焦山定慧寺觀寶竹坡留帶時作。

老師的詩作，楊銳都讀過。在他的眼中，老師的詩以學問功夫深厚見長，像這樣情感濃郁的詩不多見，而他自己則更喜歡緣情之詩。楊銳對苦丁說：「這兩首詩你們可得好好保存，說不定過幾年我還會再到焦山來，我會來看的。」

苦丁連連說：「張大人的墨寶，小僧怎能怠慢，一定會把它和貝葉經一樣地珍視。」

正說着，梁鼎芬、辜鴻銘等一羣人都來了，原來是大根將他們招呼來的。定慧寺已安排好了午餐，大家熱熱鬧鬧地吃完飯後，辜鴻銘興致勃勃地對張之洞說：「這寺院後有一座亭子，建在一塊天然的大石上，那石頭的一半懸空着，使得亭子也像懸空似的。」

張之洞喜道：「那氣勢一定很好，會給人以騰空欲飛的感覺。」

梁鼎芬道：「正是。香帥去看看吧！」

苦丁說：「這是寒寺新近建的一座亭子，就在這裏不遠，小僧陪大人去。」

「好，去看看！」

張之洞來了興致，眾人便一齊響應。

不到半里路程，就來到亭子邊。

果然如辜鴻銘所說的，這亭子雖不高大，卻因地形獨特而極具魅力。張之洞來到亭子間，俯首一望，腳底下，江水滾滾，波浪滔滔，自己如同踩着一朵雲頭來到長江的半空中，有一種羽化而登仙的感覺。向西邊望去，繁華的鎮江城若隱若現，如海市蜃樓。向東邊望去，寬闊蒼茫的江面上，水天一色，如煙籠霧罩。張之洞的心情已從悼亡中走出，被奔流不息的揚子江水激蕩起來，不免對身邊形容枯黃、舉止呆板的焦山寺的住持刮目相看起來：「你這個亭址真選得好。眼力不俗呀，法師！」

「大人誇獎了！」苦丁顯然很高興。

「亭子叫甚麼名字呀！」張之洞一邊興致勃勃地眺望江面，一邊隨口問。

「還沒有取名字哩！」苦丁說到這裏靈機一動，「大人，您給它賜個名字吧！」

辜鴻銘立即贊同：「香帥，由你來命名最好了！」

張之洞轉臉對梁鼎芬說：「節庵，你的學問好，你給它取個名吧！」

梁鼎芬忙推辭：「香帥在此兒，哪有我輩弄斧的份！」

「讓我想想看，」張之洞喜歡聽這樣的話。他手扶欄杆，低頭凝思，過了一會兒說，「焦山東端上有一個吸江樓，人在樓上，用一竹管，便可把江水吸上來，名字取得好，顯然是從鄭板橋的『吸取江水煮新茗，買盡青山作畫屏』而來。老夫今天辭去江督回原任，來此一看友人遺物，二看焦山風光，諸位既

從老夫遊，亦是送別。我想起當年蘇東坡有首《漁家傲》，正是送他的友人離江寧回東京而作，道是：千古龍蟠並虎踞，從公一弔興亡處。渺渺斜風晚細雨，芳草渡，江南父老留公住。公駕飛車凌彩霧，紅鸞驂乘青鸞馭，卻訝此洲名白鷺。非吾侶，翻然欲下還飛去。老夫此時站在此處，也有雙鸞護車、凌江飛渡的感覺。依老夫看來，此亭可名飛江亭。」

「飛江亭。」梁鼎芬忙恭維道，「亭懸空而築，確有飛江之勢，這名字真正取得恰如其分，又與東端的吸江樓遙相呼應，合為雙璧！」

梁鼎芬說完，眾人皆鼓掌叫好。

苦丁一不做二不休，又央求：「大人所賜亭名，真傳神至極，小僧代焦山寺全體僧眾深為感謝。小僧有點貪心，亭名是有了，但楹柱上還缺乏一聯，若大人肯賜聯一副，則是好事做全，焦山寺將永銘大人的恩德。」

張之洞本是一個喜遊覽好題贈的名士，況且定慧寺乃千年名剎，在此處留下筆墨，定然會傳播開來，流傳下去，是一樁大好之事，遂笑着說：「法師，你也是索求無厭，老夫今日興致好，就一發成全了你吧！」

「阿彌陀佛，善哉善哉！」苦丁自知今日所得過多，無所酬報，便使出佛門的慣用伎倆，唸幾句「阿彌陀佛」來，它既可以理解為佛門子弟的最高最厚的謝意，其實又甚麼都沒有損失。千餘年來，這套伎倆成為佛門的萬應靈藥，保僧尼坐收源源不絕的財富，又博得善男信女們的虔誠禮拜。

望着滔滔東去的大江，看着身邊楊銳、辜鴻銘等年輕一輩的勃勃生氣，想起前些日子與康有為、強

學會所打的交道以及剛才與門生的密談，張之洞忽然間似有所悟，遂脱口唸道：

眼底江流，盡皆後浪趕前浪，爭相推移奔大海；
事間人事，總是少年代老年，與時維新為正途。

張之洞唸完後，大家都愣了一下。「與時維新」，楊鋭聽到這四個字，心中一陣驚喜：老師確乎是識時務明大勢的英雄豪傑。梁鼎芬也在心裏忖度：看來香帥雖然不滿意康有為這個人，但對他維新變革的主張還是贊同的。辜鴻銘想：香帥是個維新派，今後多給他譯一點日本明治維新的資料。

苦丁則不甚懂這四個字的深遠含義，但他知道後浪趕前浪、少年代老年，這是天地造化的常規，用它作楹聯十分合適，便説：「大人所作的好極了，請大人回到雲水堂後把它寫下來，明天小僧就叫工匠將這亭名和楹聯刻上。亭名用朱紅，楹聯用石綠，這樣一來，這座亭子就又成了焦山一景。」

「好，你去辦吧！」張之洞笑着説，又吩咐大根，「時候不早了，你去船上作準備，等我寫完匾聯後立時就開船回江寧。」

7　采石磯上，師生賓主射覆續聯打詩鐘

翌日，在梁鼎芬等人陪同下，楊銳在台城、雞鳴寺一帶盤桓了一整天，其他名勝古跡，則留待下次專程再來。

第三天，在江蘇巡撫、江寧藩司、江蘇提督等一班文武大員的一片送別聲中，張之洞登上小火輪，離開江寧城回武昌。

冬日的長江水，是一年中最少的時候，也是最澄清的時候。船行走在淺水段時，江水幾如溪水般清亮，水中卵石晶瑩發光，石間游魚歷歷可數。自江寧至采石磯這一段，自古土地肥沃，物產富庶，民舍眾多，阡陌相接，甚至連岸上的雞犬之聲也可隱約傳進船艙來。

張之洞望着眼中長江兩岸的這一片安居樂業的土地，心中甚是寬慰。臨近中午時分，小火輪來到了位於安徽省太平府當塗縣境內的采石磯。

萬里長江的兩岸上有着數以百計的勝跡，采石磯則是其中頗負盛名的一處地方。它與江寧的燕子磯、岳陽的城陵磯並稱為長江三大磯，然其地勢之險要、人文之豐富又在其他二磯之上。

采石磯位於南岸的翠螺山麓。相傳此地古時有金牛出渚，於是山叫牛渚山，磯叫牛渚磯。又因山形

象一隻大田螺，當地人便叫它翠螺山。磯上盛產五色彩石，又得名采石磯。日久年深，「牛渚」二字則不再被人們提起了。

采石磯一帶懸崖峭壁，兀立長江岸邊。對岸也是一座石頭堅硬的大山，江面陡窄，江水也便陡急。此處最易扼控長江，於是戰亂時代又成了兵家必爭之地。據説南宋時，虞允文便在這裏大敗南下的金兵。采石磯上有不少樓台建築，出名的有賞詠亭、談笑亭、江山好處亭、燃犀亭、清風亭、觀瀾亭、三台閣、虞公祠、謝公祠、廣濟寺、觀音閣等。相傳梅堯臣、沈括、陸游、文天祥等歷史名人都曾來此處憩足遊覽，留下大量詩賦題詠。

最讓采石磯充滿傳奇色彩的是詩仙李白在此地的行蹤。李白晚年貧困不能自持，便來投奔做當塗縣令的族叔李陽冰。

李白喜愛采石磯一帶的江山形勝，常在此賞景吟詩。那年秋夜，李白站在采石磯捨身崖上，一邊喝酒，一邊高吟。月色溶溶，江流奔湧，巨石壁立，四野廣闊，佳境與美酒一起，釀造了一個美侖美奐的氣氛。詩仙樂陶陶醉醺醺地，完全沉浸於他的藝術世界中，已不知人間煙火身為凡人了。忽然間，他見江面上浮出一輪明月來，在粼粼波光中時上時下，時搖時定，如玉盤在起伏，如明鏡在閃爍，比起懸掛在夜空時的模樣要好看百倍。正在凝神賞玩時，那輪明月不見了。李白心中一急：它一定是從天上掉到水裏，被江浪吞噬了。

多美的玉盤，多亮的明鏡，怎麼能讓江浪吞掉！我要把它捉出，讓它重新飛回九天蒼穹，讓普天下的人都能永遠沐浴它的清輝。想到這裏，詩仙毅然從捨身崖上，縱身一跳，將月亮緊緊捉住，捧在懷

裏……

這是一個多麼美妙的傳説。它當然不可能是真的。但人們又希望它是真的，在人們的心目中，謫仙李太白是應該以如此方式來結束他的人世之旅的。這才與他那些超凡的詩作渾然一體，相得益彰。

於是，采石磯上建起了問月亭、捉月亭、太白樓，翠螺山上修造了李白的衣冠塚。人們將李白永久地留在這裏，世世代代的文人詞客也喜在此佇留遊覽，憑弔先賢，捕捉靈感。

當年的門生要在這裏設宴款待過路的老師，怎不令張之洞和他的一行歡喜叫絕。

矮矮胖胖的袁昶一路扶着老師，緩慢登上江岸，來到采石磯上。他陪着張之洞四處走走。采石磯雖不大，卻亭樓眾多，樹木繁茂，再加之絕無僅有的山川之美，使大家都有一種氣清神爽、心胸開闊之感。

午宴就設在太白樓。坐定後，張之洞望着袁昶説：「沒有想到，我們師生今天在這裏聚會。十多年了，當年的小青年如今成了皖南之主，我們都來拜你的碼頭啦！」滿桌人聽了這話，都笑了起來。

袁昶忙説：「香帥客氣了，學生才是你的治下。」

張之洞笑着説：「從光緒二十年十月到昨天為止，你是我的治下不錯，但從今天起就不是了。我是過路的客人，你是這裏的山大王。」

大家又都笑了起來。

「香帥取笑了！」袁昶不好意思地笑了笑。

梁鼎芬説：「有一點那是永遠不會變的，無論甚麼時候，袁觀察都是香帥的門生。」

「正是，正是。」袁昶忙點頭。

「節庵說的也不錯。」張之洞捋了捋胸前的長鬚，擺出一副座師的架子來。「上下級之間的關係可以改變，師生之間的關係是永遠不會改變的。所以古人說天地君親師，這五者必須終生敬奉，是因為這五者是終生不會改變的。」

辜鴻銘心裏想：天地親師這四者不可改變，是自然的，「君」卻不一定不變。大行皇帝歸天，嗣君繼位，這「君」就變了；改朝換代，另一姓坐了江山，這「君」更大大地變了。但這些話他不便說。當大家都異口同聲恭維總督說得有理的時候，他閉口不做聲。

張之洞繼續說：「同治六年，主考浙江是我入翰苑後的第一次放差，大家羡慕我放了一個好差使。浙江人文薈萃，英才輩出，這次下去一定會收一批好門生。我也慶幸自己運氣好，頭次出差就去的人間天堂。」

袁昶的一生發跡就始於同治六年的鄉試，自然對此感情濃郁記憶猶新，插話道：「當時我們聽說朝廷典的星使是神童出身的年輕探花，都歡喜欣躍，到了主考坐亮轎巡視貢院的時候，大家早早地等着引領企盼，都想一睹丰采。見香帥坐在亮轎裏，年輕英俊，一表非俗，都驚歎不已。」

「年輕是實話，英俊就高攀不上了。我只希望別人不要罵我馬臉猴腮、面目可憎就行了。」

說罷撫鬚大笑，眾人也都樂得哈哈笑起來。在座的諸位，其實都聽到別人背地裏這樣描繪過張之洞的。

張之洞以長者的姿態慈祥地望着袁昶說：「你也有四十好幾了吧，有點發福了。」

「明年整五十，快要向老境邁步了。」

「不要這樣說，你比叔嶠、節庵、湯生他們也大不了多少，正是幹大事業的黃金年代。讀書時的雄心壯志是真情還是空話，就在這十來年裏檢驗了。要說當年浙省鄉試的人才，你袁爽秋也算是有出息的一個了。另外還有陶模、孫貽讓等人，你和他們還有聯繫嗎？」

袁昶說：「陶模是封疆大吏，官高事忙，我們很少通信。孫貽讓在刑部做主事，我們時常走動。他寫了不少的書，近日還有信來，說他在做一樁大事，撰寫《墨子間詁》。」

張之洞說：「孫貽讓不應在刑部，他應在翰苑、詹事府或國子監合適，他是個讀書做學問的人。那年你們幾個為我送行，我對陶模說：你是個發達的相，官可做到一品。對孫貽讓說：你是個清雅的相，著作可等身。這話你還記得嗎？」

「記得，記得。」

真個是良師高足喜重逢，有多少敍不忘的舊，有多少道不完的情！儘管佳肴滿桌、美酒頻斟，但主人和主客的心思都在說話上，列位陪客也極為樂意傾聽這些發自內心的敍談。仕途多傾軋，商海多風險，入幕多委屈，謀生多辛酸；人情薄如紙，相交互防範，禍福非所料，處世事事難。人生在世，惟有年少讀書時節，才是最無憂慮、最無機心、最無功利的歲月，它可以設想自己今後貴比管樂、富攀陶朱、學儕周程、文為韓歐，反正那都是遙遠的將來事，用不着立時兌現。誰知一踏入江湖，便有無窮的艱難和煩惱在預先等待着，將你毫不留情地打入各色各樣的漩渦中，身不由己，欲罷不能。

今日，太白樓裏的客人們，誰沒有過這樣的經歷，誰沒有這種無奈的感歎？且讓這對師生的甜美回

憶，帶着大家一道進入那純真快樂的學子生涯吧！長江水也似乎變得無語東流，采石磯上成羣鴉雀不再聒噪，天地萬物都在分享這人世間充滿情誼、淡化功利的美好時刻。

袁昶笑着說：「我在京師聽老一輩翰詹說，當年清流名士集會結社，不僅針砭時弊，糾劾貪墨，也時常談詩論文，射覆打詩鐘。一個個才思敏捷，妙語天成，其風雅之神韻，令後輩文人心嚮往之而不能及。他們都說老師您是此中高手！」

袁昶這幾句話，勾起張之洞心中一段美好的回憶。那是光緒二年至七年在京師做詞臣言官時的時候，指點江山，激揚文字，固然豪氣四溢，天下矚目，三五同好風和日麗，荷酒擔食，在陶然亭、崇效寺、花之寺、龍樹寺等幽靜清朗之處遊覽閒談，更使人心曠神怡，物我兩忘，而此時射覆打詩鐘，必定是最樂意為之的遊戲。的確如袁昶所說，張之洞是此中高手。

張之洞正在撫鬚懷念之際，辜鴻銘早已忍不住了：「我讀李義山的詩：『隔座送鈎春酒暖，分曹射覆蠟燈紅。』神往古時這種有趣的遊戲，可惜回國十多年了，還從來沒有真的見人射覆過。香帥，你說點給我聽聽。」

梁鼎芬說：「李義山筆下的射覆與香帥的名士射覆不同。」

「哦！」辜鴻銘興趣大漲，「節庵，你說有哪些不同，也讓我長長見聞。」

梁鼎芬說：「唐時貴族子弟遊戲時的射覆很簡單，大家背過臉去，由一人將一樣東西覆蓋在碗中，然後大家猜，猜中者有賞。香帥他們的射覆，非得要飽學機敏兩者兼備不可，可惜我當時沒參加，還是香帥自己給我們說吧！」

在那次談詩中被張之洞看中，應聘入幕的陳衍也和楊銳等人湊興吆喝着。

張之洞抿了一口茶，微微笑道：「這都是些往事了，那時大家都有一份閒心情，有這種興趣。雖說是雕蟲小技，壯夫不為，但文人聚會，有沒有這個內容，也是大為不同的。有則高雅，無則俗陋，十多年前在京師官場士林中，這可是判別一個讀書人有無學問的重要標準喲！」

眾皆點頭。辜鴻銘說：「像我這種不知射覆的人，哪怕中西書籍讀得再多，也是個無學問的俗人了？」

陳衍笑道：「那當然！像你這副模樣，連清流邊都挨不着！」

眾人都笑起來。

梁鼎芬說：「莫打岔，且聽香帥說故事。」

「那一年暮春在崇效寺賞花喝酒，喝到興起時，寶竹坡突然對大家說，我有一覆，諸位誰可射中。不待大家做聲，他立刻就說，《左傳》曰：伯姬歸於宋。射唐人詩一句。大家都低頭想。」

說到這裏，張之洞笑着對身邊的辜鴻銘說：「准你也參加一個，你也想！」

辜鴻銘喜得對陳衍說：「你說我挨不着邊，香帥都讓我參加了！」

陳衍說：「你別笑早了，這是香帥客氣，先邀請你。射得中，算真參加，射不中，靠邊站吧！」

「一會兒，我說我射中了。眾人都看着我，我不慌不忙地唸着，白居易詩曰：老大嫁作商人婦。」

剛說到這裏，陳衍便拍手喊道：「香帥，您這一射真是絕妙至極！」

梁鼎芬、楊銳先是一愣，很快也明白過來了，都鼓起掌來笑道：「再沒有這麼好的箭法了。」

辜鴻銘卻不知妙在何處。他茫茫然摸着半邊光頭，問楊銳：「叔嶠，香帥這枝箭妙在哪裏，你給我指點指點。」

楊銳說：「可見你的中國學問還不行。伯、仲、叔、季，這是中國兄弟姊妹的排行序列。伯姬是魯國的長公主，排行老大。周公平定武庚叛亂後，把商舊都周圍地區封給商紂王的庶子啟，定國名為宋，故宋國為商人後裔聚族之地。伯姬嫁到宋國，不正是老大嫁作商人婦嗎？這真是絲絲入扣，天衣無縫。香帥之學問與敏捷，真我輩百不及一。」

辜鴻銘恍然大悟，大聲叫道：「絕妙，絕妙！香帥，我敬你一杯！」

張之洞也很高興，把杯子略略舉了一下，算是接受敬酒。

「潘伯寅最愛此道，也最善此道，見寶竹坡搶了頭籌，頗不甘心，於是說，我這裏也有一覆，宋玉曰：東鄰女登牆窺臣三年。也射唐人詩一句，誰射得中，我有一塊北魏名碑拓片相贈。」

「這一覆出得好！」辜鴻銘又叫了起來，稍停片刻說，「可惜我射不中。」

眾人也都極有興趣地猜着。陳衍心裏想了一個答案，但不便說出，聆聽張之洞的下文：「大家都喜形於色地想，約有半根香工夫，我問潘伯寅：是不是李白的『總是玉關情』。伯寅拍手笑道，到底瞞不過你張香濤。」

陳衍笑道：「我也想到了這句詩，只是不好意思先說出來。」

「石遺，你是馬後炮。」辜鴻銘嚷道，「我不信，除非你講清楚為甚麼『總是玉關情』。」

大家都知道，辜鴻銘用的是激將法，因為他自己並不懂得這中間的奧妙。

陳衍說：「我就對你說清楚吧！李太白的這句詩來自他有名的《子夜吳歌》：『長安一片月，萬戶擣衣聲。秋風吹不盡，總是玉關情。何日平胡虜，良人罷遠征。』詩中『玉關』指的玉門關。宋玉的這句話出自他的《登徒子好色賦》，說的是東鄰女愛慕他的情意。東鄰女為何愛他，因為宋玉是美男子，假若像你這個不中不西的樣子，東鄰女決不會窺你三年，只怕是窺你三眼就走了。」

大家都笑了起來。辜鴻銘卻不笑，認真地說：「愛我的女人不少。她們愛的就是我這個不中不西、又中又西的特殊魅力。」

陳衍也不理會他，繼續說：「所以說，東鄰女窺視，是因為宋玉的緣故，她關的是玉之情，懂嗎？湯生！」

「哦，原來這樣。」辜鴻銘拍了拍腦門，「將玉關兩字拆開，玉指宋玉，關為關聯，真是妙極了！香帥，我再敬你一杯。」

楊銳笑道：「你甚麼都不懂，沒有資格敬酒了！」

大家邊笑邊同喝一杯。

陳衍說：「香帥，這射覆之技，怕是再也沒人能超過你了。」

「也不能這樣說，」張之洞正色道，「黃紹箕就比我行，我承認我的才思輸他一根香！」

「輸一根香」是甚麼意思，這話撩起了大家的好奇心。

「有一年初夏，大家遊江亭，陳弢庵見風吹花落，突然來了靈感，說，我有一覆，孟浩然詩曰：花落知多少。射《易傳》一句話。」

梁鼎芬有意打趣辜鴻銘：「你自號漢濱讀易者，對《周易》很熟，你來射這個。」

辜鴻銘有點緊張地說：「我真的沒入門。不過，我可以想想。」

說後，便一臉木然地陷入深思。

「弢庵說，我點一根香，香燃完前看有沒有人能射出來。他剛剛把香點燃，黃紹箕就喊道，我射中了。我忙說，你先不要說出來，用紙寫好給弢庵，到香燃完後再公佈。一根香正好燃完，我也有了，也寫在紙上。兩紙一對，真個是英雄所見略同。」

「慢點。」梁鼎芬忙打斷張之洞的話。「湯生，一根香點完了，你射中沒有？」

「沒有！」辜鴻銘一臉沮喪。

陳衍笑道：「好了，你被徹底趕出圈子外了。」

辜鴻銘突然醒悟過來：「節庵，你說一根香點完了，香在哪裏？我差點被你蒙過去了，香帥只說了一句話，你的香就點完了？一支香至少點半個小時，我還可以想。」

大家都被辜鴻銘的天真弄得哄堂大笑。袁昶說：「你慢慢去想罷，我們可等不及了。香帥您公佈答案吧！」

張之洞撫鬚微笑道：「兩張紙上都寫着：心疑者其辭枝。」

辜鴻銘嚷道：「香帥，《易•系辭》我倒背如流：『將叛者其辭慚，中心疑者其辭枝，吉人之辭寡，躁人之辭多。』但與『花落知多少』怎能聯繫得起來，分明風馬牛不相及嘛！」

「你這個辜湯生，自己不懂還說人家風馬牛不相及，讓老夫來開導開導你。」張之洞一本正經地說，

「花本是長在樹枝上，現在落了，是不是與樹枝告別了？辭者，除文辭一意外，是不是還有辭別一意？人家問，落下來的花究竟有多少呀，我怎麼知道！便回答他，凡心存疑貳辭別樹枝者便都是落花。這難道是風馬牛不相及嗎？」

幸鴻銘讀《易•系辭》中這句話時，與千千萬萬讀這句話的人一個樣，即從此話的本義上去理解，沒有從另外一個角度去想。這句話的字眼在「辭」字。經張之洞這麼一說，幸鴻銘立即如夢初醒，心悦誠服地說：「香帥射得對，這是我的淺陋，我的淺陋。我們中國文字真是太有意思了，世界各國再沒有這麼好的文字了。」

大家又都笑起來。張之洞卻不笑，帶着無限遺憾的心情說：「但黃紹箕比我敏捷，他足足強過我一根香。」

面對着總督大人的這種真誠的遺憾，眾人都忍俊不禁！紛紛說：「若是讓我們參與，十根香點完了，都想不出來的。」

幸鴻銘喝了一大口酒，將嘴巴一抹，又來了興：「剛才袁觀察説香帥還有一個本事：會打詩鐘。射覆我從李義山的詩中已知道，打詩鐘我還是頭一次聽到。袁觀察，你給我解釋解釋。」

陳衍説：「不怕你幸湯生洋文懂得多，今日可是劉姥姥闖進大觀園，甚麼都不知道了吧！袁觀察，你就給他上一課，也好讓他下次莫在別人面前丟了我們兩湖幕府的臉！」

幸鴻銘氣得白了陳衍一眼，咕碌碌地冒出幾句洋話出來，大家都聽不懂，一笑置之。

袁昶説：「詩鐘起於道光年間。任舉兩字，在一個限定的短時間內做兩句七言格律詩，要將這兩個

字分別嵌進去。通常這個時間也以燃香為計。用一根細繩子繫一枚錢，錢下置一盂，繩繫香上，香燃斷繩，錢落盂中，發出一聲響，如撞鐘一般，這便叫做詩鐘。」

陳衍補充說：「近十幾年來，以集句為多，從唐宋人詩中取現成的詩句，更覺得學力足。」

袁昶望着張之洞說：「京師士林廣傳老師的一段詩鐘，就是以『射、房』二字為題，上聯為『射蛟斬虎三害除』，下聯是『房謀杜斷兩心同』。這射、房二字極不好聯綴，老師此聯令人佩服。京師有多種說法，有人說下聯是張幼樵聯的，也有的說是吳清卿聯的。今天當面請老師說說，以澄清種種訛傳。」

張之洞淡淡一笑：「都說錯了，兩聯都是我的創作。光緒六年秋天，我和竹坡、弢庵三人遊西便門外天廣寺，中午在一間僧房休息，見那僧房門上掛了一塊匾額，曰『塔射山房』。弢庵說，這四個字有甚麼涵義？竹坡說，若是用『射』與『房』兩字來打詩鐘，可是難事。我說：天下沒有哪個字不能打詩鐘的。竹坡說，那就用這兩個字打打看。吃完齋席後，我這聯詩鐘就出來了。幼樵、清卿都沒參加，怎麼會續下聯哩！」

袁昶笑道：「今日算是當面解了這個疑團，可見天下事，訛傳不少。」

張之洞笑道：「幸而我還健在，若死了，這又成了一樁公案。」

眾人都笑了。

陳衍說：「打詩鐘比射覆要容易些，關鍵在唐宋詩背得熟。」

楊銳說：「也不見得，它往往都附加限制，難就難在這裏。」

辜鴻銘立時有了點子，說：「石遺有詩家之稱，叔嶠也是裝了一肚子前人的詩，袁觀察進士出身，

自然詩也是讀得多的。香帥，你不妨舉兩個字來，讓他們打一打詩鐘，也讓我開開眼界。」

張之洞笑着說：「好哇，三個都是飽學之士，在湯生面前露一手，讓他今後再不敢對你們裝腔拿大，可惜沒有香。」

「不要緊，我有懷錶。」辜鴻銘說着從上衣口袋裏取出一隻金殼錶來。「定多長時間？一刻鐘，還是半小時？」

陳衍精研詩二十餘年，正要向眾人顯示顯示，便說：「一刻鐘足夠了。」

要說背詩，楊銳也是內行，遂點頭：「就一刻鐘吧！」

袁昶說：「你們都是捷才，一刻鐘內我怕想不出。」

張之洞說：「從眾吧，三個中有二人同意一刻鐘，就一刻鐘。爽秋若打不出，罰三杯酒好了。」

大家都贊同。張之洞撫鬚沉吟，過了一會，他說：「諸位聽清了，兩個字：『女』『花』，上聯嵌女，下聯嵌花，均出現在第二字上，以唐人詩句為限。湯生你看錶，從現在起開始計時。」

辜鴻銘舉起錶對大家說：「現在是兩點十二分，到兩點二十七分為止。大根作證人，到時由他喊停便停！」

大根也很興奮，忙走到辜鴻銘身邊來，眼睛盯着他手中的懷錶。三位宿學都在緊張地搜尋着平時記憶。采石磯上頓時一片安靜，靜得連懷錶喀嚓喀嚓的走動聲都能聽得見。

大約八分鐘光景，陳衍便欣喜地說：「我的詩鐘已出來了。」

張之洞：「先不要做聲，到時再說出來。」

又過了兩三分鐘，楊銳面有得色，看來他也想好了。眾人的眼睛都移到今天宴席的主人臉上，只見袁昶雙目微閉，嘴唇在不停地上下翕動，間或發出聽不清楚的細聲來。看來，他這個詩鐘打得不容易。大家都幫他着急，猛聽得大根雷鳴似的一聲：「一刻鐘到了。」

眾人正為袁昶惋惜時，只見他輕鬆地笑道：「我也有了。」

張之洞微笑着說：「現在請他們各自唸出來，陳石遺先唸，接下來楊叔嶠，照顧主人，排在最後，由辜湯生作監臨，違規的由你來處罰。」

辜鴻銘歡喜地說：「這事交我最好，我執法最不講情面。」

不待大家催，陳衍搖頭擺腦地唸道：「上聯為李商隱《霜月》中的『青女素娥俱耐冷』，下聯是李白《清平調詞》中的『名花傾國兩相歡』。湯生，你看合不合要求？」

辜鴻銘說：「上聯第二字為女，下聯第二字為花，都是唐人的詩，合要求，通過啦！」

眾人皆鼓掌，陳衍一副得意的神態。

張之洞微笑着對楊銳說：「叔嶠，該你了！」

楊銳一本正經地唸着：「兩句詩都出自杜牧。上聯為《夜泊秦淮》的『商女不知亡國恨』，下聯為《金谷園》的『落花猶似墜樓人』。」

同樣也是在上下聯的第二字上，且亦均為唐人詩句。

辜鴻銘高聲喊道：「符合要求，通過！」

眾人也報之以熱烈鼓掌。

輪到袁昶了，他不緊不忙地唸着：「上聯為李商隱《無題》的『神女生涯原為夢』，下聯為杜甫《江南逢李龜年》中的『落花時節又逢君』。湯生，怎麼樣，通過嗎？」

辜鴻銘大叫道：「你們都了不起，我辜湯生也算得個目無餘子的人，這射覆打詩鐘之類的事，我真的甘拜香帥和諸位的下風。都是贏家，沒有輸家，我這個監臨就只有自罰三杯了。」

轉過臉對大根說：「兄弟，給我倒酒！」

大根有意拿過三隻大碗來，滿滿地斟了三碗。辜鴻銘也不知大根有意捉弄他，遂痛快地將三碗酒一氣喝下。采石磯山上響起一片歡快的喝采聲，引來了幾個僧道遠遠地站在一旁看熱鬧。

袁昶對辜鴻銘說：「喝醉了沒有？」

「沒有。」辜鴻銘搖搖頭。

袁昶說：「沒有就好，我告訴你吧，香帥不僅是射覆、打詩鐘的能手，還是製聯的高手。想不想跟香帥學製聯？」

辜鴻銘兩眼慢慢地紅了，但頭腦依舊清醒，立即說：「願意，願意。」

張之洞聽了，攤開手哈哈一笑：「辜湯生要跟我學製聯，你們說，就這一句話就行了嗎？得向我磕頭交束脩哩！」

「對，對，磕頭交束脩。」大家一齊起哄。

辜鴻銘立即就要離席磕頭，張之洞一把拖住他說：「這頭就留着到武昌去磕吧，我今天也不打算教

給你。講課很枯燥，大家不愛聽。你既然對此有興趣，我先說兩個聯語趣事給你聽吧！」

辜鴻銘自然高興，大家也都高興。袁昶吩咐僕役給每人都斟滿酒。眾人都飲了一口後，興致盎然地聽制台大人說趣事。

「話說康熙爺的萬壽日是三月十八，乾隆爺的萬壽日是八月十三，乾隆朝有個愛製聯的翰林，據此製了一道上聯，就是：三月十八，八月十三，聖祖祖孫齊萬壽。不料，他自己對不出下聯來，遍示翰苑諸公，也沒人對得了。有人說，這是絕對。誰知十多年後這絕對給破了。」

眾人的眼睛都一齊盯着張之洞，這樣難的上聯居然可以對得出下聯，且看是如何破的。

「嘉慶辛未年大考，歙縣洪賓華修撰考了四等第一，錢塘戚蓉台編修考了一等第四，而洪與戚又是同年。於是有人據此對出了下聯：一等第四，四等第一，編修修撰兩同年。」

「絕啊！」辜鴻銘第一個叫了起來。袁昶、楊銳等人也都稱讚這副聯語製得好，辜鴻銘由「絕對」二字忽然想起了一樁事，說：「香帥，你剛才說破絕對的事，我記得許多年前，在海外時，聽人說中國有一上聯，至今還未有下聯的，不知道這絕對可破否。」

「上聯是甚麼，你說說。」

「上聯出的是『煙鎖池塘柳』。五個字含有金木水火土五行。」

梁鼎芬冷笑道：「湯生你真是孤陋寡聞，這聯早就破了。你沒有去過虎門炮台吧，虎門鎮牌坊上就有這副聯。」

辜鴻銘說：「我真沒去過，你給我說說吧！」

梁鼎芬說：「虎門牌坊上一邊寫的是『煙鎖池塘柳』，另一邊寫的是『炮鎮海城樓』。」

「炮鎮海城樓。」辛鴻銘重複了一遍：「也有金木水火土，且在虎門炮台邊，真的是對得好。」

梁鼎芬說：「這是從武的角度對此上聯，還可以從文的角度來對。湯生，下次請你到我的書房裏去看看，我書房裏掛的就是從文的角度來對的。」

辛鴻銘說：「你先唸給我聽聽。」

梁鼎芬一本正經地說：「你仔細聽着：煙鎖池塘柳，秋吟澗壑松。」

「秋吟澗壑松。」辛鴻銘慢慢地複誦着，突然他發現了問題，「不對，你這『吟』字不適合，金木水火土，其他四字都包含了，惟獨『金』沒有，『吟』與金無關。」

梁鼎芬又一聲冷笑：「辛湯生，你平時目空一切，自詡對中國學問都已通了，露馬腳了吧！我寫的『吟』正含有『金』，它是口字邊加一個『金』。」

「吟字還可以這樣寫嗎？」辛鴻銘灰藍的眼睛裏滿是疑惑。

「當然可以這樣寫！」

看到辛鴻銘這一副傻乎乎的樣子，大家都笑了起來。

「湯生呀，你的中國書是讀了不少，但有一本書，你下的功夫還不夠！」張之洞笑道。

「哪本書？」

「許慎著的《說文解字》。這部書要讀好讀透讀爛，作起對聯來就心裏有底了。我再給你們講個故事吧。」張之洞又來了興趣，「那年在湖北學政期間，我與各府縣教授訓導們聊天，我出了一個上聯請他

們續下聯。上聯為：木未成材休縱斧。諸公說，這太容易了，於是每人都續了一個下聯。我說，你們都續得好，但不是最佳的，我這裏有一個最佳的下聯。道是：果然一點不相干」。

袁昶、梁鼎芬等人都愣住了，這叫甚麼下聯，毫無一點關聯之處。

張之洞笑笑說道：「你們發呆了吧，他們當時也發呆了。我說這就是下聯，看起來真的是一點不相干，仔細想想卻是字字相扣。經老夫這一說，他們細思一下後，都明白了，大家樂得放聲大笑。」

就在這個時候，袁昶、梁鼎芬等人也都明白過來，都說：「是的，是的，字字相扣，香帥這聯製得再無話可說了。」

辜鴻銘琢磨半天，還是琢磨不出個名堂來，便問：「香帥，您這對聯是怎麼對的。」

「怎麼對？」張之洞摸着鬍鬚說，「這叫無情對！」

「無情對！」眾人一時間都哄堂大笑起來，驚得太白樓上的幾隻麻雀都嚇得飛走了。

袁昶突然想起京師有個傳說，說的是張之洞曾經將自己的名字與「陶然亭」三字製成一副佳聯，但他不便當着老師的面直呼其名，遂不提起這事。趁着興頭，他以主人的姿態說：「各位請吃菜喝酒，我是多年來沒有過這樣快樂的時候，今日與老師和各位來個一醉方休。」

梁鼎芬有意讓辜鴻銘出點洋相，便說：「香帥，我們來聯詩吧。聯不出的，罰他三杯酒！」

袁昶立時表示贊成，楊銳也同意，辜鴻銘沒有做聲。

張之洞說：「我們今天談的都是對聯，乾脆續聯吧！」

梁鼎芬馬上說：「好，就續聯。」

張之洞想了想說：「有一聯也號稱難對，其實也不是很難，我唸出來下聯，各位都對出上聯來。湯生可放他一馬，先讓他看看陣勢，長長見識，以後好努力。」

袁昶擺出主人的寬容來，說：「湯生畢竟於製聯是外行，這次就免了。」

辜鴻銘最是個好強的人。他是不懂製聯，但又不高興別人瞧不起他，便說：「說不定我也可以對得出哩！」

梁鼎芬說：「你對得好，我們陪你喝一杯，若對得不成個樣子，還是得罰三杯！」

「罰就罰！」辜鴻銘一副倔強的神態。

「這下聯是『三光日月星』。」張之洞左右望了一眼，不見陳衍在座，便說：「石遺不知到哪裏去了，你們三人，爽秋、節庵、叔嶠依次來吧！」

袁昶本不是製聯的能手，但他知道這聯有人對過，這是湊興飲酒，又不是自己製新聯，把別人現成的偷過來應付一下是沒有人指責的，便隨口答道：「六脈寸關尺。」

眾人都鼓掌。張之洞說：「這是前人現成的。他今天請我們喝酒，看在這點上，我們就寬恕他吧。節庵，你是此中高手，不能偷竊，要自己製。」

梁鼎芬想了想說：「八旗滿蒙漢。」

其實，梁鼎芬的這個上聯也不是自己的創造，但張之洞沒有聽說過，便說：「節庵這上聯製得好。我大清入關之前，便有滿洲八旗、蒙古八旗和漢軍八旗，用八旗滿蒙漢來概括，又準確又新穎，通過了。叔嶠，該你了。」

這一下把楊銳給難住了，再製一個新的上聯，的確不是容易的事，何況在這樣的場合中，越想不出心裏越急，臘月天的，背上竟冒出冷汗來。

大家都在看着楊銳，等待他的創作的時候，冷不防幾聲響鑼似的，從辜鴻銘的口裏吐出這五個字來。

「四洲歐亞美！」

梁鼎芬說：「想不到湯生真的對出了一聯，平仄雖不完全合，大致也還說得過去。你把意思給大家解釋一下。」

辜鴻銘搖頭晃腦地說：「歐是歐洲，亞是亞洲，美是美洲，但美洲又分北美洲、南美洲，其實是四洲，所以說四洲歐亞美。」

張之洞笑着說：「湯生真是聰明！這『三光日月星』還有一個上聯，叫做『四詩風雅頌』，雅有大小之分，與美洲的南北之別一個樣。湯生這麼快就窺到製這種聯的訣竅，的確聰明過人，老夫都要佩服你。若早生二十年，說不定可入京師清流之園。」

辜鴻銘得意洋洋地對眾人說：「香帥批准我入清流了，你們都要敬我一杯。」

袁昶、梁鼎芬暗想自己不過是拾人牙慧，一個毫不懂聯語的人卻可立即自出機杼，也確實值得佩服，於是都舉起酒杯來，笑着祝賀辜鴻銘。

大家都喝了一杯後，辜鴻銘還不罷休，又為難起楊銳來，說：「有人號稱博學，卻又對不出來，依定的規矩該如何？」

楊銳忙站起來說：「我不能再喝了，我罰點別的吧！」

張之洞說：「叔嶠不善飲，卻記性過人，在成都尊經書院時，他就能一口氣背完杜工部的《八哀詩》，不知現在還能背不？」

杜甫作於夔州的五言《八哀詩》，八首詩有五百多句，是杜甫詩中最長的一組。楊銳居然能背誦，的確不簡單。

楊銳答：「還能背，我乾脆背這組八哀詩來代替罰酒罷。」

張之洞說：「這組詩要背半個鐘頭，你願背，我們還不願意聽哩。這樣吧，背一部分。」

梁鼎芬說：「背一首算了。」

辜鴻銘說：「請節庵隨意挑一首。」

梁鼎芬笑着說：「還是辜湯生這人鬼，他怕楊叔嶠選他熟的背。好吧，我們現在都在江夏謀食，就背第五首《贈秘書監江夏李公邕》吧。」

「好，背就背。」楊銳屏息靜氣準備着。

袁昶說：「看叔嶠這架式，你們是難他不倒的，常言說嘗一臠而知全鼎，背一首也太久了，我看就背最後八句吧，能流利背出，也就知他能背全篇了。」

張之洞笑道：「還是爽秋寬厚，就背最後八句吧！」

大家會神聽着。只見楊銳乾咳了一聲，便對着太白樓外的萬里長江，朗聲誦道：

哀贈竟蕭條，恩波延揭厲。
子孫存如線，舊客舟凝滯。
君臣尚論兵，將帥接燕薊。
朗詠六公篇，憂來豁蒙蔽。

果然很流暢，眾皆喝采。

張之洞說：「蘇東坡當年曾把人世間的樂事歸納為六種，道是：清溪淺水行舟，涼雨竹窗夜話，暑至臨流濯足，雨後登樓看山，柳蔭堤畔閒行，花塢樽前微笑。」

辜鴻銘笑道：「東坡居士道得好，這都是些人間美事。」

「我今日再添一樁。」張之洞緩緩地摸着長鬚說，「臨江好友續聯。你們說對不對！」

「對！」眾人都鼓掌。

張之洞起身說：「感激爽秋在采石磯上為我們設此盛宴，使我們在長江名勝之地飲酒、談話、射覆、續聯、打詩鐘，盡興暢心。俗話說沒有不散的筵席，我們就此散了吧。客人好趕路，主人好收場！」

於是大家都起身，紛紛向袁昶道謝，袁昶一直將大家送到江邊。張之洞拉着袁昶的手走到一邊，悄悄說：

「我已密薦你為江寧布政使，若無意外，不久當有聖旨下。」

袁昶大為感激說：「老師恩德，學生今生難報。」

張之洞說：「你去安徽有沒有聽到對康有為的議論？」

袁昶說：「大家都認為康有為是赤心愛國的，朝廷一定要變政變法，不然，不只是亡國的事，說不定要亡種。」

張之洞面色凝重地問：「你自己怎麼看的？」

袁昶說：「我跟大多數人的看法一樣。」

張之洞說：「你在江寧任職之前，必會去京師朝覲，替我留心一下京師各方對時局的看法，包括對湖北洋務的看法，再寫一封詳信，派專人送給我。」

「學生記住了！」袁昶重重地點了點頭。

第二章 中體西用

1 受譚繼洵之託，張之洞着力開導譚嗣同，勸他以捐班入仕

還未出元宵燈節，張之洞便着手處理漢陽鐵廠的事。他冒着嚴寒到鐵廠去過多次。近一年來化鐵爐每天只出少量的鐵水，這只是為了不讓爐子冷卻，究其實，五六天開一次爐子足夠了，倉庫裏堆着不少鋼碇鐵碇，有的已生了鏽，一半以上的匠師和工人一天到晚無所事事，處室中那些辦事人員多半是一杯清茶三五閒聊，就這樣打發日子，個別人竟然在辦公時間裏抽起大煙來。還有的一連幾天不來，人影也見不着。但每個月的薪水是一個子兒也不能少，而且薪水很高，幾個職位較高的洋匠月薪一千両銀子，全部三十六個洋匠月薪水高達一萬餘両。鋼鐵賣不出去，開支異常龐大，鐵廠總辦蔡錫勇焦急萬分，早就盼望張之洞回來了。

在湖廣總督衙門議事廳裏，張之洞召集蔡錫勇、陳念礽、徐建寅、梁敦彥，以及洋匠總管德培等人一起會商鐵廠的整頓。

蔡錫勇將鐵廠的情況如實向張之洞作了報告。耗費他一生中的最大心血，寄託他徐圖自強的宏偉理想，曾被洋人譽為亞洲第一大企業的漢陽鐵廠，在他離開武昌僅一年零四個月的時間就落到如此地步，這個打擊對他是沉重的。

「我離開武昌的時候，將鐵廠之事鄭重委託給譚撫台，他對鐵廠關心得如何？」

張之洞在江寧這段時間裏，湖廣總督由湖北巡撫譚繼洵署理。對於張之洞提的這個問題，大家一時都沉默着。譚繼洵仍是湖北巡撫，說他的不是，得罪了他總不是好事。

在美國受過多年教育的陳念礽在這方面的顧慮少些，他見老岳父的話沒人回應，遂答：「譚大人只去過鐵廠一次，平時也幾乎不過問鐵廠的事。」

張之洞非常不悅：「其他人呢？湖北的藩、臬兩司呢？」

張之洞走後不久，藩司王之春、臬司陳寶箴先後調遷外省，接任的藩司員鳳林、臬司龍錫慶也都對洋務不熱心。

見大家依然不着聲，陳念礽又答道：「他們也不過問鐵廠的事。」

「啪」的一聲把大家驚嚇一跳，張之洞拍打着桌面火道：「鐵廠又不是我張某人的私產，我一走，湖北的人都不過問了，豈有此理！」

蔡錫勇息事寧人：「鐵廠沒管理好，總是卑職等人的責任。我們是要湖北騰挪銀子給我們，他們拿不出銀子，所以也不好意思問我們的事了。」

張之洞問：「鐵廠目前缺多少銀子？」

徐建寅答：「至少要一百萬兩才能全面轉動起來。」

「向戶部去要嘛！」

梁敦彥說：「戶部不給，說前後撥了兩百萬，再也拿不出銀子來了。」

張之洞問蔡錫勇：「鐵廠總共花了多少銀子？」

蔡錫勇答：「五百多萬両。」

張之洞心裏也猛地被堵了一下：花了五百多萬両銀子，還是這個樣子，六年前籌辦鐵廠時，可沒想到要花銷這樣大。

張之洞轉臉問洋匠總管德培：「鐵廠技術上的主要問題在哪裏？」

英國人德培雖來中國多年，仍聽不懂更不會說中國話。陳念礽把岳父的話譯給他聽，他想了一下，嘰哩呱啦地說起來。陳念礽翻譯：「德培說，煤和鐵礦的質量都有問題。煤裏含硫較多，鐵礦裏含異質過多，可能與煉鐵爐不配套，需要把鐵礦送到英國去化驗一下。」

張之洞不耐煩地說：「鐵礦還要送到英國去化驗嗎？沒有這個必要，先前不也煉過好鐵嗎？」

陳念礽見老岳父一口否決德培的意見，便沒有把這個話翻譯給德培聽，德培也便不再說話了。

其實這位洋匠總管正是說出了鐵廠技術上的癥結，可惜讓外行而執掌大權的張之洞給粗暴地頂了回去。真知灼見被扼殺，鐵廠因此得再受若干年的懲罰。

蔡錫勇見張之洞臉色不好看，一句話幾次欲出口又給壓了回去。這時，他還是硬着頭皮說了出來：「不少人說，不如將鐵廠改為商辦，銀子的問題便可解決。據說，戶部也有這個想法。」

「甚麼戶部，是翁叔平他想卸這個包袱！」張之洞怒氣沖沖地說，「商辦，商人唯利是圖，沒利的事他們能幹嗎？他們難道比我還對國家對朝廷負責任？我明天親自去看譚撫台，要他先拿點銀子來幫鐵廠過眼下的難關。」

張之洞態度如此堅決，蔡錫勇不好再說甚麼，大家也都不再提這事了。會議就這樣無結果地散了。

第二天，張之洞放下總督的架子，親往棋盤街巡撫衙門。六十多歲的譚繼洵這一年來既當鄂撫又當湖督，事情比先前自然要多得多。他又是個拘謹的人，故更感到勞累，多年來患的哮喘病一到冬天便加重，今年冬天則更嚴重。入冬以來，他連前院衙門簽押房都沒去，就在後院臥房旁邊的書房裏辦事接待來客。昨天接到督署巡捕的來函，說張制台今下午要來看望他。

張之洞身為總督，是決不應該在後院書房裏接待的。譚撫台趕緊命令僕役將衙門中庭的會客廳打掃好，連夜生好爐子；又吩咐廚子去買點時鮮的菜蔬來，要請剛回任的總督在家吃餐飯；又在入睡前加重劑量喝了一碗鹿茸參芪湯，以便明天精神充足。他還不放心，又叫兒子譚嗣同明天決不能離開衙門。一是讓他見見制台大人，和制台大人說說話，建立好關係；二來有甚麼事好隨時呼應。老三機敏強幹，譚繼洵知道他不僅遠勝乃父，就連衙門內那些號為幹員的人也不能與之相比。

午後，張之洞如期來到巡撫衙門。譚繼洵帶着兒子及撫署裏的總文案、文武巡捕、師爺總管等早已來到轅門外，又打開中門，放炮禮迎。

張之洞笑道：「敬翁身體欠佳，大冷的天氣，何必親立轅門外，督撫同城，常來常往，也不必開中門，放禮炮，行此大禮。」

口裏這麼說，心裏倒也很高興，滿肚子對譚繼洵的不滿，經這番隆重的禮儀，化去了多半。望着一旁挺立的譚嗣同，張之洞又喜道：「三公子英邁俊拔，我的兒子中無一人比得上。」

「香帥誇獎了！」

到了會客廳，譚嗣同親自侍奉茶水後，便掩門出去了。

「敬翁身體近來好些了嗎？」

張之洞望着鬚髮如枯苧麻，面皮如花生殼，行動如笨狗熊的湖北巡撫，心裏想：這種衰邁的人如何有精力領牧數千萬人口，數萬里田園？他只宜在家臥床曝背、含飴弄孫而已。但是，上自樞府，下至州縣，卻有許多這樣的人物在佔據着要津。他們固然是貪槽戀棧，捨不得手中的權力、腰中的銀子，而朝廷居然也不勸他們早日致仕騰出位子來給年輕有為者。唉，就憑這點，就非改革不可！此刻，張之洞彷彿心靈上與康有為等人又靠近了一些。

「哮喘病人，最怕的是冷天。今年已咳兩三個月了。」

譚繼洵說話，瀏陽腔很重，張之洞須得仔細聽才能聽清。

「哮喘不好治，我家有個親戚也長年患這個病。他有個方子，不妨試試。」

一聽說有單方治病，譚繼洵心裏歡喜，忙問：「甚麼方子？」

「用冰糖蒸曬乾的野枇杷，連枇杷和汁一道吃下去，對病症有所緩解。」

譚繼洵說：「這兩樣東西都好找，我明天就可以試試。」

兩人又閒聊了一會兒。譚繼洵問：「不知香帥親自過來，有甚麼重要事情要老朽效力。」

「我專為鐵廠而來。廠裏現在周轉不過來了，想向湖北藩庫借點銀子，一旦鐵廠的鋼鐵賣出去後，就連本帶息還給湖北。」

譚繼洵說：「鐵廠的錢該戶部出。您跟朝廷上個摺子，讓戶部批銀子下來。」

張之洞說：「戶部那裏一時要不到，只有自己先想辦法了。」

譚繼洵低頭望着眼前的茶鍾，眼光呆滯，嘴巴緊閉，像個入定的老僧一樣，木頭似地紋絲不動。其實，對於張之洞來訪的目的，他昨天就已料到了。在張之洞回任的前半個月，蔡錫勇還專門為借錢一事跑過藩司衙門。鐵廠對他的抱怨，他也是早已風聞，但他一如既往地堅持對鐵廠的態度：不冷不熱，不反對也不支持。譚繼洵為官三十多年，做京官時，他將忠於職守、拾遺補闕作為自己的職份。做地方官時，他將勤政清廉、重農恤民作為自己的職份。譚繼洵做官的原則，完全遵循的是中國傳統的儒家經典，儘管這幾十年來西學東漸，但他不屑於西方的那一套，更從來沒有想到自己去辦洋務，倡西化。他認為這些都不是一個正經官員所應做的事，也不是為官的職份所在。張之洞辦鐵廠、槍炮廠，建織布局、紡紗局等等，都不是一個總督應辦的事。從好的方面說，張之洞是為了徐圖自強；從不好的方面來看，張之洞是借此出風頭圖大名。張是總督，又得到朝廷支持，譚繼洵當然不會也不敢反對。但他抱定一個原則：湖北不能為這些洋務局廠出銀子。王之春態度積極，譚繼洵很嚴肅地向他打招呼：湖北給局廠的銀子，必須有戶部的批文，不能私自給，我們要為湖北的財政着想。在這樣嚴格的規定下，王之春也不敢更多地放銀子給局廠，但還是盡力予以方便。就因為此，譚繼洵看不慣，趁着張之洞不在武昌時，力薦王之春出任川藩，把他調走。

譚繼洵不認為洋務能致中國於富強。中國有中國的國情，中國的富強只能按聖人所教的那一套去辦，至於張之洞個人的出風頭，那就更不能稱讚了。

這一年來，他作為署理總督，聽到的有關對鐵廠和其他廠局的風言風語就更多了，諸如糜耗錢財，

揮霍浪費，人浮於事，管理混亂，裙帶成風，事倍功半，鐵廠為貪利之徒開斂財方便，為悻進之輩謀進身階梯等等，幾乎都是指謫譏諷，少有肯定讚賞的。這一年多裏，譚繼洵對局廠採取不聞不問的態度。他知道他的湖督是署理，張之洞的江督也是署理，不久都會一切復原的。解鈴還須繫鈴人。張之洞造成的爛攤子只有他張之洞自己來收場。

「香帥的事就是老朽的事，鐵廠的事就是湖北的事。」譚繼洵說了這句心口不一的客套話後，腔調完全變了。「湖北藩庫的銀錢收支，香帥您是知道的，眼下不要說一百萬，就是十萬都挪騰不出。」

張之洞注目看着眼前這個不知哪一天便會突然去了的老頭子，吃力地聽他緩慢而渾濁的瀏陽腔。

「今年湖北，鄂西十多個州縣遭受旱災，普遍減產三至五成。沿長江兩岸二十多個州縣遭受水災，大多數只收了三四成，有五六個縣顆粒無收，全年稅收只有去年的四成半。朝廷只給我減去二成的上交錢糧，這剩下的三成半，藩庫還不知如何來填補。三天前員藩台對老朽說，年底藩庫帳薄上的現銀只剩下二十五萬兩，受水淹嚴重的那些縣得撥出三十萬兩銀子給他買種籽耕牛，否則春上無法開工。流落武漢三鎮難民有四五萬人，每天還在增加，已開了一百多個粥廠，還遠遠不夠。這一百多個粥廠每天耗銀約千餘兩，估計至少還得開一個半月，這筆銀子就要五萬來兩。這些難民都無處住無衣穿，打算給他們蓋四五百間蘆葦棚，施發幾千件寒衣，還加上每天都有餓死凍死的人，得收殮掩埋。這又要二三萬兩銀子。昨天，又接到急報：京山一帶發生地震，方圓百餘里的房子都已倒塌，還不知死了多少人。我已命孔兵備道急速奔赴現場，他向我要銀子，我明知藩庫緊絀，這種時候也只能先顧眼前了，狠下心叫他帶十萬前去。孔道說十萬作甚麼用。我只得說，先帶十萬去吧，實在不行以後再說。香帥，老朽所說的句

句是實話，無一字是假的。您若不信，明天可問員藩台。您看看現在的情況，湖北藩庫能拿得十萬兩銀子出來嗎？」

譚繼洵說到這裏重重地歎了一口氣，顫顫抖抖地端起茶鍾喝了一口茶。

張之洞則在心頭歎了一口氣。不能說譚繼洵在完全說假話，他說的事，張之洞都已知道，只有昨天突發的京山地震，因為這純屬民政事，故最早的急報是報向撫署和藩署，督署還沒有聽到消息。張之洞知道，包括地震在內的所有這些，都會被不情願拿銀子的鄂撫誇大了，而藩庫裏的銀子也又會有意減少。巡撫和藩司聯合起來做手腳，總督一時半刻也是查不出的。張之洞心裏很生氣，但又不好對譚繼洵發脾氣。

停了好長一段時間，張之洞才說：「敬翁剛才說的，我也知道一些，藩庫的銀子自然是緊絀的，也不必從藩庫裏拿了。我知道江漢關過幾天有一筆銀子要上繳，估計有五六十萬，敬翁把這筆銀子先挪給鐵廠用用吧！」

「香帥有所不知。」譚繼洵又歎了一口氣。「江漢關的稅收還沒繳上來，這筆銀子早就先用完了。」

「為何？」張之洞驚道。

「去年八月，宜昌出了個教案。德國教會的一條狗被附近百姓打死，教會拘捕了幾個百姓，其中一個百姓死在教會。此事激起了眾怒，結果教會被砸，兩個傳教士和四個教民被打傷，鬧出了一個大事故。最後英國駐漢領事館出來圓場，宜昌縣被迫賠五十萬兩銀子，以江漢關稅銀擔保，才把這樁教案平定下去。江漢關的銀子早已寅吃卯糧，沒有了！」

張之洞的胸中堵了一口悶氣，不是因為這筆銀子，而是因為這不平等的教案處置。在四川，在山西，張之洞已親身遭受幾次教案，一概以中國人吃虧而結束。沒有別的緣故，就是因為中國弱，洋人強，辦鐵廠本是為了中國的自強，可眼前這個撫台就是看不到這一點。他是寧願賠銀子也不想做自強事業，而像譚繼洵這樣的昏憒官員，又何止百個千個？

「敬翁，你有你的難處，我也就不勉強了。有一件事，還得請敬翁出面幫忙說說話。」

「老朽一開始就說了，香帥的事就是老朽的事。只是這銀子，湖北藩庫一時真的拿不出，不能為香帥解決這個燃眉之急，老朽心裏慚愧已極。其他事，老朽一定盡心去辦，您只管說。」

「大冶鐵礦堆放礦石的山坡，原本就是無人管的荒坡。現在縣衙門派人來告訴礦區，說礦區用了五年了，要交佔地費，一年二百兩，五年一千兩銀子。這本是無道理的事，且礦務局虧損厲害，他們哪裏拿得出這筆錢！敬翁，你下個公文給大冶縣衙門，免了這筆銀子吧！」

說來說去，還是銀子的事。不過，這筆銀子和方才說的銀子大不相同。明擺着這是大冶縣衙門的敲詐，禁止他們這樣做是名正言順的，何況譚繼洵還有求於張之洞，遂痛快答應：「香帥放心，我明天就叫文案擬公文，叫大冶免去這一千兩銀子。」

「那就謝謝敬翁了。」

看着張之洞有起身要走的架勢，譚繼洵忙說：「香帥，老朽有一件小事也要仰求香帥，請您萬勿推辭。」

「甚麼事？」張之洞見譚繼洵說這話時聲音顫顫的，似乎含有一絲幽怨感，頗覺驚訝。

「哎！」尚未開口，譚繼洵先歎了一口氣。「說來這是老朽的家務事，老朽本不應該來麻煩香帥，但是小兒一向敬重香帥，又因香帥那年也曾勉勵了他幾句，故老朽只有厚着臉皮懇求香帥出面，開導開導他。」

張之洞奇怪地說：「令郎聰穎勤奮，廣受稱譽，還有甚麼需要鄙人來開導的嗎？」

「香帥，您哪裏知道，他是金玉其外，敗絮其中啊！」

譚繼洵一副恨鐵不成鋼的神態，同為父親的張之洞自然深知這種望子成龍的父母之心。他滿腔同情地聽着。

「小兒要說資質倒也不蠢，書讀得還好，詩文也做得通順，十七歲就進了學。但這些年卻不幸走了歪道，不好好讀書應試倒也罷了，卻又偏偏迷上邪書邪學。近半年來，他關在家裏寫一本叫做仁學的書。有一天，趁他不在家，我在書房裏看了他寫的稿子，真是駭人聽聞。也不知他從哪裏撿來兩個字，叫甚麼『以太』，說世界萬事萬物都是以太組成，這真是海外奇談。又說節儉是不對的，連世世代代遵守的準則他都反對。

「更可怕的是，他還說『三綱』是錯的。君臣父子夫婦之間的綱常，這是聖人定下的規矩，他都敢說是錯的。這幾十年來的書讀到哪裏去了！」

譚嗣同竟然說「三綱」都是錯誤的，這倒也真出於張之洞的意外，這個聰明的年輕人怎會如此糊塗！是得開導開導。

「香帥，小兒的這些怪謬，老朽從未跟別人說過。不敢說，怕人以此加罪他。老朽請香帥以童言無忌

來看待小兒，寬恕他的無知，指出他的荒謬，讓他迷途知返。小兒心性還是善良的，可以教化。他之所以迷亂，老朽也曾思忖過，可能是從小失去生母，與庶母不合，養成了孤僻冷漠性格。又加之四次鄉試不第，由怨生恨。娶親十多年也沒生過一男半女，夫妻不和諧，失去了對人世的愛心。他還好四處遊蕩，結交了一些不三不四的朋友。這些都使他生出一些與常人不一樣的心思，老朽規勸他多次，無奈他總是聽不進。老朽命苦，所生三兒，如今也只剩下這一個，孫輩也只老二留下一根獨苗，這一子一孫便是維繫譚氏家族的血脈。請香帥務必接受老朽這一請求。倘若小兒能有所開竅，香帥你就是老朽的大恩人了。」

說到這裏，譚繼洵兩眼發紅，似有淚水在眼角邊流動。七十老翁的舐犢之情，使得張之洞不能不答應。

「好。令郎一表非俗，當是瑚璉之器，即算現在走了點彎路，也不為怪。據說胡文忠公在年輕時也曾走過一段彎路，文忠公父親心中焦急，倒是他的岳翁陶文毅公看出他疏散行為中的鴻鵠大志，勸老太爺不要過急，到時一切都會好的。自古來英雄豪傑都有一些不循常規之舉，令郎說不定也會是胡文忠公那樣的英豪。我倒是很喜歡他，你叫他今晚到我家裏來。我告辭了。」

張之洞居然將兒子許為胡林翼式的人物，這令譚繼洵興奮莫名。他一時間竟忘記了留張之洞吃晚飯，連連激動地說：「謝謝，謝謝香帥，犬子今夜一定會來登門求教！」

斷黑的時候，譚嗣同在一個老家僕的陪同下，來到了湖廣總督衙門。為了表示親切，張之洞在二進院落東邊小書房裏，接待這位「海內四公子」之一的譚公子。

大冷的天氣，張之洞身穿絲棉、狐皮還感抵禦不住嚴寒，又在書房裏生了一大鐵盆炭火，而譚嗣同進門便脫去西式黑呢披風，露出一身緊束的短裝來。他只穿着薄薄的棉襖和兩層布的夾褲，腳上穿着褐色牛皮靴，長長的靴幫將及膝蓋，靴幫上是一層又層的繩箍。這一身打扮與瘦精的身材、深陷的雙目相配合，顯露出一股大異通常貴家公子的精悍、豪爽的英氣來。

這的確是個非一般的人！

張之洞在譚嗣同進門那一刻所表現的沒有任何虛套的禮節和風風火火的舉止中，已經有了這個強烈的感覺。

「三公子，聽說你現在又有了一個新的字號。」張之洞親切地望着譚嗣同笑着說。

「是的，我為自己新起了字號叫壯飛。香帥，您怎麼知道了？」

等閒人物，不管年齡多大、官位多高，在張之洞面前都有幾分畏懼之感，譚嗣同卻不這樣。這並非因為他父親是巡撫的緣故，而是他天生就是這種無所畏懼無所顧忌的性格。

「你刻了詩集四處分送而不送我，是認為我這個老頭子不懂詩嗎？」張之洞撫鬚笑着，笑容中流露的是長輩的慈祥。

譚嗣同前向將自己的詩作匯集起來，取個名字叫《莽蒼蒼齋詩》印了三百本，署名壯飛。原來是從詩集上看到的！總督衙門的人都沒送，他又是從哪裏看到的呢？

「香帥是詩壇泰斗，沒送是不敢送。我的那些塗鴉之作哪敢煩瀆香帥清神。」

「但你的詩已耗了我的清神。楊叔嶠帶着你的詩集來江寧接我，那天夜晚我讀了半夜。」

譚嗣同和楊銳很投緣。楊銳到京師後，他們之間常有書信往來，《莽蒼蒼齋詩》印好後，譚嗣同寄了十冊給楊銳，請他代為分贈京中諸友人。

「叔嶠喜歡您的《瀟湘晚景圖》二篇的第一篇：嫋嫋簫聲嫋嫋風，瀟湘水綠楚天空，向人指點山深處，家在蘭煙竹雨中。說是得《楚辭》之風。我卻喜歡你的第二篇：我所思兮隔野煙，畫中情緒最淒然。懸知一葉扁舟上，涼月滿湖秋夢圓。這篇更像《楚辭》，它得的是《楚辭》之神。」

張之洞居然可以隨口吟出自己的兩首詩來，而且給予很高的評價，心性高傲、身在官衙卻瞧不起官宦的譚嗣同不覺對張之洞刮目相看，表現出他平生極少有的謙虛來：「謝謝香帥的厚愛，香帥的高評，晚生擔當不起。」

「三公子，我從這首詩中看出你心中好像有很重的隱憂。」張之洞試圖用迂迴的方式來開導譚嗣同。他覺得譚繼洵的分析有道理，先不談他的怪誕心思，而從開啟他心靈的幽閉開始。「三公子，人生的災難，是人人都會遇到的。你十二歲喪母，比起老夫來又強多了。老夫四歲時，母親就去世了。雖然功名還算順遂，但老夫中年以前連喪三妻，又痛失長女，晚年則有喪子之痛。儘管命運這樣多舛，老夫依然豁達以待，坦然接受種種打擊，以平和之心看待人世，不忌不刻，不怨不尤。三公子，你剛過三十，前程還大得很，聽老夫的話，去掉心頭的隱憂，快快樂樂地讀書應試，為朝廷為國家做事。」

知子莫如父，譚繼洵對兒子的分析是深中肯綮的。

母親早逝，父親寵愛小妾冷落兒子，長年生活在沒有親情的環境中。這是譚嗣同一生中刻骨銘心的悲傷，也是造成他孤冷性格的重要原因。四次鄉試不第，琴瑟不睦中年無子，使他的悲傷和孤冷更加重

幾分。

但是，張之洞想錯了。有不少男人，他真正的最深重的憂傷是不願意說給別人聽的，更何況譚嗣同這樣一條心高如天骨硬如鐵的湖湘漢子！他在嘴角邊淺淺地一笑後，淡淡地說：「香帥說對了，我心中是有隱憂，但這不是對身世的隱憂，而是對國家對百姓的隱憂。」

「憂國憂民，這是自古聖賢傳下來的美德，當然是值得欽敬發揚的。但聖賢也為後人做出了榜樣，他們並不把憂傷積壓在心裏，更不把憂傷轉化為怨尤，而是以此激勵自己，設法為國辦事，為民造福。」

譚嗣同堅定地說：「我正是這樣想這樣做的。」

張之洞愣了一下，他沒有想到這位譚公子是如此聽不進別人的話。想到譚繼洵的懇求，也為了搶救這個不可多得的人才，張之洞壓下心頭的不快，繼續說：「譚公子，聽乃翁說你有些過激的心思，他頗為你擔心。」

「香帥，不是我的心思過激，而是這個世道實在是沉悶太久，弊端太多，非得大聲吶喊，大聲呼叫不可，非得大改大變，徹底改變不可。我有些想法，包括家父在內，很多人都不可理喻，其實我是在矯枉過正，而這種過正，也是世道逼出來的。」

張之洞目光凜然地問：「難道非要徹底改變，非要矯枉過正不可嗎？」

「香帥，非如此不可！」譚嗣同毫不遲疑地說，「因為積重難返，甚至可以說已腐爛敗壞，非得用刀子來剜去不可。舉個例子說吧。比如香帥您，目光清晰，看出了中國要自強必須引進洋人的科學技術，又魄力閎大，在湖北率先辦出了一大批洋務局廠。應該說，您的舉措，會得到全國的支持，你辦的局

廠，會取得巨大的成效。但是，據我所知，至少湖北官場，包括家父在內就不支持你。他們大多數袖手旁觀，覺得這樁事與自己毫無關係，少數人還在暗中使絆子，恨不得這些局廠垮掉。而且說句不怕您怪罪的實話，您辦的局廠，也沒有取得多大的成效。我聽說局廠裏問題也很多。說句大實話，局廠裏除極個別的人外，絕大多數的人也並不對它的成與敗真正關心，他們只不過是為賺薪水罷了。」

這些話雖然很不中聽，但的確說的是實情，正為鐵廠而憂心的張之洞無力責備眼前年輕人的狂妄不敬，反而脫口說道：「照你這樣說，那甚麼事都不要辦了。」

譚嗣同說：「所以我以為非要大改變徹底改變不可，如果不這樣，那是甚麼事都辦不成的。」

「你看怎麼改變法？」

「要衝決兩千多年來所形成的各種有形無形的羅網，全盤引進西方對國家管理的制度法規，改變世代相襲的那些限制中國前進變革的學說思想。如此，方可言洋務，言富強，言中國的前途。」

譚嗣同氣勢磅礴地一句接一句，彷彿在向世界發佈他沖決羅網的宣言，在給病痾沉重的大清王朝診斷症狀，在給古老的華夏民族指明出路。

張之洞在咄咄逼人的氣勢下已覺自己無能為力，他不想使寄與重託的老鄂撫失望，更不願在一個年輕的被開導者的面前承認失敗，一個主意在他的心裏已經冒出。儘管他並不認為這是個好主意，但現在只能藉此為自己贏點面子，先讓這個桀驁不馴的譚三公子接受再說。

「譚公子，憂國憂民也好，沖決羅網也好，大丈夫為國家百姓辦事，不能只憑熱血，更不能只講空話，要的是踏踏實實地做事。辦事憑的甚麼？憑的權和位。你既無權又無位，這些豈不都流入空話嗎？」

張之洞目光炯炯地望着譚嗣同，他試圖用這種威淩壓住譚公子剛才的氣勢。

「香帥，這個我懂。我四次鄉試，也是想通過科場進入仕途，以取得位權。但主考有眼無珠，不辨龍蛇，我也無可奈何了。」

本想說一句「我只好自謀出息了」的話，但想一想在制台面前說這樣的話不妥，便又嚥了回去。

「比起尋常百姓來說，你有一條更便捷的路可走，為甚麼不走呢？」

二品以上的大員子弟，在獲得秀才功名後可以通過入監和捐銀直接進入官場，其出身視同正途。朝廷的這個規定，譚嗣同知道，譚繼洵也曾這樣考慮過，但譚嗣同不同意。

「我三十二歲了，不想進國子監了，靠捐銀買頂子的是些甚麼人？我豈可與那些人混在一起。」

「譚公子，捐班的確很雜亂，老夫一向也看不起，但事情也不可一概而論，捐班中也有極優秀卓異者。你知不知道，胡文忠公便是以捐班而成就大業的。」

「胡文忠公不是翰林出身嗎？怎麼又是捐班呢？」

對於胡林翼，譚嗣同自然是景仰有加的，但胡是捐班，卻是第一次聽到。

「胡文忠公翰林出身是不錯，但在浙江主持鄉試時，因主考文慶攜人進闈閱卷一事被告發，他受了牽連，降一級為內閣中書。第二年又丁憂，三年後起復，按常規在內閣中書一職上候補。若從這條路走到朝廷大員，不知要到何時，也許一輩子也走不到。另有一條路，若捐銀一萬五千兩，則可得一個候補道，遇到好機會，不久便可得實缺，過幾年有望升為藩臬大憲。胡文忠公想，大丈夫做事，當以最後成敗定高低，不必拘於區區小節，遂捐了一個候補道。他看準盜匪多的貴州大有英雄用武之地，便主動要

求去貴州。果然，沒有幾年便因肅盜立功升為貴東道，由此發跡。譚公子，倘若沒有捐班這個過程，會有後來的胡文忠公嗎？」

譚嗣同猛地省悟過來。無權無位不能辦大事，走科舉正途又得不到權位，看來要想辦大事，只有效法胡林翼走捐班一路了。大丈夫能伸能屈，姑且屈一屈吧！

「香帥，謝謝您的點撥，我先去捐個候補知府吧！」

「好。」張之洞十分高興。他已看出譚嗣同是個不循常規的豪傑。沒有約束的豪傑將闖大禍，有所規範的豪傑可望成大事。候補官對於譚嗣同來說正是個約束。如此看來，譚嗣同將有可能成就一番大事業，不妨預作張本，遂笑道，「到時，我將設法把你分發兩江。兩江我的故舊較多，有利於你的實授和遷升！」

「謝謝香帥！」

譚嗣同告辭張之洞，走出湖廣總督衙門時，夜已很深了。

2 漢陽鐵廠弊端重重難以為繼，不得已由官辦改商辦

張之洞為譚繼洵了卻家事，譚繼洵卻並沒有為張之洞了卻公事。想起漢陽鐵廠銀錢困窘、生產萎縮，湖廣總督心情仍是沉重。戶部因翁同龢的作梗不撥銀子，湖北又確實藩庫無銀，鐵廠怎麼辦呢？不料，正當經營陷於困境時，鐵政局兼鐵廠督辦蔡錫勇又突然得急病去世。蔡錫勇不僅西學好，人品也好，是湖北洋務的一根頂樑柱，剛剛五十歲便英年早逝，令張之洞悲悼不已。蔡錫勇留下的重擔，只得叫陳念礽勉為其難地挑起。鐵廠的出路在何方，張之洞想起蔡錫勇多次說過的商辦之事，把念礽找來商量。翁婿至親，無須客套，談話直接進入正題。

「岳丈，蔡督辦說的商辦，是可以考慮接受的。美國人辦企業，全是商辦，政府幾乎不管。」

「商人奸詐，唯利是圖，鐵廠關係到國計民生，交給他們去辦，能放得下心嗎？」

張之洞滿臉憂戚，屋子裏的炭火很旺，他摘下帽子，露出大半個禿頂和稀疏灰白的髮辮來，愈加顯得老而醜。

「無商不奸，這是中國歷史上的偏見。因為有這個偏見，才有崇本抑末的政策；長期奉行這個政策，又使得中國積貧積弱。其實，這個偏見實在要不得。商人有奸有不奸的。鄭國做牛生意的玄高就是一個

不奸的愛國商人。岳丈，說句實話，哪行哪業裏人都是有奸有不奸的。就拿讀書人來說，應該是最純潔的，但讀書人中奸的還少嗎？一部《儒林外史》，寫出了多少讀書人中的奸詐。又說農夫該是純潔的吧，各鄉各村的盜匪還不都是農夫出身，他們不就是刁民嗎？」念礽覺得以這樣的口氣跟岳翁說話，有點峻厲了，便嘿嘿笑了兩聲，緩和下氣氛。換了一種語調說下去。「小婿在美國生活了八年，跟美國商界打了不少交道。依小婿看來，美國的商人中有奸商，也有類似中國的儒商，有小奸大儒的，有先奸後儒的。」

張之洞笑着說：「小奸大儒，先奸後儒，這樣的話，倒是第一次從你的口中聽到。這怎麼解釋？」

「許多商人最初都是貧寒的，靠精於盤剝發家，這發家的過程中就少不了欺蒙拐騙。後來發起來了，覺得再一味行奸使詐實無必要，同時也想用錢來洗刷往日的劣跡，便大做好事。比如捐錢辦慈善、辦教育、辦公眾福利事業，博取個好名聲。這便是先奸後儒，這種人在美國的商人中不少。有的商人在與別的商人做買賣時行奸使詐，但在為國家為公眾辦大事時，他又光明磊落。這是因為他知道國家和民眾的力量很大，行奸，一經揭發，便身敗名裂，一生翻不了身；光明磊落則可得到很高的社會地位，提高他的身價，從而更有利於他的生意。這叫做小奸大儒，或叫做暗奸明儒。」

張之洞哈哈笑道：「這美國的商人，真把商字做到家了。」

「商業發達起來後，中國的商人也會這樣做的。」陳念礽說，「漢陽鐵廠是國家的洋務大廠，會有人來認真接辦的。其實辦好了，他是名利雙收。」

「念礽，我倒要問問你，為甚麼官辦不行，商辦就行了呢？」

陳念礽想了一下說：「這大概是商業這樁事的性質決定的。商業是個以謀利為主要目標的行業，由商人來辦，由於利益相關，他會有很強的責任心，做任何事都會精打細算，管理就會嚴格具體，儘可能地減少或杜絕浪費、拖沓、推諉這些現象。官辦的主要弊端是利益不與個人相聯繫，辦事者不願傾其全力來做。另外，官場有一套相沿已久的繁瑣環節和暮氣，與經商的靈活、快捷、簡便、迅速把握時機這些因素相距太遠，所以官辦不如商辦。」

張之洞仔細琢磨女婿的這番話，覺得也有道理，但改由商辦，又交給誰呢，誰有這個財力和才能呢？

陳念礽說：「大家在一起也議論過，一致認為當今中國最適合接手辦鐵廠的商家便是盛宣懷。」

盛宣懷！張之洞想起七年前赴任途中，在上海與盛宣懷晤談的情景。正是他，當年就說過湖北有豐富的煤礦鐵礦，開礦煉鐵，大有可獲，只是此事宜商辦不可官辦。張之洞將此視為奇談怪論否決了。七年後再去請他來辦，不是承認自己輸了，承認自己不如他嗎？何況，盛宣懷還是李鴻章的人！

張之洞生氣地說：「可以考慮商辦，但不能交給盛宣懷來辦！」

陳念礽知道張之洞不喜歡盛宣懷。話還說不說下去？猶豫一會，他還是鼓起勇氣把自己的看法說出來。

「岳丈，小婿想說兩句逆耳的話，您同意我說吧？」

「你說吧！」張之洞從微微張開的嘴巴裏吐出這三個字來。他知道陳念礽直來直去、決不說違心話的性格，這在他周圍眾多屬下和幕僚中間是極為少見的。只有一人與之相同，那便是辜鴻銘。他有時想，

這是不是受西方風氣的影響，少了中國士人之間慣有的客套虛偽？但同是西方回來的梁敦彥又不這樣，看來又不全然。在一片附和恭維聲之中，張之洞有時倒是想聽聽不同的聲音，他因而喜歡與辜鴻銘和陳念礽談話。

「盛宣懷這個人的人品操守，指謫者不少，但對盛宣懷的辦事魄力和才幹，卻少有否定的。他辦的輪船招商局、電報局都是成功的。二十多年來他積累了辦洋務的經驗，結識了一批外國商人，在中國商人中有很高的威望，同時也積聚了巨額財富。這些條件，在今天的中國，可以說無人與之相比。鐵廠要商辦，非他莫屬。況且他早年在湖北辦礦務，那年又專門在上海與您見面談此事，可見他對湖北洋務有很深的感情，很大的期望。這一點也不是別人可比的。小婿想，漢陽鐵廠不僅是您一人的心血之所在，事業之所在，更是大清徐圖自強的希望之所在，是國家洋務事業尤其是鋼鐵行業發軔之所在。漢陽鐵廠即便受了千挫萬折，也不能停辦，也不能失敗。它若停辦了失敗了，將會動搖許多人以洋務自強的信心，將會推遲中國洋務事業的進展。它造成的影響，首先不是岳丈您，而是國家，是我們的大清國。」

陳念礽的情緒不由自主地激動起來，一向把以身許國作為終生信念的張之洞也不由自主地激動起來。且不說他最後的結論是否正確，把鐵廠與國家洋務大局聯繫，從這個角度來高瞻遠矚地看待，這便令張之洞欣慰：這個女婿是挑對了，他是我的知音！

「現在的情況是，若不改為商辦，很有可能會停辦；若不用盛宣懷，很有可能會失敗。小婿想，在盛宣懷面前承認官辦不如商辦，雖有損制台大人的威信，但比起鐵廠停辦、失敗而言，這是一件很小的事情。倘若真的停辦或失敗，那影響就更大。起用盛宣懷來辦鐵廠，仍是您的決定，這就是您的英明之

處。今後鐵廠辦好了，壯大了，發展了，歷史必會記住您篳路藍縷、創業艱辛的功績，記住您作為中國鋼鐵業開山鼻祖的功績，記住您起用盛宣懷讓他有一個施展才幹的機會的功績。而這些，說到底還不是最重要的，最重要的是用事實說明中國是可以將洋務引進來辦好的，是可以通過洋務實業走上自強道路的。」

「好了，不要說了！」張之洞心頭的疑慮猶豫早已被這番話一掃而光。「就派你去上海會見盛宣懷，和他商量接辦漢陽鐵廠的事情。」

陳念礽往來武昌與上海多次，與現居上海輪船招商局的盛宣懷洽談關於將鐵廠由官辦改商辦的事宜。盛宣懷本對湖北的礦業抱着極大的希望，當年張之洞若聽從他的意見，以商家來辦理洋務局廠的話，他很樂意出面來做督辦。可現在，相隔多年再來找他，他卻猶豫了。陳念礽第一次去上海，他以養病為由，暫不談生意場上的事。正事雖不談，對這個能操一口流利英語的美國留學生卻欣賞備至，禮遇甚隆。陳念礽不能在上海多呆，稍住幾天後又趕回武昌。第二次再到上海，盛宣懷說他很樂意做此事，但目前要為李鴻章出洋做準備，待李鴻章出洋後方可正式商談。陳念礽只得又回武昌。張之洞對盛宣懷這種有意擺譜和明顯地表示對李鴻章的忠心，雖很氣惱，但也只得忍着。待到陳念礽第三次去上海時，盛府門房又告訴他，老爺到常州鄉下掃墓去了，請客人在上海寬住幾天，他一回來便會商議這件大事。

陳念礽遂耐心住下來，等着盛宣懷回滬。

其實，張之洞和陳念礽都誤會了盛宣懷。他並不是在擺譜，在念礽往返鄂滬之間三個多月的時間裏，他正在辦着很重要的事情：請現任招商局幫辦的好友鄭觀應代替他去武昌私訪漢陽鐵廠，為他的決

策提供第一手資料。

鄭觀應帶着兩個助手在武昌城裏住了二十來天，又去大冶、馬鞍山等地轉了轉，情況基本上都弄清楚了。前幾天回到上海。正是清明時節，盛宣懷便借掃墓的機會邀請鄭觀應去他的老家小住幾天。一來鄉間寧靜清新，春暖花開，風景絕佳，看看田園風光，放鬆放鬆，消除城市喧囂所造成的疲憊壓抑；二來好從容商談有關漢陽鐵廠接辦不接辦的事。

在盛宣懷依山傍水、外樸內奢的鄉村別墅裏，二人對座啜茗。一個矮小單薄，尖臉小腮，一個高大寬挺，雙目深陷，外表差距很大，卻有相同之處：都精明幹練，都長於謀劃算計，都魄力闊大。

「陶齋兄，說說你的看法吧！」盛宣懷放下含在嘴裏的肥大雪茄，一邊彈着灰，一邊笑笑地說。

「依我看，此事可為。」鄭觀應放下手中的銀製咖啡杯。「你談談你有哪些顧慮，我可以就你的顧慮來談談。」

「我的顧慮嘛，主要有三點。」盛宣懷深深地吸了一口雪茄後說，「第一，那邊現有的機器設備如何，具體情況如何，你是個見過大世面的實業家，你看看具不具備辦大企業的條件？」

「依我看，漢陽鐵廠的機器設備毫無疑問在國內是第一位的，在亞洲，也無可匹敵，即便在歐美，也算得上先進。這是因為他的所有設備都是從歐美各國買來的好傢伙，只是錢花多了而已，被外商敲詐，自己的經辦人又從中貪污，多費了許多冤枉錢。若我們去買，只有六成的銀子便足夠了。至於總體情況，則談不上最好。馬鞍山的煤質不好。大冶的鐵是豐富的，質量也不錯，但化鐵爐不建在大冶卻建在漢陽，真不知張香濤當年是如何規劃的。這是一個最大的失誤。」

盛宣懷笑道：「張之洞辦事，既不講實效，又不去考慮是賺還是虧，他圖的是臉面上的風光。當初就有人勸他不要將鐵廠建在漢陽。他說他在督署辦公，從窗口便可看到煙筒冒煙，心裏放心。其實，建在省城，只是為了方便來往人觀看，以便展示他的政績。他的這點子心思，明眼人都知道。」

鄭觀應說：「這種局面，帶來許多麻煩，運輸不便，運費大增。」

盛宣懷又問：「那裏的人員如何，技術上有能人把關嗎，工人的操作上行不行？」

鄭觀應答：「據我們了解，張之洞為鐵廠網羅了不少能人，其中好些個便是從歐美留學回國的。鐵廠督辦蔡錫勇，是個很能幹也很有責任心的人，可惜不久前去世了。接替人即那個陳念礽，也有真才實學。雖是張之洞的女婿，卻不是徇私。廠裏還有三十六個洋匠，洋匠總管德培，技術上也不錯，還有幾個人也可以；其餘的洋匠大多並沒有真本事，拿的銀子又多，中國技師不服。工人的操作，只能說勉強應付，比起西洋來，要差得很多。人員最大的問題在管理部門上，人浮於事，爭權奪利，貪污受賄，拖拉推諉，毫無一點西方企業的管理知識，完全與衙門一個樣。」

盛宣懷冷笑道：「如果我們接受，第一要全部裁掉這攤子人；第二，要叫那些草包洋匠滾蛋；第三，凡無一技之長的工人，也都要換掉，人員要大量精簡壓縮。」

鄭觀應說：「這是非常對的，務必如此，才能辦好。鐵廠生產一噸鋼，成本要十二三兩，西洋一噸鋼只要六兩，而且質量好，人家如何會買我們的？這成本高，主要是兩個方面的原因：一是運費高。馬鞍山的煤，運來漢陽已經遠了，還要從開平、日本去買焦炭，就更遠，運費更高昂。二是人員太多，開支太大。當然，還有浪費上的原因。」

盛宣懷不停地吸着雪茄，眼睛時不時地眺望遠處山坡田壟上的桃花、李花和那些叫不出名字的野花，似乎在盡情欣賞眼前的山鄉野景。

見盛宣懷長時間不做聲，鄭觀應以為他還是不想接辦，便說：「杏蓀兄，你不是很想做中國第一洋務家嗎？如果把鐵廠接過來，把它辦好了，你便一定是第一洋務家了。張之洞辦不成的事，你辦好了，這天下還有誰來與你爭高下？再說，張之洞與外國人交往頗多，倘若你不答應，他就會轉而找洋人。若洋人接辦，就不好了：第一，會讓洋人更瞧不起我們中國，第二，這麼一塊肥肉讓洋人得了，也真是遺憾事。」

「陶齋，鐵廠的根本出路是在鋼鐵的銷路。銷路旺，鐵廠就活了，沒有銷路，再怎麼整頓改進都是白做的。」盛宣懷又點起一根雪茄，吸了一口後，慢慢地說，「這兩個月來，我一直在考慮這個事。中國用鋼鐵最多的地方只有鐵路，若鐵路大興，則鋼鐵銷售就可以大旺。但目前津通鐵路已建好，其他鐵路雖計議多時，卻動工無期。鐵路不興，鐵廠的鋼鐵就只有積壓起鏽了。」

「敦促蘆漢鐵路馬上動工。」鄭觀應也在想這個問題。「漢陽鐵廠的興建，當初便有為蘆漢鐵提供鋼軌的一層用意在內，只是後來蘆漢鐵路停下來了。現在看來只有蘆漢鐵路動工，才可能使鐵廠的鋼鐵有大量銷路。據說當年李中堂反對重修蘆漢而主張先修津通，是懷着點私心在內的。津通在直隸地面，對他有利，蘆漢是直隸和湖廣兩個總督聯合起來一道修，他擔心張之洞擁蘆漢之功而坐大。」

盛宣懷笑了笑：「你這是從哪裏聽來的話，李中堂知道了，可不高興啊！」

鄭觀應哈哈笑起來說：「李中堂想壓張之洞，這是天下皆知的事，我就是當面對他說，他也不會否

認。不管怎麼樣吧，反正李中堂的直督早已讓出來，眼下的王文韶是資格老才幹弱。他不會壓張，反倒是想借張的力量來辦成蘆漢鐵路，為自己臉上貼金。」

盛宣懷說：「我們先跟張之洞講好，讓他和王文韶合奏蘆漢鐵路近期開工，這個摺子批下來了，我們再談接手的問題。」

鄭觀應說：「蘆漢動工是大有希望的，這兩個月來已有人在造這方面的輿論了。據說摺子也上了兩三份，《字林西報》、《字林漢報》上有好幾篇文章都在談這事。」

盛宣懷笑了笑說：「陶齋，你知道嗎，這都是你在漢陽期間，我配合着你做的事！」

「哦！」鄭觀應恍然大悟，不覺伸出拇指來。「杏蓀兄運籌帷幄，決勝千里，高明，高明！」

盛宣懷收起笑容，老謀深算的本色立即恢復：「蘆漢動工是第一步，但蘆漢即便動工，也不能保證漢陽鐵廠的鋼鐵就一定暢售，人家洋人的鋼鐵又好又便宜，為何不買他們的？況且還有回扣，和各種各樣看不見的賄賂。要確保鐵路用鐵廠的鋼，還得有個措施。」

鄭觀應說：「蘆漢鐵路肯定在張之洞和王文韶這兩個總督的手中掌握着，張肯定會要用漢陽鐵廠的鋼。」

盛宣懷冷笑道：「辦實業，要徹底打掉書生氣不可。陶齋兄，你身上還有幾分書生氣沒打掉。張之洞如果真有辦實業的本事，鐵廠也不會來叫我們接辦。你想想看，他要做總督，還要辦別的局廠，他會有多少心思來直接管鐵路？到時候，他只是一個傀儡，實權都在別人的手裏。」

「你的意思是……」

盛宣懷胸有成竹地說：「成立一個鐵路公司，我來任督辦，蘆漢幹線就由鐵路公司來管。任他湖廣還是直隸都不能插手，這樣方可徹底擺脫官場習氣，也可確保鐵路用鐵廠的鋼。」

「好！」鄭觀應不得不佩服盛宣懷比他要遠勝一籌。「這個鐵路公司也要由張王會銜奏請批准，借他們的手來為我們辦事。」

「我也這樣想！」盛宣懷毫不遮擋地說，「商人要辦大事，必須要依靠官府，這是沒有辦法的事，因為權在他們手裏。西方那些大商人，哪一個不是由走官府這條路發跡的？就是發達了，也還得依靠官府才能做更大的事。中國是個官僚國家，更非如此不可。只是中國的商人要想辦大事，除依靠官府外，再得加上一條：巴結洋人。因為洋人有錢，借洋雞來為自己下蛋！」

「依靠官府，巴結洋人！」鄭觀應爽朗地大笑起來。「說得好，說得好，難怪你做起事來暢通無阻，左右逢源。這可是你盛氏經商辦實業的真經呀！」

盛宣懷得意地說：「我盛某人經商辦實業的真經還多着哩，這兩條還只是表面的，易得學。深層的，我就是明白地說出來，別人也學不好。」

鄭觀應笑道：「我將我的老三交給你，你帶他個五六年吧！」

「那倒不必。」盛宣懷正經地說，「陶齋兄，說句實話吧，像我這樣賺這麼多的錢，仔細想想也沒多大的味道。我這幾年老是想，我死前要留下兩條遺囑：一是子孫不要經商辦實業，做點小事即可；二以僧服大殮，從簡薄葬，讓我的靈魂歸到佛祖的身邊。」

鄭觀應吃驚地問：「既如此，你天天挖空心思苦苦算計，又為了甚麼？」

「為甚麼？」盛宣懷望着遠方霧嵐繚繞的峯巒，若有所思地說，「說得好聽一點，是為了國家的自強；說得實在點，是為了讓世人看看我盛某人到底有多大的本事。」

因為話題突然變得沉重起來，二人都暫時不再說下去，一個吸雪茄，一個喝咖啡，都默默地看眼前的田園。正是「亂花漸欲迷人眼，淺草才能沒馬蹄」的暮春時節，杜鵑聲裏楊柳依依，拂面熏風中夾雜着花草的清香，令人心脾暢通，兩位為洋務勞心勞力、常年奔波於城市碼頭，在盤算洽談燈紅酒綠中過日子的大實業家，這眼前的恬淡、寧靜、清新、平和，給他們勞瘁的心靈以舒坦的撫慰。一時間，他們竟冒出某種疑惑來：人活在世上，到底是過西洋的那種富裕忙碌生活好呢，還是過中國傳統的這種清貧淡泊的田園生活為好呢？

疑惑只是一閃而過，既已投身商海，便好比是釘死在傳動帶上的螺絲釘，只能隨着高速動轉的機器而運動，不能再有別的選擇了。

「杏蓀，張之洞派他的女婿來上海三次了，我們這次應和他的女婿一道去武昌和張面談一次，以表示我們的誠意。」

「這次去武昌還不是時候。」

「為甚麼？」

「月底李中堂取道上海放洋，要等他走後我們再去武昌。」

「我們往返一次武昌頂多半個月，趕得及月底送李中堂。」

「不是來不及送的問題。李中堂是不高興我與張之洞合作的，倘若他知道後反對怎麼辦？我是聽他的

還是不聽他的？他這次出洋要訪問歐美五個國家，少則八九個月，多則一年，待他回國後，我把一切事都辦得扎扎實實，他再反對也不好說甚麼了。」

既不得罪老主子，又不失去這個機會，盛宣懷真可謂計慮周到。鄭觀應不再說甚麼了。

從常州一回到上海，由鄭觀應作陪，盛宣懷以最高規格熱情接待陳念礽，態度誠懇地講明，只有在蘆漢動工和成立鐵路公司兩件事情得到朝廷同意後才能接辦的道理，並表示，一旦獲准，立即和鄭觀應親赴武昌拜會張制台，再一起商討具體事宜。為鄭重起見，商辦的鐵廠還得與制台衙門簽訂接辦合約，雙方今後都得信守諾言，這是西洋各國的通例，請張制台諒解。陳念礽從談話中看出盛宣懷的誠意，他很贊同這種做法：雙方都把醜話講在先，一旦達成協議簽字後，則務必遵守照辦，不得翻悔。但中國絕大部分商人卻不這樣，談判時被求的一方漫天要價，誅索無度，有求的一方則好話說盡，事事應允。會談時，雙方都各自揀好的說，把不利於對方的東西有意瞞着，結果留下許多後遺症，互相扯皮，互不認賬，到頭來到底誰是誰非無法追究。

陳念礽表示這兩點要求是理所當然的，一定說服張制台先辦，並請盛宣懷早日去武昌定下這樁大事。

盛宣懷的擔心果然不是多慮。四月下旬，李鴻章帶着兩個兒子和一大羣隨員從天津坐海輪來到上海。七十四歲的李鴻章遭受甲午之挫後，其聲望降到他一生的最低點。《馬關條約》的簽訂，使他被舉國罵為賣國賊。二十多年的直隸總督兼北洋大臣的寶座失去了，如今只剩下一個文華殿大學士的虛銜，冷冷清清地住在賢良祠，彷彿一個暫住京師的寓公似的，無權無勢，一生熱中競進的前淮軍首領心情沮喪到了極點。

正在這時，當年訪問中國的俄國皇儲現在的沙皇尼古拉，舉行加冕儀式。因為還遼事件中，俄國起了主要作用，朝廷派員前去祝賀，派的欽差是王之春。俄國以王職位低加以拒絕，點名要李鴻章前去，朝廷只得改派李鴻章。

正處人生低谷的李鴻章得此消息，心情大為振奮。他以洋人依然看得起感到榮耀，並深知只要洋人看得起，朝廷便不會冷落他，重新執掌大權的日子為期不遠。聽到李鴻章即將出訪俄國的消息，德國、法國、英國、美國都向他發出邀請，希望利用此次出訪的機會順便訪問他們的國家。洋人的重視，立即把李鴻章的聲望又抬了起來。他出國前夕，被訪的各國公使在使館為他設宴餞行，各部院也看出李鴻章餘威尚存，起復在即，便一改先前的冷漠，都與他熱乎起來。就這樣，沮喪了一年多的文華殿大學士，如今又重新意氣昂揚起來。一到上海，各國駐滬領事館也爭相邀請，弄得李鴻章應接不暇，儘管疲勞卻仍很興奮。

直到坐上法國郵輪愛納司託西蒙號，與送行的各國公使及專程從蘇州來上海的江蘇撫藩臬三大憲告辭後，李鴻章才有點空暇與盛宣懷說幾句話。

「杏蓀，聽說張香濤的鐵廠辦不下去了，要你接手，有這事嗎？」

重領風光的李鴻章雖鬚髮皆白，臉上佈滿了老人斑，精神卻很好，腰不彎背不駝，兩眼看人依然有威淩之色。

「張香濤派人來上海找我多次，但我沒有答應。」盛宣懷一副恭敬的晚輩神情。

「不要答應他。」李鴻章的口氣近於命令。「張香濤好大喜功，華而不實，漢陽鐵廠被他弄得一塌糊

塗，你怎麼接手法？讓他自生自滅，給天下後世留一個笑柄算了。」

「是的，漢陽鐵廠據説管理混亂，虧空嚴重，是個爛攤子。」盛宣懷避開接不接的實質問題，圓滑地與李鴻章敷衍着。

「我知道，張香濤是在看老夫的笑話，他想取老夫而代之。哼，他還嫩了點。」李鴻章習慣性地掏出兩隻玉球，在手裏滾動着。「杏蓀，我給你説個故事吧！正月底，袁慰庭突然到賢良祠看我，做出一副關心我的樣子，勸我辭職回籍安心養老。我一眼看出了他的陰謀。他是受翁叔平的關託，來為翁叔平説話的。翁叔平協辦大學士做久了，早就想晉大學士，沒有缺，要我回籍養老，叫我騰一個缺出來。我就偏不騰。我對袁慰庭説，你告訴翁叔平，叫他死了這條心，我決不會主動請求開缺的，除非朝廷罷了我。袁慰庭聽了這話，灰溜溜地走了。杏蓀呀，我告訴你，張香濤和翁叔平安的都是一個心思。」

李鴻章開懷大笑。自海戰以來，他還沒這樣開心笑過。盛宣懷也陪着他大笑。

「杏蓀，你千萬不要答應張香濤。我回國後必定會重掌北洋，你若是對辦鐵廠有興趣，我替你在天津建一個大鐵廠，比漢陽的要大得多！」

盛宣懷含含糊糊地答應着。不久，由直隸總督王文韶和湖廣總督張之洞會銜合奏的，關於蘆漢鐵路開工和成立鐵路公司，並委派盛宣懷任公司督辦的摺子，因為沒有了李鴻章的阻力，很快被朝廷批准。得訊後，盛宣懷便帶着鄭觀應等一班隨員，乘坐輪船招商局的豪華客船，溯江西上，奔赴武昌。盛宣懷與張之洞在武昌城裏反反覆覆地商談了個把月，才把合約簽訂下來。盛宣懷親自督辦鐵路公司，而把鐵廠交給鄭觀應來總辦。

從此，由湖廣總督張之洞出面代表政府的官辦漢陽鐵廠，便移交給由當時中國第一大資本家盛宣懷為頭的商人經理。中國有洋務以來最大的一家工廠，經過四五年的探索後，終於與世界的企業經營之路接上了軌。

就在盛宣懷、鄭觀應招商引股大力整頓漢陽鐵廠、蘆漢鐵路在鐵路公司的督辦下轟轟烈烈動工興建，張之洞在湖北全力經營槍炮廠及布、麻、絲、紡各洋務局所洋務學堂的時候，一場維新改革運動，經過康有為等少數有識之士多年艱苦卓絕的努力過程，已經悄悄地卻又是不可阻擋地在全國蔓延開來。很快，「維新」、「改革」，便成為響亮的字眼、時髦的舉措，其中又數湖廣轄境內的湖南省鬧得最為激烈。

3 張之洞以欽差之禮接待梁啟超

位於洞庭湖之南五嶺之北的湖南省，土地貧瘠，人口眾多，環境迫使湖南人吃苦耐勞、倔強好鬥。北宋以來所形成並逐漸發達的湖湘學派，又向世世代代湖南讀書人灌輸奮發向上經世致用的學術文化。兩者的結合，造成了特色鮮明的民風士尚。這種風尚終於在三四十年前，在曾國藩、左宗棠等領導的湘軍身上達到了頂峯，使湖南成為全國矚目的省份，也使湘人變得更加自信，更加強悍，也更加敢為人先。

光緒二十一年，陳寶箴由直隸布政使調赴長沙任湖南巡撫。陳寶箴是個志大氣雄的政治家，只因乙榜出身又加之時運不濟，一直到六十四歲才做到一方諸侯。他決心珍惜這遲到的時運，在有生之年幹一番大事。

也是時勢造成了英豪的際會，當時長沙城裏聚集不少有識見有力量的人物。第一個便是按察使黃遵憲。這位廣東嘉應州出生的富家人，從小便得風氣之先，對西方並不陌生。光緒三年，不滿三十歲的黃遵憲便出任駐日本使館參贊，在日本悉心研究明治維新，並撰寫《日本國志》。以後，又先後出任駐美國舊金山總領事、駐英使館二等參贊、新加坡總領事，是一個熟稔國際局勢的外交官，深知中國只有維

新改革才有出路，十分贊同他的同鄉康有為的主張。現在有巡撫出面在湖南先行一步，素有此志的黃遵憲豈能不全力支持？第二個便是學政江標。三十多歲的江標血氣方剛，對萎靡不振的朝政非常痛惜，常有刷新政局、振興綱紀的宏願，故很樂意在湖南做變革之事。還有一人便是譚嗣同。他接受張之洞的勸告，捐了個候補知府後，果然分發江蘇。他在江蘇創辦了金陵測量會，並在上海結識了汪康年和由北京來滬的梁啟超。汪康年奉張之洞之命接管上海強學會的錢物後，經張之洞同意辦起了一個名曰《時務報》的報紙，取代康有為的《強學報》。《時務報》以汪為經理，梁為主筆。譚嗣同與梁啟超一見如故，惺惺相惜，立時便成了莫逆之交。譚、梁、汪三人合作，在上海發起不纏足會。正擬創立農學會時，譚嗣同接到湖南巡撫陳寶箴的邀請。

陳寶箴在做鄂臬時，便很賞識譚嗣同的人品才幹，譚嗣同也對這位父執很是欽佩。現陳寶箴主持湘政，立意維新，誠邀他回湘共襄盛舉，對家鄉有着深厚感情的譚嗣同何樂而不為？便告別梁、汪，立即離滬回湘。這時，還有一位傑出的人物也對陳寶箴的事業有很大的幫助。此人便是二十年後出任民國總理的熊希齡。從湘西鳳凰縣走出的熊希齡，此時正當二十多歲的青春年華，剛點的翰林院庶吉士。他不願意在沉悶的翰苑做平庸詞臣，得知家鄉的巡撫有心辦大事，便從京師回湘自願參與。

那時湖南的藩司俞廉三，雖不積極支持，但也不反對，不設絆腳石。於是陳寶箴在黃遵憲、江標、譚嗣同、熊希齡等人的襄助下，在湖南大行維新變革來。一時間，辦礦業，辦航運，辦新式學堂，辦報紙，把三湘四水弄得沸沸騰騰的，沉默了十多年的湖南再次引起世人的矚目。張之洞自然是支持陳寶箴的這些舉措的。湖廣總督在軍務上節制兩湖的綠營，在民政上，雖不直接掌管，但也擔負着督查錢糧刑

訟、舉察官吏等重要責任。因為督署設在武昌，向來湖督偏重於湖北而疏於湖南，張之洞亦不例外。但現在湖南形勢逼人，且陳寶箴本是由張之洞薦舉起復而走上坦途的。無論公誼私情，張之洞對陳寶箴治理下的湖南新氣象都大為欣喜。在諸如人才、技術及與外國聯繫採購機器等事上都盡力予以支助。

這時，在譚嗣同的倡議下，省垣長沙又創辦了一所規模宏大的新式學堂，因受《時務報》的影響，取名時務學堂，由江標任督辦，熊希齡為提調，經黃遵憲、譚嗣同建議，眾人一致贊同聘請因在《時務報》上發表一系列文章而享譽海內的梁啟超為中文總教習。梁啟超欣然接受，與汪康年商量後暫時離開《時務報》前赴湖南履新。汪康年希望梁啟超途經武昌時去拜會張之洞，梁啟超也很想見見這位如今隱然執天下督撫牛耳的香帥，於是汪康年修書一封，先行投遞武昌督署。

《時務報》創辦一年來，已出了三十多期，採用新式的石印技術，印刷精美，每期都有二十多頁，分為論說、諭摺、京外近事、域外報譯諸欄目，圍繞着一個主題即維新變革。主筆梁啟超每期至少有一篇文章，有時兩到三篇，三十多期《時務報》上共發表梁的文章多達四十多篇。梁啟超的文章，或抨擊現實中的腐敗黑暗，或呼籲變法的重要可行，或介紹西方風土人情，或弘揚中國的國粹傳統，篇篇文章激情湃澎，才華橫溢，使人讀之有滔滔江水一瀉萬里之感，方又好比烈火在胸，滿腔熱血都燃得沸騰起來似的。除梁啟超外，康有為的弟子和追隨者如麥孟華、徐勤、歐榘甲，還有後來名滿天下的章太炎等人都在上面發表文章。《時務報》集天下文章之粹，匯海內大家之英，如一顆耀眼的明星，冉冉升起在中國的文壇。熱心國事、關心時務的士人，都喜歡讀《時務報》，每期一出，爭相閱讀，發行量高達萬餘冊，風靡全國。刊載於《時務報》上的文章，其影響力遠遠大過皇上諭旨、赫赫佈告。

《時務報》每期贈送十冊給湖督衙門。衙門裏的官員尤其是那些幕友們視為珍寶，不僅仔細閱讀，還要三五討論，說長論短，他們尤其酷愛梁啟超的文章。這些以文章換飯吃的師爺，個個皆文章是自己的好，互不服氣，目空一切，但在梁啟超的面前，他們一概服了輸，公認梁是當今第一才子。有的甚至認為梁啟超的文章超過韓柳、方駕孟荀，是古往今來的第一等文字。這些幕友們讀後又紛紛向其親友推薦，往往一冊《時務報》一兩個月後再轉回衙門時，早已紙頁翻破，角邊捲起。

張之洞也很喜歡閱讀《時務報》。他每期都讀，每篇都讀，讀得專注認真，和眾幕友一樣，素以文章自負的張之洞也視梁啟超為文苑奇才，年紀輕輕便有如此才華識見，猶如賈誼再世，王勃復出。《時務報》出到第五期的時候，他以個人名義捐銀五百兩，又以總督名義購買三百份分送兩湖文武大小衙門、各局廠書院學堂，讓他們以開眼界、以廣見聞。此舉很快便收到實效。湖北官場對他所辦的洋務局廠紛紛關注起來，至於在湖南，更是為陳寶箴的新政大起宣傳鼓動、推波助瀾的作用。

得知梁啟超要來督署拜謁張之洞，幕友們都很興奮。梁鼎芬、辜鴻銘、陳念礽等人都來到簽押房，請總督安排一個時間，讓大家和梁啟超見面聊聊。梁鼎芬是個最佩服梁啟超的人。有人問他同為廣東人，你們是不是同宗。梁鼎芬說：「番禺與新會相隔不遠，同宗的可能性很大。這次我就打算以族人的身份請他吃飯，邀請諸位作陪，請香帥賞臉出席。」

張之洞高興地說：「好哇，請梁啟超這餐飯就由節庵付錢吧，為我省了幾兩銀子。」

辜鴻銘取笑道：「據說梁啟超是你的爺爺輩，你見了他要不要行孫輩大禮！」

陳念礽哈哈大笑起來。

「胡説八道！」梁鼎芬瞪了辜鴻銘一眼説，「有句俗話：五服之外，兄弟看待。我長他十多歲，他要以兄長之禮待我。」

辜鴻銘又出新論：「聽説梁啟超十六歲中舉，主考很賞識他，將自己的堂妹許給他。這個女人比他足足大了十歲。」

梁鼎芬說：「你又弄錯了，沒有十歲，只大四歲！」

「大老婆，小老公，打不贏，拿頭衝。」辜鴻銘唸了幾句不知從哪裏聽來的順口溜後説，「大四歲，也是大老婆小老公。」

陳念礽說：「我聽人講，梁啟超有異於常人的功能。他可以一邊寫文章，一邊和人談話，還不耽誤與人對弈，而且贏多輸少。」

辜鴻銘指着梁鼎芬說：「節庵，你是下棋高手。到時，香帥命他寫文章，我和他談話，你和他下棋，非把他下輸不可。」

梁鼎芬冷笑道：「那樣做，贏了也不光彩；若輸了，毀了我一世英名。要考查他有不有這個特異功能，還是湯生去和他下，湯生反正下的臭棋，輸了也無所謂。」

辜鴻銘並不生氣，笑着說：「我下就我下，看看他究竟有多大的本事。」

「你們看，梁啟超那天來的時候，要不要大開中門放炮迎接？」在眾人的談笑中，張之洞冷不防地提出這個問題。

大家都被張之洞這句話給嚇住了。大開中門、放炮迎接的是甚麼客人，那是奉旨專來督署辦公事的

欽差大臣，或由京師下來王公貴戚、大學士、軍機大臣，梁啟超一個二十多歲的布衣，湖廣總督衙門的中門要大開來迎接他，張香帥莫不是糊塗得忘了規矩？

「香帥，這萬萬使不得！」梁鼎芬連忙勸止。「您這樣以非常之禮對待他，不說違背禮制，招人議論，就是梁啟超，他也擔當不起呀！這要折他的福、損他的壽的！」

張之洞哈哈笑起來，說：「那就不開中門，開右邊側門，我帶着你們到轅門外去迎接他！」

當時的規矩，以右為大，右門迎接的都是些高官要員。

梁鼎芬說：「這個禮儀也太重了。香帥親自到轅門外迎客人，我們一年中也見不到一兩次，梁啟超豈能享受這高的待遇！」

陳念礽說：「您不必這樣費神了，還是像平常一樣，將梁啟超當一個普通舉人看待，這樣於他更好些。」

梁鼎芬說：「念礽說得對，不必格外舉行迎接禮儀，只是留他在衙門，由我做東請他吃一頓飯，香帥出席，這便是對他的最高禮遇了！」

「行！就依你們說的辦！」

然而，梁啟超來的真不是時候。當他在漢陽門碼頭踏上武昌城地面，經人指點來到湖廣總督衙門的時候，正遇衙門的休沐日，總署後院的張府正趁着這個休沐日在操辦結婚喜事。

結婚的人是張之洞二哥的兒子仁樹。張之洞的二哥很早就去世了，留下二子一女，全靠張之洞接濟。長子仁樹這些年來到四叔身邊。為討好張之洞，梁鼎芬將連秀才都未中的仁樹安置在兩湖書院做古

文教習。張之洞雖覺得不大合適，看在亡兄的分上，也沒說甚麼。為了不使侄兒在大喜日子裏有失怙之感，張之洞特意將他當兒子一樣的看待：在後進院裏西邊廂房的一間高大房間裏，為仁樹佈置了洞房，並同意在衙門裏舉行婚禮，到時為他主婚。但他也給侄兒約法三章：一不發帖子，二不接禮金，三不擺酒席。侄兒體諒叔父的苦衷，都接受了。

即便不發帖子，這大的事豈能瞞得住？這一天，從早上開始，懷抱着各種各樣目的的賀喜客人便絡繹不絕地湧進總督衙門，轅門外雖無張燈結彩，也無鼓樂鞭炮，但從進進出出的人們臉上所帶的春色中，梁啟超猜想衙門裏今天正在操辦喜事，暗思今天來的不是時候，正想改天再來，轉念一想，既已來了，不妨去碰碰運氣。

梁啟超對門房剛一開口，門房便連連擺手：「你這後生子好不曉事，你沒看見衙門今天辦喜事嗎？姪少爺大喜，咱們家老爺子親自主婚，怎麼有空來見你？今天就算不辦喜事，你一個無官無職的後生，咱們家老爺子也不可能見你呀！你得按規矩，先遞稟帖，回家候着。隔三差四地再來打聽下，聽信兒。以後哩，或許衙門哪位老爺，或者幕府哪位師爺接待你，給你一個答覆。你要直接見咱們老爺子嘛，那是戴着斗笠親女人——還差得遠哩！像你這樣的人，湖北湖南兩省成千上萬，個個都要見老爺子，咱家老爺子還要不要為朝廷辦公事？光見客還忙不贏哩！」

興許是府裏辦喜事，門房高興，也興許是這個門房生就的愛嘮叨的習慣，他操着一口南皮土音，囉裏囉嗦地說了一大堆，把梁啟超弄得煩躁起來，心裏想，這天下門房怎麼都是一個模子裏鑄出來的：認官不認人，不如糊弄他一下，便對着門房大聲說道：「我是張大帥請來的客人。你不要看我年輕沒穿官

服，我的官比你們湖北的司道大得多哩！」

門房被梁啟超這一叫嚷怔住了。他雖是認不得幾個字的張家南皮鄉下的遠親，但來到武昌守督署大門也有多年了，知道點官場的情況。官場上講究的是資歷，不熬它十多二十年，便要做比司道更大的官是不可能的，這小子在說假話！再仔細打量打量：年紀雖輕，穿的雖是布袍，卻氣概甚足。他突然開了竅：這後生子說不定是哪個大官家的公子哥兒，也或許是京師哪家王府裏走出的黃帶子，著平民打扮來到武昌。這些人雖無官無職，卻的確會連司道都不放在眼裏。想到這裏，門房換成一副笑臉，說：「公子貴姓，我好上去稟報！」

梁啟超看着好笑，便大大咧咧地說：「我姓梁，你告訴張大帥，說是從上海來的。」

門房說聲「梁公子請坐，我進去稟報」，便走出門房。剛走了十幾步便遇到梁鼎芬，門房說：「梁老爺，門口有個貴公子，與您同姓，是從上海來的，說是大人請來的客人。」

梁鼎芬一聽，這不就是梁啟超嗎？便說：「你趕快進去告訴香帥，我去門口接他！」

梁鼎芬三步並作兩步走到大門口，見一個年輕人在來回踱步，便上前說：「請問你就是上海梁卓如先生嗎？」

「我就是！」梁啟超笑道，「請問先生是……」

「我叫梁鼎芬，兩湖書院山長兼湖廣督署總文案。」

梁鼎芬邊說邊兩手合攏，對着梁啟超抱了一個拳。

「您就是大名鼎鼎的梁節庵先生。」梁啟超一邊抱拳回禮，一邊笑道，「汪先生經常提到你。你的詩

真正寫得好，我讀過不少，堪稱天下獨步。」

梁啟超是個爽快的性情中人，說話中，常常免不了濃厚的感情色彩和明顯的誇張成份。梁鼎芬的詩的確負有盛名，梁啟超也很喜歡，但「天下獨步」的評價顯然過高。這便是梁啟超說話的習慣，喜歡用些極端的詞來表達他的好惡。至於梁鼎芬的詩是否「天下獨步」，他並沒有詳加比較，或許過幾天，他也可能不記得他說過這句話了。

但梁鼎芬聽了很高興。他所欽佩的人竟然這樣評價他，這真是英雄所見略同，於是也客氣地回贈一句：「我的詩哪比得上你的文章，你的文章才真正是天下獨步、海內無雙呀！」

兩人都快樂地笑起來，彼此都有一種一見如故的感覺。梁鼎芬挽起梁啟超的手，以示格外的親切：「我也是廣東人，番禺的。」

「那我們五百年前是一家！」梁啟超又爽朗地補充一句，「說不定沒有五百年，一百年前便是一家！」

這正是梁鼎芬所期待的一句話，趁此時趕緊認定這一族親：「我今年四十，比你癡長幾歲，我就斗膽叫你一聲卓如弟！」

「節庵兄，小弟有禮了！」

梁啟超對着梁鼎芬深深一彎腰，梁鼎芬忙扶起，說，「我們進去吧，我帶你去見張香帥！」

就在梁鼎芬拉着梁啟超跨進督署衙門的那一刻，一個場面讓二梁都驚住了：只見從大門到頭進接客廳一直到二進議事廳，長長的甬道兩旁已站滿全副戎裝的親兵營士兵。這些士兵手持紅纓槍，精神抖擻，看見他們踏上甬道時，領頭的都司高喊一聲：「梁先生到！」頓時，「梁先生到」的聲音便由前一

個士兵傳給後一個士兵，一聲聲遞傳下去，一直從接客廳傳到議事廳。

農家出身的布衣梁啟超，還從未見過這等威儀赫赫的官府禮儀，一時間，他有點手足失措。一旁的梁鼎芬也暗自驚詫：香帥使用的依舊是接欽差和王公大員的禮節，只是免去開中門放炮那些讓過路百姓都知道的環節而已。他悄悄地對梁啟超說：「香帥是用迎欽差的禮儀來破格接待你。你不必緊張，隨着我邁開大步走就是了。」

梁啟超畢竟不是庸常之輩，心裏想：他擺出這個禮儀來，我就受了！王侯將相，寧有種乎？焉知日後我梁某人就不能名正言順地享受這種禮儀，此時暫且把它當作一場演習吧！

想到這裏，他昂起頭顱，挺起胸膛，以一襲洗得發白的灰布長袍，旁若無人地大步行走在兩旁士兵的睽睽目光中，開創有湖廣總督衙門以來從未出現過的奇異場景！

來到接客廳，只見寬敞的廳堂中早已站滿了衙門的官員和幕府的師爺們，一個個引領爭睹這位以一張報一支筆而震驚華夏的廣東舉人：他怎麼這樣年輕，年輕得好比自己的兒輩、孫輩！他們在心裏嘀咕着。但就是此人做出了這等大的事業，他現在正活生生地從你眼前走過。後生可畏，後生可畏呀！他們又在心裏感歎着。梁啟超面對着眾人熱切的目光，從容自若，面露微笑，他沒有一絲拘謹之態，而是滿臉的成功之感，心安理得地接受這批被他視為庸吏俗員的驚佩交集的眼神。

剛走出接客廳，正要向議事廳走去的時候，梁啟超一眼見到一個身穿官服矮小單瘦白髮白鬚的老頭子正向他走來。他心裏想，這或許是張之洞，轉念又想，人人都說張之洞心氣高傲，好擺架子，他怎麼會走出廳堂來迎熱接我呢？正在遲疑時，梁鼎芬用手觸了觸梁啟超的衣角，悄悄地說：「香帥親自來接

你了，你要快步上前去迎候。」

果然是張之洞！梁啟超一陣驚喜，忙快步趨前。將要來到張之洞面前時，他深深地一彎腰，朗聲唱道：「廣東舉人梁啟超拜見張大帥。」說着就要下跪行大禮。

張之洞趕緊走上一步，雙手扶住：「卓老，你是我請來的客人，不要行此大禮。」

卓老？梁啟超和梁鼎芬都一怔，這是在稱呼梁卓如嗎？二十多歲的年紀，舉人的功名，無品無級的身份，年已花甲的湖廣總督竟然稱他為「老」！常年在張之洞身邊的梁鼎芬，曾親眼見過這位大帥的多少倨傲無禮：不少道府鎮協文武官員，遞上名刺，三四日等不到召見；輪到接見了，往往在客廳裏一等就是一兩個時辰，有的官員甚至抱怨說，謁見張大人得隨身帶被子，以備過夜用。張之洞經常是一臉殺氣地接見官吏，幾句話不投合，便拍桌發脾氣，厲聲訓斥一番後，將名刺擲下地來，弄得被接見的抱頭鼠竄，返家後兩三天回不過神來。至於在接見中黑着臉訓話指謫，那幾乎是家常便飯。所以兩湖文武都怕見這位使氣任性、喜怒無常的制台大人，背地裏罵他恨他的人很多。可是，今天怎麼啦，難道香帥換了人？難道他料定梁啟超日後會做宰相？都不是，很可能是聽錯了！

「卓老，我早就盼望你來了。」

又是一聲「卓老」，清清楚楚，分分明明，令驚異非常的二梁再不敢懷疑是聽錯了。

「香帥，您千萬不要這樣稱呼我！」梁啟超真有點誠惶誠恐了。「您這樣稱呼我，我今後要死於非命的。」

張之洞哈哈大笑起來：「見到你真高興。你雖然年紀不老，但學問老到，文章老到，叫你一聲卓

老，亦不為過。節庵，你說呢？」

梁鼎芬忙說：「香帥愛才重才，出於衷心，溢於言表，卑職敬佩無以，也為卓如欣慰無比。舉世滔滔，卓如有香帥一知己，已無愧生於斯世了。只是卓如畢竟才過弱冠，是香帥的子姪輩，這樣叫他，他的確擔當不起。再說，卑職還剛剛與卓如聯了宗，他稱我為兄，我叫他為弟，倘若香帥硬要稱他為卓老，我這個族兄今後如何稱呼他？」

張之洞聽罷，又撫鬚大笑起來：「從門房到接客廳才幾步路，你們就聯上宗了？好，好，為了不讓節庵為難，不叫你『老』了。」

梁鼎芬笑着說：「謝謝香帥，你給卑職大面子了！」

張之洞這時才將眼前初次見面，卻聞名已久的年輕人仔細打量着。他原來是這個樣子：中等身材，略顯單瘦，皮膚黑黑的，腦袋的大小跟常人差不多，腦門卻特別的寬廣突出，兩隻大眼睛稍有點凹下去，精光四射，神采奕奕，鼻子有點扁平，一張嘴巴看起來比通常人要寬大。

張之洞邊看邊點頭，說：「好，好，我說你怎麼這樣聰明，原來你的腦門與常人不同，又突又寬，智慧無邊。」

梁啟超說：「取笑了。啟超就因這個腦門沒生好，被人說為醜八怪。」

張之洞哈哈笑道：「再醜還能醜得過老夫嗎？你知道別人怎麼罵老夫的：尖嘴猴腮，面目可憎，舉止乖張，語言無味。老夫今天以王公欽差之禮接待你，今後傳出去，又是舉止乖張的一個新例證了。」

梁啟超說：「大帥如此錯愛，小子擔當不起。」

「擔當得起，擔當得起！」張之洞說，「你不要看那些蟒袍玉帶的王公欽差，模樣神氣得很，其實沒有幾個有真本事的，你的本事比他們都大。」

梁啟超高興地說：「大帥言重了！」

梁啟超隨着張之洞走進議事廳，剛剛落座，張之洞便說：「在這裏坐會兒，只是個儀式而已。這裏不便談話，節庵帶你到會客室去，我隨後就來。」

在梁鼎芬的導引下，梁啟超來到東院幕友館旁邊的西式會客室，這裏早已坐滿了人。梁鼎芬將徐建寅、梁敦彥、辜鴻銘、陳念礽等一班頭面人物向梁啟超一一作了介紹。

一會兒，張之洞過來了。他已脫去官服，換上普通的寬大布袍，隨意坐下後，又招呼着梁啟超坐到他的身邊，親手剝開一個金黃色橘子，遞給梁啟超：「這是湖廣特產，有名的南橘，你嘗嘗。」

梁啟超雙手接過。

「我自來武昌後就喜歡吃這東西。怪不得屈原作《橘頌》，給它很高的評價。」張之洞情不自已地唸道，「后皇嘉樹，橘徠服兮，受命不遷，生南國兮。」

「深固難徙，更壹志兮。綠葉素榮，紛其可喜兮。」梁啟超接下背道。

「曾枝剡棘，圓果摶兮。青黃雜糅，文章爛兮。」張之洞背到這裏，笑對着梁啟超說，「這後兩句，是屈老夫子在恭維你的文章。」

梁啟超不好意思地說：「香帥取笑了。」

眾幕友們都笑了起來，對張之洞的機敏表示歎佩。

「聽説李端棻是你的內兄。」張之洞望着梁啟超問道。

「是的。內子是李大人的堂妹。」

「老夫生在貴州，長在貴州，也可算半個貴州人。因為這個原因，李端棻硬要認我做鄉親。」

梁啟超面帶喜色地問：「香帥和李大人熟悉？」

張之洞高興地說：「豈只是熟，而且是很好的朋友。」

頓時，梁啟超覺得與這個制台大人的關係拉近了許多：「這樣説來，我與香帥之間多了一層私誼。」

「是的，是的。」張之洞點着頭。

一向愛出風頭的辜鴻銘早已忍不住了，這時見有了點空隙，趕緊接嘴：「梁先生，我們這裏的人都喜歡讀你的文章。我辜某人向來瞧不起別人的文字，對你卻不敢瞧不起。我問問你，你是不是學韓文起的家。」

梁啟超早就從汪康年那裏知道張之洞的幕府中，有個怪人辜鴻銘，趁着這個時候，他將這個混血兒仔細看了一眼。中國話雖說得仍不很地道，但能看出自己的文章受韓文的影響頗深，表明他的中國文學還是進了門檻的，於是笑着說：「我的確是把韓文公的文章讀得滾瓜爛熟，不過，不只韓文公，莊子的文章、太史公的文章乃至今日的曾文正公的文章，我都隨口可以背得出。不過，當着張大帥的面，我說句或許不當說的話，我的文章主要還不是得力於韓文公、莊子或太史公，而是得力於我捉住了報文這種新文體的牛鼻子。這個牛鼻子便是我的維新主張。我憑此才能振起文章的格調，引起海內官場士林的刮目相看。諸公若也抓住這個牛鼻子，同樣也可以寫出橫空出世的文章來的。」

梁鼎芬擺出一副兩湖書院的山長神態說：「氣者，文之帥。卓如老弟說的維新主張，其實就是他所仗的氣。他這種氣勢，別人尚未得到，故他的文章能超過別人。」

「節庵說得不錯。」說詩論文本是張之洞的愛好，昔日學政的派頭又出來了。「做文章，遣詞造句是第二位，有無氣勢才是第一位。若氣勢相當，詞句佳者又得上風。卓如的文章勝過乃師康有為，不在氣勢而在詞句上。卓如的詞句設譬形象貼切，可觸可感，用字講究聲調，琅琅上口，讓人讀來趣味盎然。還有一點，卓如的文章往往能將深刻的道理化為通俗易懂的文字，這就叫深入淺出。卓如呀，文章做到你這個份上，連我這個老學台都要服氣了。」

梁啟超忙說：「香帥文章，海內早有定評，小子哪裏比得上。」

陳念礽說：「梁先生，你是後來居上！」

梁啟超忙說：「不敢，不敢！」

「你的老師不大好！」張之洞表情嚴肅地說，「他太自以為是，又愛玩弄點小手腕。最不好的是，他篡改孔子，把自己的臆測強加在孔子的頭上。這種做學問的態度不老實。」

張之洞這番話真使梁啟超太為難了。他十分敬重自己的老師，老師的脾氣雖有點犟，但這也正是老師的認真。老師的兩本大著也確有臆測的成份在內，但老師不是經學家在做考據，而是借聖人的大名在行維新，其作用比死板的學究書要高百倍千倍。但面對着張之洞這副正經神情，他又不好地去為老師辯說。一向能言善語的梁啟超囁嚅着，正思用一個兩全其美的良法來解此困窘，突然大根走了進來，附在張之洞的身邊輕輕地說：「四叔，婚禮儀式就要開始了，嬸子們和仁樹都急着等你去主持。」

張之洞拍了拍腦門笑道：「你看你四叔老成甚麼樣子，連仁樹的婚禮都給忘記了。」轉過臉對梁啟超說：「今天老夫的侄兒結婚，我現在得過去為他主持婚禮，我過會兒再來。晚上，你的本家要設宴款待你，我們都來做陪客。」

梁啟超這才想起門房早就說過此事，因為自己貿然相訪，把衙門原來的安排給打亂了，還害得張大帥陪着聊了這長的天，覺得十分過意不去，忙起身說：「小子罪過，罪過。」

「侄兒結婚是喜事，你來督署也是喜事！」說着起身，招呼陳念礽：「你也和我一同去，你這個做姐夫的也不能缺席。」

待張之洞走出門外，梁鼎芬十分激動地對梁啟超說：「香帥對你真可謂禮遇之至，比之於古時的陳蕃設榻待徐穉，有過之而無不及。」

梁啟超也的確感覺到張之洞在以國士之禮待他，心中充滿對這位實力人物的感戴。這次到湖廣來是對的，維新變革沒有實力人物的支持是絕對不行的，真正的實力人物並不是京師那些王公大臣，而是眼下活躍政壇的幾個督撫。他為老師沒有與張之洞相處好而感到惋惜，要為老師把這個過失補救過來。

沒有張之洞坐在這裏，彷彿脖子上的枷鎖給解去了似的，那些平素畏懼總督威嚴的官吏和與總督關係較疏的一些幕友們，這時紛紛毫無顧忌地和梁啟超聊起天來。有的問萬木草堂的情況，有的問乙未年公車上書的內幕，有的問康有為的三世之説除《公羊傳》外還有沒有別的依據。梁啟超是個沒有城府的年輕人，很樂意在他們面前表現自己，遂有問必答，一點也不含糊遮掩。眾人都很喜歡這個見多識廣、豁達爽直的青年才俊。

大約過了個把小時，張之洞又身穿便服進了會客室，一落座便對梁啟超說：「你在《時務報》上說的一句話，老夫很讚賞。」

梁啟超問：「不知是哪一段話？」

大家也都屏息聽着。

張之洞說：「我不記得哪篇文章了，話的大意是：如果捨西學而立中學，則中學必為無用；如果捨中學而立西學，則西學必為無本，皆不足以治天下。」

梁啟超說：「這是我在《西學書目表序例》中說的話。」

「你這話好就好在將中學、西學兩者之間的關係分清楚了。中學為本，西學為用。本者，根本也，主體也。世間萬事萬物，甚麼是本？人是本，人的身心是本，綱紀倫常是本。修身振綱，還得靠我們老祖宗的名教。用者，使用也，功用也，農桑工礦練兵造器，都是用。這些方面，我們又不得不承認洋人走在我們前面，我們要學習要拿來為我所用。現在有些人糊塗了，分不清本末主次。你能分得清，這就了不起。待到空暇時，我也要專門寫一篇長文章，來說這個事。這是個大事，非得要人人都清楚不可！」

梁啟超說：「小子人微言輕，說的話別人不聽。大帥您如能親自出來說說，那就如驚雷颶風，震動朝野，所起的作用將大過千萬倍。如果您看得起《時務報》的話，您的大作就交給《時務報》吧。《時務報》能登大帥您的文章，真是榮光無限！」

「好哇！」張之洞高興地說，「到時我要找一個冷廟去住幾天，把一切事都摒除掉，目前還沒有這個時間。」

辜鴻銘說：「梁先生，我現在正在將《論語》譯成英文，你們《時務報》可以登嗎？」

梁啟超想了下說：「《時務報》的讀者是國內人士，你的英文《論語》可能沒有人看得懂。不過，我們可以專門為你印一本書，向海外去發行。」

「那很好！」辜鴻銘說，「洋人開口閉口就是耶穌呀、柏拉圖呀、蘇格拉第呀，他們讀不懂中文，不知我們的老祖宗比他們要強得多，我先翻《論語》，接着翻《孟子》，翻《老子》、《莊子》，讓他們開開眼界，長點見識，再不要夜郎自大了。」

張之洞高興地說：「湯生，我十分贊成你的這個做法，讓洋人讀點聖人的書，讓他們也知道仁義道德。印書的錢歸衙門出，不要你自己掏荷包，譯得好的話，老夫還要發你潤筆費。」

辜鴻銘說：「謝謝香帥。不過你不懂英文，你怎麼知道我譯得好不好呢！」

辜鴻銘的話引起哄堂大笑，張之洞也捋起鬍子開心地笑了，說：「這個辜湯生，欺負老夫不懂英文，我不可以去問梁崧生，去問念礽嗎？」

在大家的笑聲中，梁鼎芬起身說，「我在大廚房裏訂了兩桌菜，香帥也賞臉，這就請卓如老弟和大家一道去吃飯吧！」

吃過晚飯後，梁啟超想起自己已在衙門呆了大半天，張之洞家裏偌大的喜事都放下來陪自己，深感張之洞的禮賢下士之誠意，於是起身告辭。張之洞忙壓住梁啟超的肩膀，說：「莫着急，再在這裏陪老夫聊聊天。」又對着眾人說，「你們都各人忙各人的去，老夫要和卓如好好談談。」

說罷，拉着梁啟超的手又走進會客室。梁啟超面對着張之洞的如此熱情，真有點受寵若驚之感。夜

晚的談話中，張之洞詳細詢問他們在京師的情況，哪些人與他們有往來，各人態度如何。從梁啟超的口中，張之洞得知皇上有效法日本明治天皇維新變法的意圖，又得知康有為為了促成皇上此意，目前正在南海老家閉門謝客專心撰寫兩部大書：《俄彼得變政記》、《日本變政記》。翁同龢已答應待書成後，即呈遞皇上。

梁啟超滿臉興奮地告訴湖廣總督，有皇上的支持，有成千上萬有識人士的努力，中國維新變革的高潮即將到來，也一定會成功，要不了多久，一個和日本一樣迅速由貧弱轉為富強的中國就會屹立在世界的東方。梁啟超沸騰的青春熱血，對維新事業的堅定信心和對國家百姓的高度責任感，深深地激動着張之洞那顆歷經滄桑卻不衰老的心。他專注地聽着，這中間大根數度進來請他到西院去應付那邊的婚慶場面，都給拒絕了。

已到二更天了，張之洞想到梁啟超還要回客棧，便說：「聖人曰『茍日新，日日新』，吐故納新，除舊佈新，這是天地之常情，古今之常理，前人說五帝不沿禮，三王不襲樂，老夫一向是個維新變革派。只要你們一不弄甚麼孔子卒後紀年，二不篡改聖人經典，三不廢綱紀倫常，凡對國家蒼生有利的維新變法，老夫一律支持。」

梁啟超說：「大帥乃督撫之首，負天下時望，維新事業有大帥您的支持，一定會進展得更順利。」

張之洞誠懇地說：「你年紀輕輕，便如此博學有識，我身邊沒有你這樣的人。我想請你不要南下長沙，就留在武昌算了。我也不委屈你呆在衙門，兩湖書院可以因你而增設一個時務院，你去做院長，年薪一千二百兩銀子。你以為如何？」

年薪高到這種地步，超過一個七品縣令一年的合法收入，為海內書院的教習們所望塵莫及。這是梁啟超沒有想到的事。他有點動搖了，便對張之洞說：「讓我考慮考慮。」

回到客棧，他認真地思考着制台的建議。留在武昌雖好，但畢竟只是張之洞的隨從，就如同梁鼎芬、辜鴻銘等人樣，永遠只是附庸，只是工具，處處受人制約。到長沙去，和譚嗣同等人辦時務學堂，那卻是一個嶄新的事業，一片嶄新的天地，可以發舒精神，鼓動輿論，為整個維新大業培養人才，使時務學堂今後成為全國維新變法的重要策源地，如同康師當年辦的萬木草堂那樣。想到這裏，梁啟超清醒地認識到，留在武昌做院長，好比鑽進一隻金絲織就的網籠，到長沙去辦時務學堂，卻如飛向高遠的蒼穹。這兩者是絕對不能相比的。他不想當面拒絕這位熱情萬分的張制台，便委委婉婉地寫了一封長信。他在武漢遊玩三天後，把這封信送到督署門房。次日清早，他坐上前往湖南的小火輪，離開武昌碼頭，開創他輝煌人生的又一段精采歲月。

4 總署衙門東花廳，康有為舌戰眾大臣

正當譚嗣同、梁啟超等人熱情似火地在長沙創辦時務學堂，將維新變革之風帶進三湘四水的時候，外患頻仍的貧弱中國又一次遭受洋人的欺凌。

光緒二十三年秋天，德國傳教士唆使教民欺壓山東曹州百姓，此事激起公憤。巨野大刀會會眾為伸張正義衝進教堂，混亂之際，兩名德國傳教士被打死。德國政府以此為藉口，派兵強佔膠州灣。朝廷迫於德國的壓力，逮捕大刀會會眾多人，又處死二人，向德國政府賠罪。山東巡撫李秉衡亦因此革職。德國政府強迫清廷簽訂不平等條約。條約規定，德國租借膠州灣為軍港，租期九十九年。德國有權在山東修築兩條鐵路，並可在鐵路兩旁三十里內開採礦石。

俄國見德國輕易得了這多好處，很是眼紅，便以利益均等為由派軍艦佔領旅順、大連灣，又迫使清廷與它簽訂租借旅順、大連的條約，並在中東鐵路上造支路一條，直通旅、大。很快，法國便步德、俄後塵，強租廣州灣為軍港，又要求修築越南至昆明的鐵路，並提出中國郵政總管由法國人充當。緊接着英國租威海衛為軍港，租期二十五年；又強租九龍半島、香港附近島嶼及大鵬灣、深圳灣，租期九十九年。

更令人氣憤的是，這些國家還在中國互認勢力範圍：長城以北屬俄，長江流域屬英，山東屬德，雲南兩廣一部分屬法，一部分屬英，福建屬日。

一個好端端的完整的神州大地，竟然東一塊、西一塊地被人強迫分割租借，一個享有主權的獨立大國，竟任憑外人在自己的領土上劃分勢力範圍，佔山為王。五千年的中華歷史，何曾有過這樣的局面！數萬萬炎黃子孫，何曾受過這等恥辱！地被瓜分，國將不國，面對着空前的危機，康有為再也不能在家鄉呆下去了，他第四次赴北京，要給光緒皇帝上第五道書。

在這道摺子中，康有為先分析國家所面臨的嚴重局面，然後提出三個具體建議：一，效法日本等國以定國是；二，大集羣才以謀變政；三，聽任疆臣各自變法。又明確提出國事付諸國會並請頒行憲法。摺子的末尾，康有為以前所未有的語氣寫道：若再不變法圖強，「恐自爾之後，皇上與諸臣，雖欲苟安旦夕歌舞湖山而不可保矣，且恐皇上與諸臣，求為長安布衣而不可保矣」。這道摺子在呈遞過程中因為辭氣太亢直，被工部尚書淞溎中途攔截了。

滿腔救國讜言卻不能上達天聽，康有為心中鬱悶。時正隆冬，北京城冰天雪地，寒徹骨髓，南國長大的康有為不但身冷，更覺心冷。他不明白，這些享受朝廷高官厚祿的大臣們，為何不替朝廷着想；偌大的京師聚集了來自全國的英才，為何就沒有幾個知音？酷寒的氣候，加上悲涼的心境，康有為決定轉回廣東，待初夏時分，再到京城來尋覓機會。他於是定好騾車，定下日期，儘早離京。不料，就在他離京的前一天，事情突然起了變化。

這天上午九時多，怕冷的康有為在被窩裏磨蹭了好長一會，才慢慢地起身穿衣。正在疊被子的時

候，南海會館的門房老頭走了進來：「康老爺，門外有位老爺要見您。」

康有為問：「是誰，你見過沒有？」

「沒見過，不認識。」

康有為想起過會兒還要去大柵欄買點東西帶回家，此人來得不是時候，不想見，便對門房說：「你就說我已出門了，有事留話給你好了。」

「康老爺，」門房小聲說，「這個人是個白頭髮老頭子，天氣這樣冷還來看你，你不見他怕不大好。」

門房說得有理，康有為把被子匆匆疊好，便隨着門房走出南海會館。只見門外停着一輛二人抬的青布小轎，從轎中走出一個圓圓胖胖、白髮白鬚衣著華貴的老人來。老人打着哈哈笑道：「你就是康祖詒吧，害得我好找啊！」

面前的這個老頭子氣概軒昂，一表非俗，或許不是一般的人。想到這裏，康有為謙恭地說：「天氣如此寒冷，您來會館看我，真正不敢當。」

「帶我到你的房間裏去看看吧。」老頭子不待康有為請，便自己跨過會館大門，向裏面走去。

康有為頗覺為難。他住的房間除開一床一桌一凳外，甚麼都沒有，不但無取暖的火爐，因為起來得晚，還沒來得及去後院廚房裏打水，連泡杯茶的開水都沒有，但見老頭子自個兒往前走，他只得硬着頭皮跟着。來到房間，他不好意思地說：「這裏一無所有，實在不便接待您，請坐吧！」

老頭子沒有坐，四面掃了一眼說：「你一個名滿天下的工部主事就住在這個地方，也真是難得。」

康有為說：「我雖是工部主事，但還從未到衙門裏當過差，沒有薪水，便只好住會館了。」

「聽說你要離開京師回廣東去？」

「是的，已定好了騾車，明天一早就走。」

「你來京師的時間還不久，為何急着回家？」

「我給皇上的摺子淞湛尚書半途攔截了，我很失望。再加上天氣又冷，京師呆不下去了，只得回廣東去。」

老頭子哈哈笑道：「一個淞湛就把你的銳氣打了，北京城裏除開淞湛就沒有別的人了嗎？你公車上書的膽魄到哪裏去了！」

康有為被老頭子的氣概懾住了，好長一刻才囁嚅道：「京師達官貴人雖多，卻沒有幾個為朝廷國家着想的，我真有點沮喪了！」

「哪裏的話！」老頭子威嚴地說，「你認識幾個達官貴人，就敢於這樣以偏概全！聽老夫的話，不要走了，在京師住下來，老夫明天叫人給你送來百兩銀子和兩百斤木炭。至於摺子嘛，你放心，老夫會來過問的。」

聽這口氣，是個大人物的模樣。此人究竟是誰，康有為又將老頭子細看了一眼後問：「請問老人家尊姓大名？」

老頭子一字一頓地答：「老夫乃翁同龢。」

「噢！」

康有為驚呆了。此人便是兩朝帝師狀元宰相、聲動九州權傾天下的翁中堂！三九嚴寒天裏，他坐着青布小轎來南海會館看我——一個剛剛踏上仕途的六品小主事。這是一種怎樣的禮遇？這將會預示着一種怎樣的前途？康有為不覺頭暈了起來，下意識地跪下，連連說：「卑職有眼不識泰山，剛才多多冒犯，還請中堂大人海量包容。」

翁同龢忙雙手扶起康有為，誠懇地說：「足下乃當今國士，老夫心儀已久。實話對你說吧，皇上也惦記着你，你要為國珍重，放開胸襟，不要為一時受阻而氣沮。這裏實在太冷，老夫不能久待。你安心住下，靜候好音。」

說罷，昂首走出會館，登上布轎回去了。康有為倚在大門邊，久久地回不過神來，只覺渾身熱氣沸騰，四周的冰雪朔風彷彿都已不再存在了。

翁同龢自己不便出面，便叫都察院給事中高燮上疏。高燮激於義憤，抗疏推薦，並請皇上親自會見康有為。

二十八歲的光緒皇帝，雖然體質孱弱，但畢竟有一腔青春熱血，眼看着祖宗傳下來的江山被外人糟蹋成這個樣子，心裏也過意不去，總希望自己所治下的是一個強盛的國家。再加上他親政已近十年，卻仍然處處受左右的掣肘，自己沒有獨立處置國家大計的權力，也極想通過變法維新這條路來改變這種窩囊處境，做一個名副其實的九五之尊。光緒帝的這個願望日益強烈，除開他本人的覺悟之外，還得力於珍妃的慫恿推動。

珍妃的娘家是一個較為開明的滿洲官員家庭。她的伯父長善做過廣州將軍，因而全家都能得風氣之

先。她家裏請的塾師文廷式也是一個有志變革現實的名士。因為珍妃的原因，光緒十六年便高中榜眼。文廷式感激皇家的特殊眷顧，常利用機會向珍妃並通過珍妃向皇帝轉述非變法無法改變現狀的道理。在珍妃的不斷勸諫下，光緒維新之心更加堅定。

他早就想見見康有為了。康有為摺子中那句「求為長安布衣而不可得」的話，這些天來更是強烈地震撼着他。他決不願意也非常害怕作亡國之君，遂命令軍機處儘快安排一個時間，召見康有為。

但光緒帝的這個決定，卻遭到了他的伯父軍機處領班大臣恭王的反對。

從甲午年復出以來，三年多的歲月裏，被朝野寄與重望的恭王，其表現令天下大為失望。

他除開在軍機處換了一些人員、設立了空有其名的軍務督辦處外，幾乎甚麼事都沒辦。這其中的一個原因是他的多病。他今年六十六歲，按着中國古代的壽命說，他才過下壽，但在他的兄弟輩中，他可是碩果僅存的長壽老人了。他深深眷戀着這錦衣玉食位極人臣的皇伯地位，又深知家族享壽不長的嚴酷事實，保養身體，以求長命，便成了他晚年最重要的準則。剛剛復出的時候，他還有幾分熱情和抱負，在連連遭受挫折之後，明智的他，已看出國勢難以逆轉，他的有生之年已是不可能再有任何作為了。不久，他突然中風而跌倒在地，於是他便以養病為由，不再過問軍機處的日常事務。軍機處的常務，則由翁同龢來處置。雖然恭王依舊掛了個軍機處王大臣的名義，這兩年的實際領班已經是翁同龢了。遇到大事，翁同龢帶着幾個軍機大臣上恭王府去請示。恭王一般也不干預，聽任翁同龢等人去作決定。

恭王雖因老邁衰弱而對國事採取消極態度，但他幾十年來所形成的治國理念卻是明晰而頑固的。作為一個天潢貴冑，恭王堅持祖宗之法不能變，堅持滿人自入關以來便接受的綱常名教不能變。作為一個

開明的軍機處領班兼總署大臣，恭王也主張學習西方的製造之術，師夷之長技以求中國的徐圖自強。為此，他最早贊同曾國藩提出的向外夷學習造炮製船的想法，拉開了中國近代洋務運動的序幕，後來他也很支持左宗棠、沈葆楨、李鴻章等人辦洋務局廠。恭王不欣賞康有為。他認為康有為的許多言論出格了，背離了祖宗成訓，有可能把國家引入歧途。聽說皇上要親自召見康有為，恭王急了。他不顧重病在身，吩咐備轎，他要面見侄兒皇帝。

恭王已經好久沒有進紫禁城了。兩個月前的太后萬壽之喜，恭王也因為病不能前來，只由福晉代他向太后行禮祝壽。今天是件甚麼重要的事要親自進宮面見呢？光緒正在這般思索時，老皇伯已經由兩個大太監扶着走進了仁壽殿。光緒趕緊從暖炕上起身，來到棉簾邊迎接。太監掀開棉簾，恭王見侄兒已站在簾邊迎候，正要行大禮，光緒上前攙扶着恭王，說：「王爺免禮，請坐。」

待恭王在炕桌的另一邊坐下後，望着因久病而蒼白瘦削的老伯父，光緒動情地說：「王爺貴體欠安，有甚麼事，叫人轉告給侄兒就是了，何勞您親自進宮。」

恭王喘息了好長一會，才用嘶啞的嗓音說：「這件事非我當面對皇上說不可。聽說皇上準備召見康有為，有這事嗎？」

光緒點頭說：「有這事。」

恭王聲音不大卻語氣堅定地說：「皇上不宜召見康有為。」

「為甚麼？」光緒心裏想，就為這件事，竟然帶着重病進宮面見我，有必要嗎？

「皇上，」恭王抬起微微發顫的右手，在炕桌上空擺動兩下，說，「那個康有為，依老臣看來，他的

言論，一半是書生空話，一半是奇談怪論，都不可採用。」

光緒說：「侄兒讀過他的幾道摺子。他的用心是好的，憂國憂民，真心為朝廷着想。」

恭王搖了搖頭說：「不，康有為是個躁進之徒。他為了要改變大清的法規，竟然篡改聖人的學說，說孔夫子是個主張改制者。此人如此不老實，切不可信任。」

見伯父這樣指責康有為，光緒有點不悅，說：「康有為很尊崇孔夫子，至於他說孔子改制，也可看作一家之說，不能憑這點就說他不老實吧！」

「皇上，」恭王見光緒不採納他意見，有點急了，便擺出一副長輩的架勢來說，「太祖太宗傳下來的家法，皇帝不接見四品以下的官員。這個規矩，想必翁同龢應當對皇上說過。這次又是他來要皇上違背這個家法，我得去訓斥訓斥他！」

恭王的態度突然變得強硬起來，光緒不得不認真考慮了。祖宗傳下的這個家法，光緒知道，但情況特殊，不妨權變。恭王把翁同龢拉出來教訓，當然是因為不便明責皇上之故。光緒早已隱約聽說，恭王對翁同龢多有不滿，他不願讓師傅替他承當這個責任，加之他的性格本來脆弱，於是讓步：「既然如此，侄兒就不召見他了，但康有為確有一套治國方略，侄兒很想讓他對朝廷說出來。」

見侄兒接受了自己的意見，恭王心裏欣慰，不便再拂他的心意，他畢竟是皇上嘛。「皇上想讓康有為對朝廷說出他的想法，這個容易，可以吩咐幾個大臣代表朝廷召見他就行了。這對於康有為來說，也算是曠代殊榮了。」

光緒想想這個方法也不錯。康有為只是一個六品主事，我這樣待他，也真是聖恩隆厚了，便主動向

伯父徵詢：「王爺看由哪些人出面好？」

恭王想，這人選是大事，不可隨便開列。他知道太后雖退養，但實際上仍在當家，這幾個大臣中一定得有太后信得過的人。協辦大學士、兵部尚書榮祿是太后最為親信的人。還有人背地裏說，早在二十多年前，太后便看上了他，是慈安太后怕出事，才將榮祿調到西安，一去十多年。前幾年回到北京後，一路扶搖直上，全是因為太后偏愛的緣故。榮祿要參與！恭王為太后想好了代理人後，便想起了自己多年的志投意合者，剛從歐美回國，只掛了大學士空銜的李鴻章來，他可以作為自己的代表出席。遂說：「老臣只提兩個人，一是李鴻章，一是榮祿，其他的人由皇上定。」

說罷，告辭出宮。

光緒二十四年正月初三日，京師上下正沉浸在大過年的熱鬧喜慶中，但在總理各國事務衙門東花廳裏，則完全是另一種氣氛。左邊一排裝飾華貴的太師椅上，依次坐着李鴻章、翁同龢、榮祿及刑部尚書軍機大臣廖恆壽、戶部侍郎軍機大臣張蔭恆。他們作為朝廷的代表，一個個蟒袍玉帶翎頂輝煌，除張蔭恆略為年輕點外，其他的都是已屆花甲的老人，至於李鴻章，已高齡七十六歲了。

右邊的一張普通木椅上，坐的正是康有為。身穿六品官服、略為發福的四十歲的康有為，面對着這樣的大場面，心裏頗有幾分緊張。五個朝廷元老重臣集體召見一個小小的主事，熟知本朝掌故的他知道，這在先前是從來沒有過的事，這無疑是翁同龢奏請皇上後的安排。他向對面的翁同龢投去感激的目光，但翁同龢似乎並沒有特別關注他，正歪着頭與一旁的榮祿在悄悄說話。康有為雖有着一絲悵意，但很快也便過去了。他知道自己與翁的地位相差太懸殊了，翁是不可能當眾示他以格外熱情的。能有這樣

出格的場面，已經是驚駭世俗了，康有為深知今日這個會見的重要性。維新變法的主張能不能被朝廷採納，自己今後能不能得到重用，全在於今日能不能成功。二十年來的苦苦追求、勞累奔波，不就是巴望着能有今天的到來嗎？「說大人則藐之」。康有為又想起亞聖的這句名言來，李鴻章也罷，翁同龢、榮祿也罷，他們的官位雖高，年齒雖長，但學問未見得比我好，至於維新變法這一套，他們肯定不如我。今天談的正是我所長彼所短的事，有甚麼可以畏懼的！素來膽大自信以南海聖人自居的康有為想到這裏，剛落座時的緊張心緒消除了多半。他竭力做出一副泰然自若的神態來，竭力將對面的大員當作衰朽糞土看待，而將自己視為沉舟側畔的飛舸、病樹前頭的春枝。

待僕役在各位大員面前擺上香茶後，翁同龢作為召見的主持者開了口：「奉皇上聖諭，今天李中堂、榮中堂、廖部堂、張部堂和鄙人在此，代表朝廷召見工部主事康有為。鑒於國家面臨的內外困難，康有為提出維新變法的主張。從乙未以來，他連續給皇上上書過五次，奏的全是維新變法的事。這是一件很大的事情，決不能輕率隨意。皇上希望朝廷重視這件事，現在特意將康有為召到這裏，各位大人有甚麼問題，儘可當面詢問康有為。」

翁同龢的開場白剛說完，榮祿便搶先發難：「康有為，你知不知大清法規乃太祖太宗傳下來的？祖宗之法不能變，變祖宗之法，將有損祖宗之尊，朝廷是不能接受的。」

說罷，以一種居高臨下的不屑眼神將康有為狠狠地盯了一眼。康有為早就注意到，今天的五位大員，滿人僅只榮祿一人。二百多年的大清天下就是滿人的天下，滿人享受着數不清的特權。變革，說到底便是對既得利益者的侵奪，也就是說對滿人利益的侵奪，因此變革的最大障礙便是掌握各級權力的滿

人，反對最力者也必然會是滿人。今天的這種漢四滿一的安排，顯然體現了皇上希望召見順利的用心，康有為因此很是感激。至於這惟一的滿人代表榮祿，康有為早知是個強硬剛愎偏見甚深的頑固者，極不易對付。他的迫不及待的責問，暴露了他明明白白的反對者立場，必須將他的氣燄壓下去！康有為定了定神，不慌不忙地答道：「榮中堂說得對，祖宗之法為祖宗所定，但祖宗當年制定這些法規制度，原是為了治理祖宗之地的。現在祖宗之地割的割，佔的佔，租的租，且這種趨勢有增無減。請問榮中堂，祖宗之地都不能守了，還談甚麼祖宗之法？」

見榮祿一時語塞，康有為抓住這個機會，乘勝再度出擊：「自古以來，沒有一成不變的常法常規。聖人說得好，窮則變，變則通，一條路已走到窮途了，還要一個勁地走下去，結果只能是頭破血流，甚至是粉身碎骨，惟一可行的只能是改變方向，另尋出路，則可望暢通無阻。況且祖宗在制定法規的時候，也不可能料及身後的事情，因而也不可能面面俱到，事事周密。賢肖子孫根據新出現的情況，制定出新法新規，以確保祖宗之基業完好無損，這正好是維護祖宗之尊，而不是有損祖宗之尊。好比說我們現在所處的總理衙門，當年祖宗在日便沒有料及到此，祖宗制定的法規裏也沒有它的條文。文宗爺英明，設置了這個衙門，使我們能更好地對付洋人。這到底是好呢，還是不好呢？是有損祖宗呢，還是維護祖宗呢？」

康有為舉的這個例子真是再恰當不過了，而他所提出的這個反問也辛辣到頂了：榮祿若說否，則是反對太后的丈夫咸豐皇帝；若說是，則又打了自己的嘴巴。榮祿被逼到死胡同，無路可走，恨得牙齒格格地交錯，直欲把眼前這個位卑人微的廣東佬食肉寢皮，卻開不得口。

翁同龢心裏很讚賞康有為的機敏與辯才，但擔心他這種咄咄逼人的氣勢和凌厲峻刻的語言，會使得榮祿老羞成怒，那樣則於事更不利，遂做出一副呵斥的神態來：「康有為不可無禮，榮中堂乃三朝老臣。當年文宗爺設置總署時，榮中堂正做着一等侍衛，極力稱讚文宗爺英明遠見。你怎能如此責問榮中堂？康有為聽着，你只能好好回答各位大人的提問，不可放肆亂說！」

所謂榮祿稱讚咸豐英明遠見云云，根本沒有這回事，全是翁同龢的當面恭維，免得榮祿難堪。榮祿果然接過翁同龢的話，冷笑一聲說：「當年設總署時，你康有為怕還沒出世。在老夫面前提這樁事，你不臉紅嗎？」

康有為知道翁同龢保護他的好意，見榮祿在為自己尋找下台階，便也給他面子：「我只是就眼前所見的隨口舉個例子而已，不想冒犯了榮中堂，還請榮中堂多多包涵。」

榮祿餘怒雖未消，但一時找不出難題來，不做聲了。廖恒壽問：「康有為，你口口聲聲變法變法的。老夫問你，變法當從何處着手？」

在新與舊、變與守的衝撞中，廖恒壽實際上是一個折中騎牆派。他既不像榮祿那樣頑固保守，也不像翁同龢那樣力主變革。舊的那一套讓他一輩子平平順順官運亨通，他對之有深厚的感情，何況他已六十好幾的人，真若維新的話，他自思也不可能有甚麼作為，故而他趨向守舊。但廖恒壽又是一個關心國家命運的人，內憂外患，國勢頹替，也的確讓他心焦。他也常常想到，要走出困境，大概只能尋找新途徑，洋人如此強大，是有許多可學之處，學人之長補自己之短，這也是昔賢的諄諄教導。從這個角度來看，廖恒壽也不反對變法。但他自己對此素無研究，頗想從康有為這裏得點知識。

廖恆壽的話正問到康有為的心窩裏了，這些年他苦心鑽研於斯，幾次上書也放言於斯，今天正好借此機會，給這些老朽上一堂變法的啟蒙課，讓他們開開心竅。康有為輕輕地乾咳一聲，拿出在萬木草堂講課時的架勢來，不疾不緩地說：「以有為之見，變法當從法律規度入手。我大清法制大致沿襲明朝，至今已實行兩百餘年。一樣器具用久了則有損壞，一種法制實施久了則有積弊，被損壞的器具必須更新，有積弊的法制也必須更新，這本是常識所能明瞭的事。」

康有為說到這裏，又順便望了一下榮祿。這原是他性格的本能流露，他自己並沒有覺察到，倒讓翁同龢心裏不太舒服：康有為如此不容物，以刺人為樂，怕難成大事。榮祿則瞪着眼回應康有為，心中又增加一分怨恨。

「大清變法的重點，當在富國、養民和教民三個方面。」康有為胸有成竹地繼續說下去，「關於富國方面，有六大措施：一為設立國家銀行，二為大修鐵路，三為大辦製造業，四為大力採礦煉礦，五為在各省設銅元局，六為在全國建立郵政系統。關於養民，重在四個方面：一為務農，二為勸工，三為重商，四為恤貧。至於教民，則需要在全國大辦新式學校，教授中國歷史和西方的天文、光電、數學、化學，並廣設圖書館，辦報館，辦出版公司。還有一個最重要的變法項目，便是仿照西方設立議院，使上下情通，民間疾苦能上聞，朝廷美意能下達，事事皆本於眾議，故權奸無所容其私，中飽者無所容其弊。」

康有為正說得起勁，不料這幾句話惹怒了對面坐着的一位大人物，此人便是李鴻章。

李鴻章並不是榮祿式的頑固派，實在地說，他是鴉片戰爭以來，最早提出變革並付諸實踐的一位大

員。作為一個肩負朝廷重任，並與外人打交道最多的四朝元老，李鴻章對於「變」的重要性的認識一點也不亞於康有為，甚至還有過之，但李鴻章的出身教養和經歷，使他更重在變事而不在變法。這是他與康有為的最大分歧。此外，李鴻章在私人情感上與康有為也有很大的抵觸。乙未年，康有為領導的公車上書，矛頭就是針對他而來的，口口聲聲罵他是漢奸、權奸、誤國罪魁，還說他在與日本談判中接受了賄賂，後來強學會又拒絕他入會。李對康一直耿耿於懷，剛才康有為說的「權奸」「中飽」之類的話，李鴻章認為這都在暗指自己，遂再也不能忍受，打斷康有為的話：「康有為，照你的說法，朝廷六部都要盡撤，規章制度都可以不要了嗎？」

康有為看了看坐在首位的這個文華殿大學士，發現他碩大的傘形紅纓官帽上插着一根長長的三眼花翎。這是李鴻章一生的驕傲之處，也是他與別的漢員的最大區別之處。原來，清廷的三眼花翎，只授貝子貝勒以上的滿洲貴族，漢人不能享此待遇，所以哪怕就是從太平軍手中為皇帝奪回江山的曾國藩，也只能授雙眼花翎。有清一代，漢人授三眼花翎的只有一個李鴻章。那是在甲午年海戰前，慈禧太后因着自己的六旬大壽大賞羣臣，破例給了李鴻章這個殊榮。誰知，不久便海戰爆發，北洋水師一敗塗地，在全國一片指責聲中，慈禧又摘掉了李鴻章頭上的這個與眾不同的標記。接下來是朝廷以戰敗國的身份派人去日本馬關談判，日方指定要李鴻章去。李鴻章便借此機會向朝廷索價。他說他現在身份低微，不足以代表朝廷，不能去。慈禧害怕日本，又擔心談判不成，只得遷就李鴻章，賞還他的三眼花翎。這個得而復失、失而又得的極富戲劇性的三眼花翎的故事，非常典型地凸現了晚清高層政治的滑稽可笑。

康有為自然是知道這個掌故的。他望着那根李鴻章視為身家性命的三眼花翎，嘴角邊浮起一絲嘲

笑：「李中堂此話說得過頭了。變法改制，不是說將六部盡行撤掉，也不是要將所有規章制度都要廢除，而是要細加斟酌，撤去那些雖有名目卻沒有實事可幹的舊衙門，增添那些非設不可的新衙門，廢除那些不合時宜的舊章程，設立那些順應時宜的新法規，這才是維新變法的正途。不過，我也要提醒李中堂注意，今天是羣強並列的時代，不再是過去的一統之世。現在的法律官制，都是過去的舊法，造成我大清危亡的，往往都是這些舊法，理應廢除，無須過多留戀，即使一時不能盡廢，也應視情形緩急加以改變，新政才能推行。」

真正是本性難改。康有為的辭氣又開始鋒芒畢露起來，翁同龢暗自着急。他擔心激起衝突，把好事辦砸，便趕緊轉移話題。他做過多年的戶部尚書，深知帑藏空虛，幾乎不敢有所興作。銀錢短缺，是他最頭痛的事，便問：「康有為，老夫問你，行新政要練軍修鐵路、開礦辦局廠，事事都需巨款，錢從何來？」

「翁中堂，這事好辦。」康有為對此早已熟思良久，故應聲答道，「各國變法行新政都無一例外會面臨這個問題，但他們都很好地解決了。日本的辦法是設立銀行，發紙幣，法國是實行印花稅，印度是實行徵收田稅，這些都是行之有效的辦法，中國都可以參考實行。比如中國的田畝稅，就大有文章可做。就卑職所知，鄉村地主和農人逃稅、隱稅、瞞稅、漏稅的手段就多得很，若朝廷實行鐵腕杜絕這項漏洞，每年可以增加十倍的田稅收入。」

一直未發言的張蔭恒笑了笑說：「十倍這個數目有何依據？是你想當然吧！」

戶部侍郎張蔭恒也是廣東人。他雖然不是兩榜出身，卻以過人的精明和才幹得以官運亨通，是一個

辦實事的幹員。他是支持變革的，是翁同龢引為助手的同志。康有為知道這位同鄉對變法的態度，明白這句話出自他的口，與出自於榮祿的口就絕對不是一回事，於是不好意思地笑了下說：「十倍這個數目，我的確沒有確鑿依據，但會有成倍的增加，這是可以保證的。我手裏有日本的資料。日本通過丈量土地，實行嚴格徵收制度後，田稅在三年之中翻了四五倍。以中國之大及中國舊法之弊，此中問題更多，十倍之增也或許不是想當然。」

張蔭恆見他繞個圈子又回到原先的說法上來了，便看出此人是個很執拗的人，遂淺淺一笑說：「我也不和你爭這個數字了，你繼續說下去吧！」

康有為接着說：「日本與中國同文同種，一水相隔，明治維新之前與中國相差無幾，一旦實行新政之後，不過二十多年便強大到與西方列強抗衡。我以為日本強國之路最值得我們借鑒，也最容易被借鑒。為此，我用了三四年的功夫編了一本《日本變政記》的書，另有一本《俄彼得變政記》，記的是俄皇彼得大帝變舊政為新政的事。我今天帶了幾本來，送給各位大人參閱。並請翁中堂多帶一冊呈給皇上，請皇上萬幾之暇瀏覽瀏覽。」

說罷，便要打開隨身帶來的布包，翁同龢見狀忙說：「書不必送了，你今天說的這些，各位大人都聽到了，他們會向皇上稟奏的。」

說罷，又轉臉問：「李中堂、榮中堂、廖張兩位部堂，還有甚麼要問的嗎？」見他們都不開口，便說：「今天召見就到此為止吧！」

康有為只得重新拾起布包，頗有悵意地離開總署。剛回到南海會館一會兒，便見翁府的僕人進來，

對他說：「不要你當場贈書，是怕李、榮兩中堂拒絕接受，令你難堪。」

康有為恍然大悟：是的，李、榮二人那種態度，怎麼可能接受自己的贈書呢？一旦拒收，反討沒趣。自己辦事，往往是一廂情願，全不顧別人，這次又犯了這個毛病。遂對來人說：「請轉告翁中堂，康某深謝他一片愛護之心。」

來人又說：「翁中堂要大著各兩冊，一份自己讀，一份呈送皇上。」

康有為忙打開布包，取出《日本變政記》《俄彼得變政記》各兩冊來，恭恭敬敬地送給翁府來人。送別來人後，心裏琢磨：李、榮可能拒收，不讓我送是對的，但翁同龢要書為何不當面索取，而是事後派人來拿呢？難道給皇上送書也要不讓他們知道嗎？是翁同龢過於膽小謹慎，還是皇上的力量薄弱，不敢榮祿及其靠山太后？

想到這裏，康有為不禁為維新變法的前途深自擔憂起來。

5 大變局前夕，鹿傳霖傳授十六字為官真訣：啟沃君心，恪守臣節，力行新政，不背舊章

光緒帝一連幾天廢寢忘食手不釋卷地閱讀由翁同龢呈上的《日本變政記》和《俄彼得變政記》兩部書，青年皇帝深為明治天皇和彼得大帝的勵精圖治所感動，恨不得一天之內就把大清治理得如同日本、俄國一樣強大。近日來他的情緒一直在亢奮中。這天晌午他午睡起來後，澎湃的心潮依然不能平靜，恰好翁同龢進來。他激動地問：「翁師傅，您說國家大事，此刻當以何為先？」

翁同龢一眼看見書案上放着康有為的一大堆上書和由他帶來的兩本書，再看皇上的神情，便知道皇上已被康有為的文章完全打動。是時候了，翁同龢心裏想着，遂以堅定的口氣答道：「以變法為先。」

光緒很興奮，又問：「翁師傅，您說咱們大清變法後會很快和日本、俄國一樣強大嗎？」

望着皇上一向蒼白無神的臉龐上泛起了滿面紅光，翁同龢欣喜地笑了。

翁同龢無兒無女，大半生的心血都在光緒皇帝身上。光緒聰穎好學，是個明君的料子，但性格脆弱，且身子骨又單薄，翁同龢時常擔心他能不能挑得起這副重擔。偏偏太后又太強悍攬權，使得皇上事事不敢自主。翁同龢替皇上着急，也為自己歎息：倘若皇上是個強硬的人，自己身為師傅又是軍機大臣協辦大學士，該是多麼威風凛凛、權傾朝野，然則因為皇上的軟弱，害得自己也有名無實。惟一能改變

這種處境的便是維新變法。若變法成功，國家有了起色，皇上的權力加強了，他翁同龢的權勢也便隨之加強。想到這裏，翁同龢也興奮而激動地說：「皇上，一定會的。只要我們變法成功了，我們大清就一定會和日本、俄國一樣的強盛起來。皇上也就是中國的明治天皇、彼得大帝。」

「翁師傅！」皇上被這幾句話說得血脈賁張起來，他一時忘記了自己已是執政十年的帝王了，仍像童年時一樣摟着翁同龢的腰說，「那咱們就立即變法吧！翁師傅你去和康有為他們商量商量，趕快擬幾道摺子發下去，就說咱們大清要變法了，所有臣工天下百姓都要擁護變法，大家同心合力，把咱們大清國建設得強大起來，為祖宗爭氣，為國家爭光。」

翁同龢被光緒的這種赤誠之心和親昵之舉所感動，兩眼閃動着淚花，聲音顫顫地說：「老臣這就去擬旨，把皇上的聖明仁德昭告天下！」

翁同龢派僕人將皇上準備實行變法的大好消息告訴康有為，要康有為趕緊將應次第推行的新政一一草擬出來，隨時送到他的府上。他本人與贊同變法的張蔭恒，和通過與康談話後改變遊移態度亦主變法的廖恒壽，以及集聚在身旁的一批較為激進的官員們，積極磋商變法大計。康有為和他的一班在京弟子們更是熱血沸騰，熱情萬丈，夜以繼日地將多年來成熟於胸的治國綱領書寫出來，每天都向翁府投遞。又擬出一份「統籌全局」的大摺子，請翁同龢呈遞皇上，籲請皇上早日在天壇或太廟或乾清門召集羣臣，宣佈維新，詔定國是。同時在午門設立上書所，准許臣工百姓隨時上書。又在內廷設立制度局，並下設法律、税計、郵政、造幣等十二局。

朝廷的這個大舉措很快便為京師官場士林所知曉，並隨即傳播到各大都市、各省省垣，一時間羣情

激昂，躍躍欲試，但也有不少人面對着這個局勢，或徬徨迷惘，或焦慮擔憂，或痛恨反對。

鑒於學會在團結同志上的重要作用及強學會早已被解散的現實，康有為與他的學生們在南海會館成立了粵學會，借此聚會廣東籍有志維新的官員和士人。在粵學會的影響下，一個個學會在京師相繼成立，其中最重要的有福建青年才俊林旭為首的閩學會，還有楊深秀為首發起的關學會。楊深秀此時已官居御史，以熱心國事關心民瘼而在山陝一帶的官員中享有很高的聲望，又因主張變法而得到翁同龢的賞識，近年來在京師官場上十分活躍。受楊深秀的影響，楊銳也比以往更積極投入維新事業。他在成都會館裏發起成立了蜀學會，把一批同具熱血的川籍人士聚集起來。這批年輕的維新派官員有一個亦師亦友的長者夥伴，他就是侍讀學士徐致靖。徐老先生雖年近古稀，卻仍有一顆年輕人的心，深知中國非變法無出路，遂大力支持維新事業。他的兩個翰林兒子仁鑄、仁鏡也與父親同道。

正當翁同龢、康有為等人醞釀籌備維新大業的時候，恭王府裏傳出消息：王爺病危，命在旦夕之間。

在頤和園裏頤養天年的慈禧得知這個消息後，心情頓時沉重起來。她與這位六叔共事已近四十年了。

當年若不是恭王堅定地站在她這邊，以慈禧之力，如何能敵得過肅順等顧命大臣？若沒有熱河的勝利，她一個處於西宮的女人，如何能垂簾聽政號令天下數十年？當然慈禧也清楚，倘若肅順等人掌了大權，恭王的日子也會過得不舒心暢意。熱河的成功，得利者並非她一人，恭王也是獲取大利者之一。所以慈禧在後來的歲月裏，對待恭王是既重用又限制，既倚為心腹，又不忘戒備。

恭王於是便幾起幾落，一人之下萬人之上的地位處得也不是平順的。令慈禧欣慰的是，近四十年過來了，叔嫂二人雖時有芥蒂，但總的來說，小叔還是服從嫂子的。在立載湉為繼，和罷軍機領班大臣這兩樁大事上，恭王也沒有公開表示不滿，這都令慈禧寬慰。在對待變法這件事上，恭王所持的態度又與慈禧十分接近。這也令慈禧感到恭王有古之賢相之風：心有定見，穩重端凝。在慈禧看來，少不更事、輕浮急躁的皇帝正需要這種股肱大臣替他把舵定向，高瞻遠矚，不料，他竟然一病而不起！王府長史稟奏：王爺有重要話要當面對太后說，希望太后能在他臨終前見一面。

即便無重要遺言，念及文宗手足和四十年風雨同舟的情誼，慈禧也會親去王府與恭王訣別，何況恭王請她前去！慈禧匆匆登車，先回到宮裏，然後帶上光緒，同奔位於前海西街附近的恭王府。光緒的心情也很沉重，畢竟是父親的親兄弟，血濃於水，到了這個份上，他能不傷心嗎？

來到恭王府，只見往日車水馬龍熱熱鬧鬧的王府大門口鴉雀無聲，瀰漫着一股濃厚的沉凝窒息的氣氛。得知太后和皇上同時親臨，恭王僅存的次子過繼給鍾郡王的載瀅率領子姪們早早在門外迎接，進了大門，恭王福晉又率領眾姬妾和女眷們在中庭院子裏迎接着，然後由載瀅和福晉陪同來到恭王的臥室。

太后和皇上來之前，太醫剛給恭王喝了一碗高麗參湯。此刻他極力掙扎着，要起身行禮，被光緒輕輕地壓住了，只得說了一句：「老臣在床上恭請太后、皇上聖安！」聲音悽愴而細微，說罷，眼眶裏滾出幾滴老淚來，順着枯瘦無光的面頰緩緩流下。

三四個月不見，伯父便這等模樣了，心地軟善的光緒眼圈發熱，雙手握着他骨瘦如柴的手，哽咽道：「王爺好好將息療理，病會好起來的。」

恭王臉上露出一絲苦笑。

慈禧見這情景，知道恭王已到油盡燈滅的時候了，隨時都有可能過去，必須抓緊時間，請他說話，便對光緒說：「皇帝，你和福晉、載瀅都到外屋稍坐一下，我要和王爺說幾句話。」

載瀅請皇上和母親出去，然後輕輕帶上房門，心裏想：太后與父王談國家大事，避着我們母子，或許還可說得過去，皇上乃一國之主，為甚麼還要避他呢？偷眼看了看光緒，見皇上臉色平靜，並無不悅之色，心裏更覺不解。

慈禧挨着床沿坐下，以她素日極為少見的溫和神色對恭王說：「王爺，有甚麼話要對我說，請講吧！」

恭王無神地望着面前的嫂子，當年京師與熱河密切配合，所演出的那一幕幕驚險場面，奇異般地又在他的腦子裏浮了出來，可惜，他已無氣力去追索這些往事了。他要把他病重以來思之良久的幾件事，趁着還能開口的時候，向太后托出來。

「太后，老臣已是將要見列祖列宗的人，為了祖宗的江山，老臣有幾句話不得不說。」

恭王閉下眼睛，養了養神，睜開眼繼續說：「變法是大事，宜謹慎，皇上持重不夠，太后要多留神點。」

慈禧點了點頭說：「王爺顧慮得極是，滿蒙親貴中好些人也都對我說過這樣的話。」

「翁同龢性情輕率，難穩社稷。甲午年皇上對日本宣戰，就是受他慫恿。國力不足而主動宣戰，使國家蒙受更大恥辱，這責任要算到他的頭上。最近，皇上大講變法，又是受他之蠱惑。老臣死後，軍機處

中無人能制約他。故老臣對太后說句極機密的話：適當時可將翁開缺回籍，免得皇上被他所誤。」

慈禧心裏怔了一下。慈禧原本對翁同龢印象極好，故同治死後又讓他教輔光緒，但近年來，因着與翁同龢關係較為密切的吏部侍郎汪鳴鑾、戶部侍郎長麟，及門生內閣學士文廷式遭到革職，她看出翁已與她有了疏隔，許多人都講翁利用變法在為皇上和自己爭權。現在恭王也這樣說，看來確實無疑了。

慈禧問：「王爺看去掉翁同龢後誰可主持中樞？」

「張之洞。」恭王喘了口氣後接着說，「主持中樞，李鴻章本來最為適宜。但甲午年對李的聲望打擊太大，且他年事已高，難以擔此重任。這些年，老臣細心觀察各省督撫將軍，真正可寄大任者唯張之洞一人而已。張守正學而不迂腐，着眼大局而能辦實事，是曾國藩之後又一社稷之臣。可將他從武昌調進京師，入軍機處辦事。」

張之洞，那個其貌不揚的湖廣總督，自從光緒七年外放山西後，十七年過去了，他再也未回過京師，慈禧也再也沒見過他。當年，她破格召見過此人，將他作為社稷之臣而予以越級超擢。十多年來，他也真不負朝廷重望，在山西、兩廣、兩湖任上都做得有聲有色，調他來代替翁同龢，無論從資歷、地位、聲望來看，都是最適宜的人選。但慈禧也聽好幾個人在她面前議論過張之洞，說他好大喜功，華而不實，且熱衷趨時，與康有為稱兄道弟，還在湖廣督署內以出格之禮迎接康有為弟子梁啟超，令人駭然。慈禧沉吟片刻，又問：「除張之洞外，王爺看還有何人可託重任？」

停了良久，恭王低聲吐出兩個字來：「榮祿。」說完便閉上眼睛。慈禧想聽他的下文，但一直不見他再開口。恭王的這個人選正合慈禧的心意，她由此而深感恭王是個老成謀國的賢王忠臣，由此而加重

他前面所說的那一番話的份量，一句盡人皆知的名言重重地烙在慈禧的心頭：人之將死，其言也善。

這天半夜，恭王奕訢終於帶着無盡的遺恨離開了人世，京師為他舉行了極為隆重的葬禮，慈禧多次親臨祭奠，又將「忠」字賜給這位小叔子，作為美謚來褒獎他一生對朝廷實際上是對她個人的耿耿忠誠。

恭王走了。翁同龢感到攔在他面前的一塊巨石已自行消除，維新變法的大政可以提前推行了。康有為對他說，學生梁啟超在湖南得到巡撫及司道大員的支持，湖南新政極有成就，朝廷可派員前往湖南考察，作全國推行新政的借鑒。翁同龢採納了這個建議，從內閣調派兩個中級官員，帶上幾個隨從，星夜趕赴湖南。

說起湖南來，這半年間真可謂鬧得人歡馬叫，紅紅火火，又確乎與眼下的自然景觀一個樣：春光明媚，萬象更新。

時務學堂辦起後，招收了四十多名舉人、秀才、廩生等出身的學員，完全實行新的教學方式，中文總教習梁啟超受當年萬木草堂的啟發，更自創一種新的教學方式：講課少，批語多。他每隔三五天，便要出一道題目讓學生寫一篇札記，然後就在每一個學生交來的札記後面寫上自己長長的批語，往往批語是札記的兩倍、三倍甚至更多。寫好後，再將這個學生叫他的備課處來詳談，容許學生反駁詰難。他針對學生的問題再一一講解。梁啟超不是將他的學生當一般人看待，而是記住曾國藩的話，把他們當作種子看待。他希望通過這種教學方式，為湖南也為全國培養一批維新種子來，將來通過他們的開花結果，而造成大面積的維新成果。梁啟超學問好，文章好，更兼年輕，精力過人，常常一天只睡一兩個時辰，

從早到晚精神昂揚，誨人不倦。梁啟超以他的才學和人格魅力贏得了湖南士人的尊敬，時務學堂因此有了很好的聲譽。與此同時，梁啟超又與譚嗣同、唐才常等人發起了南學會。這南學會實際上就是強學會的湖南分會，藉此團結同好，聚集力量。在南學會的影響下，一時間湖南辦起了眾多學會，有不纏足會、延年會、積益學會、公法學會、法律學會、羣萌學會、任學會、輿算學會、致用學會、明達學會等等，真好比雨後春筍，一個接一個地冒了出來，使三湘大地朝氣勃勃，生機盎然。

巡撫陳寶箴、臬司黃遵憲更在這種氛圍的激勵下，力行新政。一面大力開發地方資源，鼓勵創辦企業。湖南礦務總局、湖南水利公司、化學製造公司、和豐火柴公司、寶善成公司也相繼在省垣長沙開辦起來。又有紳商與湖北同人合作，辦起了有線電報站，小輪船公司。

一面又設立課吏局和保衛局。課吏局以培訓官員為主要內容，保衛局則以維護社會治安為職責。

在教育、社會團體、經濟與政治各方面一派新氣象的同時，湖南的報紙更是辦得有聲有色，影響巨大。

早在光緒二十三年四月，由學政江標發起，唐才常任編輯的《湘學報》便在長沙創刊。《湘學報》以《時務報》為榜樣，旨在使讀者周知世局，破除成見，達到開民智而育新風的目的。

《湘學報》為旬刊，每十天出一份報紙，分史學、掌故、輿地、算學、商學、交涉六大門類，較多介紹國外的情況，又常有唐才常等人的時事評論，對開啟湖南的新風氣起了很重要的作用。

梁啟超來到長沙不久，學政江標調離湖南，接任者即徐致靖的長子徐仁鑄。梁啟超和徐仁鑄都認為十天一報與當今世界的快速發展極不相宜。梁啟超說得好：「昨日之新至今日而已舊，今日之新至明日

而又已舊。」於是又在湖南創辦《湘報》，每日一報，熊希齡又請陳寶箴將非機密的政府公文公牘隨時在報端刊發。《湘報》團結當時三湘一批時代精英，他們在報上宣傳愛國、倡導救亡，鼓吹維新，批評時弊，在社會各界的影響力上，又大為超過《湘學報》。

然而這一切卻引起了湖南另外一些人的反感，這些人中的積極者大多在士紳界，他們的大本營則是嶽麓書院。

位於長沙城湘江西岸嶽麓山下的嶽麓書院，創立於北宋開寶年間，匾額「嶽麓書院」四字乃真宗親手所書。北宋書院繁盛，當時各省都立有書院，然而在後來的歲月裏，或毀於天災，或敗於管理不善，很少有存在三五百年以上的。惟獨嶽麓書院，九百年來一直杏壇高築，弦歌不絕。書院不僅保持北宋開辦之初的面貌，而且在元、明、清各朝都有所擴大。

這裏培養了數不清的顯宦名士，光是咸同時期的中興名臣，就有曾國藩、左宗棠、胡林翼、郭嵩燾、李元度、劉蓉、劉長佑、曾國荃、劉坤一等一長串名單。在造就人才的同時，嶽麓書院也以其獨特的優勢釀就了一種學問一種文化，即人們所熟知的湘學或稱之謂湖湘文化，然後又通過這種學問文化熏陶化育成千上萬的三湘士子，形成一派獨具特色的湖湘風尚。嶽麓書院於是便成了湖南官紳士子心目中的泰山北斗，獲得「瀟湘洙泗」的美譽。它以大門上的楹聯「惟楚有才，於斯為盛」，向世人高標書院的自信和自傲，以「道南正脈」的講堂橫匾宣佈它儒學正宗的崇高地位。

由於朱熹曾做過它的名譽山長，也由於張栻、真德秀、李東陽、王守仁做過他的教習，所以，嶽麓書院對山長擇人甚嚴，非做過大臣、或在學術界有着大影響的人不可。對教習也要求甚高，不是品性敦

厚學有專長的宿學，絕難在書院謀得一個教席。

當今的山長王先謙便不是一個等閒人物。這位字益吾號葵園的長沙人，乃翰林出身，做過江蘇學政、國子監祭酒，曾因指責慈禧太后而以直聲享譽士林，又以著作等身號稱大儒。

四年前在一片眾望所歸的呼聲中王先謙由京師回到家鄉，接掌嶽麓書院。四年來，他從四面八方延聘不少名流來書院任教，又整飭教規，嚴督學生，把嶽麓書院治理得有條不紊，名氣更大。

王先謙和他掌管的嶽麓書院一向執湖南學界之牛耳，現在突然來了個梁啟超，冒出了個時務學堂，大受時譽讚揚，又何況梁啟超不過一個二十多歲的布衣，時務學堂連師帶生不足百人，這如何令王先謙和嶽麓書院的師生心裏服氣。更有甚者，梁啟超在時務學堂公然鼓吹乃師的那一套學問，說古文經書是偽學，堯舜禹湯，盡皆孔子的臆造。又宣揚甚麼君權輕民權重，民權更勝過君權，國家大事要付諸議院討論，還要廢八股罷科舉，憑西學取士，等等。

一向視綱常名教為安身立命之所，以科舉功名為進身之途的王先謙和他的同仁及學生們如何能容得下這種大逆不道、數典忘祖的邪說謬論，遂在長沙城掀起了衞道翼教的風潮。王先謙這一派有一個得力的支持人，此人名叫葉德輝。葉德輝的父親本是江蘇人，後來定居湖南湘潭，葉德輝便也以湘潭人自居。他考中進士後分發吏部任主事，但不樂於在京城做官，更喜歡做個自由自在的文士，遂回到湖南住在長沙，一邊做他的校勘版本目錄學問，一邊印書賺錢，養家糊口。他的學問做得好，販書業也做得好，是長沙城裏一個大名流。他也很看不慣湖南的新變化，遂和王先謙沆瀣一氣，組成聯盟。這樣，反對派的勢力就更大了。

新派利用《湘學報》、《湘報》和時務學堂為陣地，舊派利用嶽麓書院為堡壘，雙方展開了激烈的論爭。

這一天，《湘報》刊登了一篇署名易鼐的文章。文章說，要將中國由弱變強，有四種辦法可以採納，一為改法以同法，二為通教以綿教，三為屈尊以保尊，四為合種以留種。並解釋說，改法即西法與中法相參，通教即西教與中教並行，屈尊即民權與君權兩重，合種即黃人與白人互婚。易鼐這篇文章如同在本已沸騰的油鍋裏澆上一勺冷水，頓時濺起滿鍋油浪，湖湘士人都被這篇文章攪得鬧騰騰的。舊派則更是抓到一個大把柄，對《湘報》及其背後的支持者大加抨擊，葉德輝義情填膺，斥之為無恥之甚。

十多天後，張之洞在湖廣總督衙門裏也讀到了這篇文章。對於湖南的新政和《湘學報》、《湘報》，張之洞從整體上是支持的，並指示湖北各級衙門、各大學堂都要訂閱湖南的兩報，又多次在譚繼洵的面前，借稱讚他的兒子來肯定湖南所發生的變化，甚至建議譚繼洵回湖南去住上個把兩個月，一來省親，二來借鑒。但譚繼洵並不認為湖南值得效法，每以年老體衰為辭婉謝，令張之洞拿這個老資格的官僚真正一點辦法也沒有。

今天突然看到這樣一篇言論乖戾的文章，他心中很是憤慨。合種已是貽笑大方，屈尊、通教更是不忠不敬，倘若被人周納羅致，扣上一頂謀逆的大帽子也並不過份。而這篇文章出自自己所管轄的湖南，又登在自己所稱讚的《湘報》上，一旦追查下來，豈能脱掉干係？他提起筆來，給陳寶箴寫了一封信：

湘中人才極盛，進學極猛，年來風氣大開，實為他省所不及。唯人才好奇，似亦間有流

弊，《湘學報》中可議處已時有之，至近日新出《湘報》，其偏尤甚。近見刊有易鼐議論一篇，真正十分悖謬，見者人人駭怒。此等文字遠近煽播，必致匪人邪士倡為亂階，且海內嘩然，有識之士必將起而指摘彈擊，亟宜諭導勸止，設法更正。

寫完後，他想此事緊急而寄信慢，於是便交給電報房，作為電報發到長沙。

陳寶箴接到總督衙門發來的電報，不敢怠慢。他一面轉告《湘報》的主持人熊希齡，望他以此為戒，今後再不發這等言辭激烈的文章。一面親自給張之洞回電，承認自己職守有疏，今後要嚴格督促，兩報少發議論，多錄古今有關世道名言，效陳詩諷諫之旨。見湖廣總督親自出面嚴厲指摘，長沙城裏的守舊派，莫不彈冠相慶，咸欣欣有喜色。

王先謙指使他的學生大量搜集梁啟超等人在時務學堂的出格言論，以及《湘學報》、《湘報》上所發的不軌文章，讓他們以嶽麓書院「學士輯錄」的名義給湖廣總督衙門寄去，以求得張之洞更大的支持。

張之洞收到了這份告狀式的「輯錄」後，發現梁啟超等人原來在時務學堂發表了許多與朝廷的旨意相悖、與自己的觀念相反的言論，想起他對這位後生輩的逾格接待和多次公開揄揚，背上不禁沁出冷汗，心裏頗為後悔。這時京城裏各種信息也從不同渠道流向督署。初夏的武昌城，如往年一樣的草長鶯飛，百花爭放，但在張之洞的心頭上，卻如同暮冬般的密雲籠罩，陰霾沉甸。局勢的進展如何，他難以預測。

他給在戶部供職的仁權發去電報，要兒子迅速找到楊銳，將京中的情況如實告訴他。兒子回電，說會見了楊銳。楊銳說他和楊深秀都認為皇上即將重用康有為，在全國實行維新變法的新政。又說兩湖已引起皇上的重視，勢必成為今後全國的模範。電文還轉述楊的話：有跡象表明皇上將召老師晉京擔當大任，望早作準備。

張之洞看到這份密電後，心裏矛盾交錯，難以拿定主意。若按《湘報》、《湘學報》的辦報傾向和梁啟超等人在時務學堂的奇談怪論，以及嶽麓書院師生所申述的道理，可以立即通知陳寶箴迅速剎車，懸崖勒馬。至少，兩報只能登正論，而不得亂發議論，時務學堂只能傳道授業而不能再鼓吹民權。甚至也可能按照書院派的主張，關閉兩報，遣送梁啟超離湘。但是，假若楊銳、楊深秀所說的是真的，皇上真要重用康有為在全國立行新政，那末梁啟超也便即刻獲大用。一旦實行新政，仿照西方，那麼民權也好，立憲也好，合教合種也好，也都不是完全不可以談論的話題。形勢嚴峻，問題尖銳地擺在眼前：假若倒向舊派一邊，維新派一旦上台掌權，不但不可能晉京獲大用，說不定連湖廣總督的位置也保不住；假若向維新派，若萬一變法失敗，守舊派得勢，則自己有可能變為倡亂的頭領，闖禍的魁首。熟諳歷史的張之洞知道，歷來革新變法都少有成功的，一旦失敗，下場極為悲慘。商鞅車裂，半山放逐，江陵鞭屍，便是典型的例子。

怎麼辦呢？要麼索性保持沉默，置身事外，遠離漩渦，明哲保身吧！張之洞細細一想，即使這樣，也是辦不到的。多年辦洋務、抬西學，最近一段時期，又與康有為、梁啟超等多有交道，在一些人的眼裏，自己可能早已被列為新派的人。維新不能成功，自己決然擋不住舊派的清算。那麼乾脆明朗地表

示，站在新派一邊。但是，他們的種種主張和做法又並不為自己所全部認同首肯，從嶽麓書院師生激情慷慨甚至帶有不共戴天之仇的情緒看來，新派要想取得大多數人的贊同，怕也困難。

怎麼辦呢，怎麼辦？張之洞反覆思忖着，推敲着，一時陷入進退維谷，左右兩難的境地。他想：假若子青老哥、閻丹老他們在就好了。他們都曾在最高層呆過較長的時間，對太后、皇上和滿蒙親貴大臣較為注意，這樣一場關係全局的大事，他們會因了解內情而比局外人看得清楚些，高遠些。可惜，他們都先後故去，不在人世了。這個時候，他又想起了桑治平。桑治平攜帶秋菱，離開總督衙門至今將近兩年了。近兩年來，他曾多次想起這位與他朝夕相處十多年的摯友兼兒女親家，想起桑治平幫他出謀劃策、排憂解難的種種往事。他相信桑治平的離去，確乎是出於情感的原因，但也有可能出於別的緣故。他很想能在哪天，突然再見到老朋友，大家放開心胸來暢談一次就好了，但現在一去兩年竟然杳無音訊！桑治平他究竟現在將家安在何處，是回故鄉了，還是寄寓在另一個地方？此刻，倘若桑治平在身邊的話，他一定會有一些很有價值的看法。張之洞頓時有一種悵然若失的感覺：可商大事的人太少了！

張之洞一面密切關注着京師和湖南的動態，一面在苦苦思索着：在這山雨欲來的前夕，怎樣才能最好地度過即將到來的暴風驟雨？

這時，有一個人突然來到武昌，他無意間給張之洞廓清迷茫，點明津渡。此人便是他的姐夫鹿傳霖。

鹿傳霖本是一個官運極亨通的人。他歷任河南巡撫、陝西巡撫，光緒二十一年又擢為四川總督。郎舅二人均為督撫，在中國的官場上並不多見，既被人羨慕，也易遭人嫉妒，於是郎舅相約書信往來可多

些，禮物饋贈則從略，公務上的事，也儘量少往來。去年，鹿傳霖卻被革去了四川總督，在原本一帆風順的仕途上跌了一個大跟斗。這並不是因為他貪污受賄，也不是因為他瀆職失責，而是因為與西藏拉薩政府發生衝突的原因。

達賴對鹿傳霖不滿意，上書朝廷告狀。清廷對西藏一向採取籠絡安撫的政策，只要不牽涉到國家主權和朝廷尊嚴，其它事，在朝廷看來都是小事，不妨都依着他們，只求不出亂子，彼此相安無事。面對着達賴的狀告，主持軍機處的奕訢只能捨棄鹿傳霖而安撫達賴。就這樣，鹿傳霖冤裏冤枉地丟掉川督紗帽，回到直隸定興老家休養。

鹿傳霖做了一世的官，驟然間去職為民，這種失落感如何平息得了？何況他一直也不認為自己有錯，心裏很委屈。過了幾個月，待新川督上任，與西藏上層重修舊好後，鹿傳霖便開始謀求開復的路子。他自然與京師大員廣有交往，不少王府要宅他都去過，也暗中送了重禮，其中一條路上他下的功夫最大，也最有成效，這便是通往榮府之路。

光緒十五年至二十年間，榮祿做西安將軍，這期間鹿傳霖做陝西巡撫。那時，一個是西北軍務的總頭領，一個是陝西地方的最高官員，職位的關係，使得他們聯繫很多。榮祿雖出身滿洲貴族之家卻並不是平庸的紈袴子弟。他好讀書，也頗有才情，對翰林出身的鹿傳霖有幾分尊敬。而鹿傳霖則更是做官的好手，深知結識榮祿這種人，對自己仕途的重要性，遂傾心相交，殷情款待，故二人交往頗深。光緒二十年，榮祿內召時，還薦舉鹿傳霖署理暫時空缺的西安將軍。

現在榮祿正受太后的寵愛，出任協辦大學士、兵部尚書，炙手可熱，是一個極好的奧援，故恭王的

大喪之儀結束後不久，鹿傳霖便又來到京師，這一次他乾脆應榮祿之邀住進了榮府。榮祿告訴他一年前革職的事是恭王辦的，現在恭王去世，最大的障礙已消去，這是天賜他以起復之機，準備近日就進園子去為此事面奏太后。過幾天榮祿興沖沖地告訴他，太后已准奏，只是眼下尚無一合適職務出缺，叫他回定興縣去耐心籌待，少則兩三個月，多則半年，就可以走馬上任了。

鹿傳霖自是欣喜萬分，回到定興，老兩口商量，多年來沒有與弟弟見面了，不如趁着這個機會，去一趟武昌，姐弟郎舅敍一敍，過些日子起復後，就沒有時間了。就這樣，鹿傳霖夫婦在幾個男女僕人的陪伴下來到武昌城。

能在分別許多年後重見姐姐姐夫，真讓張之洞和他的全家歡喜了好多天。張之洞與這個姐姐雖不是同母，但都是幼年失恃，彼此心意相通，故姐弟情份還是深的，而今都過花甲，更添一重珍惜晚年的感歎。家宴上，張氏姐弟你一句我一句地背誦着王安石的那首送給姐姐的名詩——《示長安君》：

少小離別意非輕，老去相逢亦愴情。
草草杯盤供笑語，昏昏燈火話平生。
自憐湖海三年隔，又作沙程萬里行。
欲問歸期何日是，寄書應見雁南征。

在閃爍的燭光下，在弟弟已成國家棟樑的今夕，老姐弟倆背誦着這首兒時喜讀的七律，其樂也融融，其情也洽洽。

佩玉母子和念礽夫婦陪着老倆口登黃鶴樓，遊龜蛇二山，參拜歸元寺，憑弔魯肅墓。幾天下來，老倆口說再也走不動了，不看名勝古跡了，要坐下來和家人好好說說家常，聊聊天。老姐姐和佩玉、環兒絮絮叨叨地說些瑣細事。張之洞則請姐夫在他的書房裏共訴宦海況味。當鹿傳霖說到他近來在榮府住了半個月，又說榮祿如今聖恩優渥時，張之洞猛然想起，何不借此機會請姐夫談談京師的時局！

「滋軒兄，你這次在榮府住了半個月，你看榮祿對維新一事的態度如何？」

「榮祿反對變法。」鹿傳霖不假思索地回答，「正月裏，在總署召見康有為時，他的態度最為明朗。我們在一起閒談時，他不止一次地說過，皇上年輕不懂事，受翁同龢的影響，聽信了康有為的煽動。康有為並不是真正為了大清的強大，他是因為仇恨咱們滿人，想自己上台掌權，變法只是幌子，可惜皇上閱歷淺，看不透這點。榮祿說，他很為皇上擔憂。」

張之洞頗為吃驚地問：「榮祿怎麼敢這樣說皇上！」

鹿傳霖不以為然地說：「榮祿背後有太后呀，太后支持他，他還怕甚麼！」

張之洞早就從來自京師方面的消息中聽到一種說法，他想從這位熟知朝廷上層的至親處得到驗證。「不少人都說朝廷分后黨、帝黨兩派，依你看，有這個事嗎？」

鹿傳霖思索了一下說：「后黨、帝黨的說法，我在陝西、四川時也聽說過。依我看，無論太后和皇上，都不可能有意組一個自己的黨派。皇上雖不是太后親生，論血脈來說，是太后最親的親人，何況四歲即入宮教養，與親生並無多大區別。太后既已歸政，何必再事事牽制着皇上？這是從太后的一邊來說。從皇上一邊來說，滿朝文武都是他的臣工，他有必要再樹一個幫派嗎？那豈不自己挖自己的牆角？」

張之洞也覺得此話有道理，從常情來說，確應是這樣，但許多人都這樣說，難道都是無中生有？「依你這樣說來，朝廷文武都應該聽皇上的了，但為甚麼又說太后支持榮祿，榮祿就有膽敢說皇上的不是了？」

鹿傳霖笑了笑說：「香濤，你是個聰明人，過去在京裏也住過將近二十年，你應該知道太后的性格。我們這位太后可不是一般的太后。」

張之洞點點頭表示贊同。

「皇上親政十年來，尤其是甲午年來，太后和皇上之間有了些隔閡。這隔閡本源於皇上的夫妻不和。皇上不喜歡皇后，而喜歡珍妃姊妹。皇后常向老姑母訴苦，惹起了太后對皇上的不滿。再一點是二人性格的不同。太后剛強決斷，敢作敢為，皇上柔弱些，遇事拿不定主意，聽翁同龢的多。太后對皇上這種性格看不慣，有漢高祖『盈兒不類我』的感歎。」

張之洞笑了：「父母太強悍了，兒女反而強不起來，自古以來，這樣的情形也多。」

「太后與皇上的分歧終於在甲午那一年的戰爭中明朗了。皇上聽了翁同龢的意見，對日宣戰，結果辛苦經營十年的北洋水師毀於一旦，在外人面前暴露了我們大清國的虛弱，太后很是惱火。她是力主和談的。一開始就和談，日本不知底細，還不至於太猖狂，結果仗打敗了，再來和談，那就只有聽憑人家漫天要價了。太后從此對皇上不太相信。太后聽政三十來年，朝中文武多是她選拔的，自然對她感恩戴德，尤其是甲午戰事中主和的一些大臣，更覺太后英明，於是常去園子裏看望太后，向太后請安稟事，這樣無形中間便形成了一個派別。十年來，皇上也選拔了一些人，其中主戰的那些人自然覺得跟皇上脾

性相投，奏事也多些，於是也似乎形成了一個派別。」

張之洞笑了笑說：「說了半天，你又回到我的問話來了，其實朝中確實是有后黨和帝黨兩派的。」

鹿傳霖擺了擺頭說：「依我看，還是不能用后黨帝黨這個說法，因為他們並沒真正形成一個黨派：有頭領，有宗旨，常在一起集會議事，就像當年你們的清流黨一樣。」

張之洞忙說：「我們也沒有甚麼黨，只是大家合得來，共同的話題多些，相同的看法多些罷了。」

鹿傳霖大笑起來：「你看，連清流黨你都不承認是一個黨，現在京師兩派的內部關係比起你們當年來差得遠了，還能叫黨嗎？」

張之洞只能笑而不答了。

「除開這一點外，還有一個原因，便是與太后比起來，皇上的力量太弱了，不足以形成一個與太后相對峙的集團，尤其在長麟、汪鳴鑾、文廷式等人革職去京後，除開一個翁同龢外，幾乎再難找幾個大臣是一個心眼跟着皇上走的。這原因還是我剛才說的那些：朝廷大臣都是太后選拔的，皇上辦事不力，甲午一仗的失敗罪責雖然都算在翁同龢身上去了，但許多人心裏都認為皇上是該負責任的。這些原因加起來，使得朝廷中文武大多認為皇上治國遠不如太后。皇上哪能有個甚麼黨呀派呀的，與太后分庭抗禮呢？」

鹿傳霖這番話引起了張之洞的深思。照這樣說來，即便維新變法得到皇上的支持，倘若太后不贊成的話，也是辦不成的了。「滋軒兄，你說榮祿是反對變法的，且得到太后的支持，如此看來，太后是反對變法的了。有消息說皇上準備在全國行新政。這樣大的事情，皇上若不得到太后的允准，應是不會單

獨做的。從這點看，太后又是支持皇上的了。這些事情，真叫人摸不清底細。你說呢？」

鹿傳霖手握茶杯，凝神良久，緩緩地說：「真正如你所說的，這些事情是叫人摸不清底細。我在京師也聽到皇上要重用康有為，在全國變法行新政的傳言，又的確親耳聽到榮祿反對的話。照理說，這樣大的事，皇上是會先稟報太后的。我想，事情有多種可能：也可能皇上已稟報過太后，也可能根本未稟告，也可能太后同意局部變一變，也可能太后現在同意變，今後遇到麻煩事又不同意變，也可能太后這次打定主意先在一旁看皇上的行事，若不行了，再出面干預。總之，情況很複雜。但不管如何，有一點我是看得清楚的。」

張之洞目光炯炯地望着姐夫，聽這位極具做官才能的前川督談他的官場見識。

「香濤，這話我只是對你說，這是我們郎舅之間的私房話，你聽聽就完了，也不要對別人說。我剛才說的榮祿的一句話很重要。他說康有為要變法是因為仇恨滿洲人，這句話很能代表滿洲官員的心態。變法若不傷及他們的利益則罷，若一旦傷及，他們就會在這一點上，消除他們內部的一切恩怨而聯合起來，皇上的壓力就大了。倘若到那時，他們推出太后來做首領，皇上便只有退讓一路可走。但是，香濤，你是知道的，歷朝歷代，哪次變法又不傷及一些人的利益呢？咱們大清朝哪些人的利益大？還不是滿洲人！今後一旦涉及這個份上，那便不是甚麼變不變法的事了，而是要不要祖宗江山的事了，保不定人頭滾滾血流成河的事都有可能出現。」

張之洞聽了這話，想起自己與康、梁等人的接觸，渾身不舒服起來。「滋軒兄，你不久就要起復了。我請教你，面臨這種局面，你將怎樣辦？」

鹿傳霖摸摸圓滾滾的下巴，說：「我一向有個老成法，吃不準的事，穩着辦。我起復後，多半還是到哪個省去做督撫。若皇上要行新政了，我當然只能奉命，因為是皇上的聖旨，我不能違抗；但我也不急着辦，看看別人怎麼做的再說。大局未定的時候，我也不說變法好，也不說變法不好，隨大流，不做出頭鳥，最保險。」

此即從孔夫子那個時候便有、一直綿延不絕的「鄉願」。張之洞過去一向厭惡，但又不得不承認，這的確是一個保烏紗帽的穩當辦法。「你看看我這個湖廣總督，面臨這樣的局面，要怎麼辦，學你的穩辦法嗎？」

「你大概不行吧！」

「為甚麼？」

鹿傳霖放下茶杯似笑非笑地說：「普天下的人都說，湖廣總督是個新派人物，辦洋務局廠、引進西洋技藝、學洋人的勁頭大得很。還有人說你張香濤與康有為、梁啟超稱兄道弟，甚至有人說康有為的靠山，在朝內是翁同龢，在朝外就是你張香濤。你看，你處在這樣的位置上，如何還能穩得住！」

一絲恐懼感突然湧上張之洞的心頭。他彷彿發現一向陽光普照的寬廣仕途上突然罩上陰雲黑霧，變得逼仄迷蒙了。素來好強的湖廣總督不由得求助於姐夫來：「滋軒兄，看來一場大風大雨的到來是避免不了的事。你要幫我出出主意，讓我平平安安地度過去才好。」

鹿傳霖莞爾一笑：「香濤，實話告訴你吧，這就是我和你老姐姐這次專程來武昌的目的。我從京師回定興後，對你老姐姐說，香濤眼下處在風口浪尖上，不知他自己意識到沒有？你老姐姐說，你是他姐

夫，又長他幾歲，你不能袖手旁觀呀，要去和他談談。我說，香濤為人固執，怕聽不進別人的話。你老姐姐說，即便聽不進，也得說。」

張之洞知道這是姐夫在敲自己，忙笑着說：「我雖然有點固執，但在你的面前沒有固執過，你不要以此作為藉口。」

「我若以此為藉口，就不來武昌了。」鹿傳霖也笑了起來。「我為此一路上反反覆覆地在想，想來想去，只有一個辦法，你必須得向太后、皇上表明一個態度。」

張之洞有點犯難：「這個態度怎麼表？是贊成維新，還是反對維新？」

「要表一個這樣的態度。」鹿傳霖慢悠悠地說，「你既擁護新，又不反對舊；既願大清強盛，又要守祖宗基業。一路上我琢磨此事可歸納為十六個字，叫做：啟沃君心，恪守臣節，力行新政，不背舊章。」

「啟沃君心，恪守臣節，力行新政，不背舊章」。張之洞在心裏喃喃複述着姐夫的這十六字真訣。這篇文章怎麼做呢？他苦苦地思索着。

6 集湖廣幕府之才智，做維新護舊之文章

這一天在簽押房，他剛放下手中的筆，又想起鹿傳霖的那一番話來。這篇文章如何寫呢？他捻着下巴下的灰白長鬚，凝神思考起來。正在這時，梁鼎芬走了進來。

「甚麼事呀！」

「香帥，」梁鼎芬走到張之洞的身邊說，「這些天兩湖書院的學生們，因湖南《湘報》上的一篇文章引發了大辯論。」

「是不是易鼐的那篇文章？」

「正是。平時嚮往新學的拍手叫好，崇尚舊學則深惡痛絕，雙方各執一端，爭得面紅耳赤，有的甚至課都沒有心思上了。」

張之洞盯着梁鼎芬說：「你的看法呢？」

梁鼎芬略作思考後說：「易鼐的那些說法，我不能完全接受，但我說服不了那批新學迷。」

「甚麼不能完全接受。」張之洞站了起來。「應該是完全不能接受，我去和他們辯論。」

「太好了。」梁鼎芬來的目的，就是為了搬總督這個救兵的。「甚麼時候能去？」

「兩湖書院非一般地方，我得要先準備下才行。第一得有的放矢，第二還得言之有據。節庵，學生們爭辯的要點在哪幾個方面，你給我說說。」

梁鼎芬想了想說：「依我看，學生們爭執最烈的有這麼幾個主要問題：一是中學和西學哪個更重要，二是西學不要三綱五常，丟掉老祖宗傳來的根本，這在中國能行得通嗎？三是大家都去學聲光電化這些學問，今後科舉如何考，考甚麼？光聲光電化就能治國強兵嗎？四是君權與民權。百姓應不應該有權，是君權大還是民權大。等等，當然，還有不少問題，這幾個是主要的。」

「行，你回書院去吧，待我思考思考。」

梁鼎芬走後，張之洞重新拿起筆，批起公文來。

中午吃飯時，張之洞又想起了寫文章的事。突然，一個靈感在腦子裏閃動：何不將去書院講學與寫文章表明態度兩件事當一件事來辦？兩件事有一個共同的主題，即面對當前的局勢，我張某人該說些甚麼。給太后皇上看的文章不用奏摺形式更好，它可以在報上公開發表，讓天下人都知我張某人的態度，免得眾口悠悠說三道四。這些報紙還可以通過別人之手轉呈太后皇上，如此，太后皇上也看到了。它所起的作用遠比上一道奏摺大得多。

放下碗筷後，此事便這樣決定了。隨即通知衙門總巡捕，說下午要在書房裏寫一篇重要文章，除朝廷來聖旨外，任何人不接待，任何事不辦。

興許是常吃趙茂昌送的特製人參的緣故，張之洞雖然已六十有二歲了，外表看起來很蒼老，精力卻依舊旺盛過人，上個月環兒又為他生了一個兒子。老翁得子，不僅有添丁之樂，更有高壽之兆，張之洞

因此更增自信之心。尤其是當一樁富有挑戰性的事來臨時，更能激發他年輕人似的興致和熱情。他放棄慣常的午休，離開餐桌後便赴西院書房。

他提起筆來，匆匆在紙上寫了幾行字：

今日之世變，豈特春秋所未有，亦秦漢以至元明所未有也。海內志士發憤扼腕，於是圖救時者言新學，慮害道者守舊學，莫衷於一。舊者因噎而食廢，新者岐多而羊亡。舊者不知通，新者不知本。不知通，則無應敵制變之術；不知本，則有菲薄名教之心。夫如是，則舊者愈病新，新者愈厭舊，交相為愈，而恢詭傾危亂名改作之流，遂雜出其說，以蕩眾心。學者搖搖，中無所主，邪說暴行，橫流天下。敵既至無與戰，敵未至無與安。吾恐中國之禍，不在四海之外而在九州之內矣！

一口氣寫下這段文字後，張之洞自己都有點驚訝：怎麼會寫得如此暢快通順，而且一下筆便為新、舊兩學定下了基調：新可救時，舊能守教，新之弊在不知本，舊之弊在不知通。同時也明確指出，在新學舊學的爭辯中，邪說暴行便乘隙而入，這將是中國的禍亂之根。

再將這段話複讀一遍後張之洞也釋然了，這也並非是甚麼福至心靈的緣故，而是自己多年來的認識。尤其在看到《湘報》上易鼐的文章和嶽麓書院的《輯錄》後，時常思索的結果。其實，沒有提筆寫文章的時候，腦子裏的思索如同亂麻似的，沒有條理，也不得要領，用心來做文章，條理自然也就清晰，要領也便出來了。張之洞既感欣慰又覺惋惜。欣慰當年寫作《輶軒語》、《書目答問》時的能力還在，

惋惜的是近二十年來雜事紛擾，案牘勞形，使得自己幾乎沒有一種安寧的心境來握管作文，不能為後人多留下一些詩文書冊。唉，有文則無權，有權則無文，前人說「閉戶著書真歲月」，又說「封侯拜相男兒事」，人生事業，究竟應以哪種為最佳？

這樣一番感歎後，張之洞忽然想，我何不借此機會多寫點，為自己再添一部類似《書目答問》一樣的書豈不更好！想到這裏，前詞臣學政興奮起來。他慢慢地邊磨墨邊思考，先來為這本書想個題目。新學舊學辯。這個題目一目了然，但論辯氣息太重，不大合自己的身份。求通與守本，這個題目直逼要害，但限制思路，只能作一篇文章，不宜寫一本書。

以總督身份去書院講課，面對着的是兒孫輩的莘莘學子，宜以勸戒的方式為妥。張之洞想起了荀子的名言：學不可以已。是的，過去只有中學而無西學，只有舊學而無新學，尚且是學不可以已，現在面臨更多更複雜的學問，更應該不可以已，好了，就用這句名言的出處《勸學篇》作為書名吧！

定下書名後，張之洞開始構思這部書的主要內容了。

他想着：這部書可分為兩部分：一部分論舊學。舊學既為本，則從本字上做文章。甚麼是本呢？對修身而言，心為本；對處世而言，忠為本；對為學而言，經為本；對聖學而言，三綱為本。要把這些屬於「本源」的東西論說清楚。一部分論新學。新學既為通，則應從「通」字上做文章。通者，變通也；變通的目的在於實用，新學的確是很具有實用價值的學問。若從全國範圍來講，新學遠未普及，應用大力氣去推廣新學，比如設學堂、設翻譯局、鼓勵出國留學等，中國目前最需要的是修鐵路開礦藏練軍隊，而這些方面自己都有親身歷練，是可以好好總結總結的。

到衙門下午散班關門的時候，張之洞腦中《勸學篇》的大綱便基本上有個框架了，必須趁熱打鐵，抓緊時間做好這件事。

「大根，我要寫一篇大文章，想找一個清靜的地方去住幾天。你看去哪裏為好？」吃完晚飯後，張之洞問大根。

大根說：「四叔打算住幾天？」

「四五天吧！」

「四五天時間不長，不宜走得太遠，只能在武漢三鎮找。」

「就在武漢三鎮吧，近一點，萬一有個緊急事，可很快趕回衙門。」

大根摸着頭頂想了半天說：「我看就到歸元寺去吧！」

「不行，歸元寺進香拜佛的人多，吵鬧。」

大根大大咧咧說：「跟方丈說一聲，這幾天不讓人來進香就行了。」

「那怎麼行！」張之洞不悅地說，「進香拜佛是善男信女的心願，也是歸元寺的財源。因我住那裏而折了世人的心願，斷了和尚的財源，那我不遭人唾罵？歸元寺決不能去。」

「那就去晴川閣好了。」大根終於想起了一個好地方。「那裏風景好，安靜，遊人又少，不會影響別人。」

「晴川閣倒是不錯。明天一早你先去看看，跟管閣子的人說好，租一間乾淨的小房子，先租五天。這五天的茶飯也請他們做，走時照付。後天一早，我們就去。」

第二天，張之洞料理了一些必辦的公事後，告訴總巡捕，要去晴川閣住幾天，有要事可去那裏找他。

翌日上午，張之洞僅帶着大根一人，悄悄地來到晴川閣，住進一間打掃得乾乾淨淨的小房間。

自從那年宴請俄皇太子後，張之洞再也沒來過此地了。

晴川閣果然不虧待文人學士。張之洞一坐下來，在江風濤聲、山氣鳥語的感染下，文思倏然間便如泉水般地湧冒出來，彷彿當年在翰林院做學士似的，有一種奔放欲出不可遏制的衝動。世受國恩、身為疆吏獲得過皇家格外恩寵的張之洞，不論是出自內心的情感還是為了今後政治的需要，他都情不自已地要歌頌大清朝的德政，希望天下臣工百姓如葵花向陽般地仰望太后皇上，擁戴朝廷，巴望大清王朝能固若金湯，萬古千秋傳下去。作為一個生於世代書香家庭，從小浸泡於儒家典籍之中，做過多年學政，寫過不少代聖人立言文章的士人，張之洞對周公之禮、孔孟之學發自內心的頂禮膜拜、五體投地。無論是表明自己的名教皈依，還是公開與康有為等人劃清學術分野，以免珠目相混、魚龍相雜，他都要借此機會向世人說個清楚。

於是，在江山如畫的龜山禹功磯上，在安謐祥和的晴川閣淨室裏，張之洞日以繼夜地揮筆疾書：

> 一曰保國家，一曰保聖教，一曰保華種，保種必須保教，保教必須保國。
>
> 今日時局，惟以激發忠愛、講求富強、尊朝廷、衛社稷為第一義。
>
> 自漢唐以來，國家愛民之厚未有過於我聖清者也。

王化之要，百行之原，相傳數千年更無異義，聖人所以為聖人，中國所以為中國，實在於此。故知君權之綱，則民權之說不可行也；知父子之綱，則父子同罪、免喪、廢祀之說不可行也；知夫婦之綱，則男女平權之說不可行也。漢興之初，曲學阿世，以冀立學，哀平之際，造讖益緯，以媚巨奸，於是非常可怪之論蓋多，如文王受命，孔子稱王之類。此非七十子之說，乃秦漢經生之說也，而說《公羊春秋》者為尤甚。

張之洞認為，這些都是屬於務本的範圍，而「本」之悟，全靠的中國學問的熏陶，西洋學問是不可能教授的，甚至有大相抵觸之處。無論是兩湖書院的學子，還是天底下求學求知的年輕人，都應該深知此本不可動搖，不可移易。

倘若丟掉了這個本，何以為中國之人？無論是朝廷內外的官吏，還是準備進入仕途的士人，都應該加深對「本」的認識，絕不能在西學東漸的時候，迷亂心性，失卻方向，忘祖而背本。苟若此，則中國將何以為中國？

他對自己的這些議論很滿意，於是開始寫西學部分。外放晉撫，尤其是擢升粵督以來，他也保境安民，也興利除弊，這些其實與其他督撫都無異處。這些年來與眾不同的，或許說他張之洞之所以成為天下矚目的原因，就在於他重西學辦洋務。可以說，他後半生的心血和事業就在於此。毫無疑問，張之洞對洋務、對西學是深有感情的，認定洋務和西學是致中國於自強的惟一法寶。中國只有堅持這個定見，才有可能躋身世界強國。他多麼希望太后皇上也能有這個定見，堅定不移地在中國大辦洋務，倡導西

學。他多麼希望十八省督撫和各級官員都能像他這樣，在自己管轄的省府州內辦洋務局廠，辦新式學堂，同心合力地走在這條使國家早日富強的康莊大道上。可惜，許多人囿於陳見，沒有這個認識；也有不少人認識到這點，但鑒於在中國辦新事的千難萬難，遂失去了實幹的豪氣。還有一些人，因為洋務和西學要影響到他們的既得利益，於是千方百計地干擾阻擋。這些都已是障礙和困難了，但更令人擔憂的是，現在竟有一批人，在這個時候提出類似於易鼐那樣駭人聽聞的言論來，還有康有為、梁啟超之輩，本是難得的新式人才，卻偏要鼓吹公羊，倡論民權。他們難道真的不明白，這是在向六經挑戰，與朝廷爭權嗎？好好的一個師夷之長技以制夷的局面，將有可能被這些邪說給毀了，自己有這個責任將中國辦洋務行西學之舉導向正確的途徑。

滾滾東逝的長江水，習習暖人的楊柳風，伴隨着張之洞為《勸學篇》續寫了一系列篇章：

《益智》：夫政刑兵食，國勢邦交，士之智也；種宜土化，農具糞料，農之智也；機器之用，物化之學，工之智也；訪新地，創新貨，察人情之好惡，較各國之息耗，商之智也；船械營壘，測繪工程，兵之智也。此教養自強之實政也，非所謂奇技淫巧也。

《遊學》：出洋一年勝於讀西書五年，此趙營平「百聞不如一見」之說也。入外國學堂一年勝於中國學堂三年，此孟子「置之莊岳」之說也。

《論學》：天下非廣設學堂不可，京師省會為大學堂，道府為中學堂，州縣為小學堂。學堂宜中西兼學，中學為體，西學為用。且宜政藝兼學。學校、地理、度支、賦稅、武備、律

例、勸工、通商，西政也。算、繪、礦、醫、聲、光、化、電，西藝也。大抵救時之計，謀國之方，政尤急於藝。

《廣譯》，譯書之法有三：一，各省多設譯書局；一，出使大臣訪其國之要書而選擇之；一，上海有力書賈、好事文人，廣譯西書出售，主人得其名，天下得其用。

第五天下午，《勸學篇》已寫成二萬多字的大文章了，雖尚有不少言未盡意者，但大體上已將自己心目中的中學西學先後次序本體通用的關係理了一個頭緒。想說的話也大致說了，不能離開督署太久，許多公務還在等着辦哩。張之洞吩咐大根去結賬付錢，待衙門的馬車到後即離開晴川閣。

一會兒，大根帶着一個六十多歲的老頭走了進來。那老頭見了張之洞便拜，一邊說：「小人不知您是總督大人，這些天來多有怠慢，請大人多多寬恕。」

張之洞說：「起來，不要磕頭。」

待老頭站起來後，又問：「你怎麼知道我是總督？」

老頭指着大根說：「剛才這位大哥來結賬時說的。晴川閣真正有幸，讓總督大人在這裏一住就是五天，只怪我這個糟老頭子老眼昏花，沒有認出大人來，招待不好，多有得罪。」

張之洞笑問：「你在這裏做些甚麼事？」

老頭答：「看管晴川閣的房子，做些打掃、擦洗的事。」

「就你一個人？」

「加上老伴，兩個人。」

「聽你的口音，不大像此地人。你老家在哪兒？」

張之洞因文章寫完了，心情較為寬鬆，遂跟他多聊了幾句。

「小人是江西九江人。」

「怎麼到漢陽來了？」

「小人三十年前教的一個學生，如今在漢陽縣做訓導。他憐小人年老無兒女，便介紹到晴川閣來，口飯吃。」

「你這個學生倒還不錯，如今出息了，還記得三十年前的先生。」張之洞習慣性地摸着鬍鬚。「一個月有多少收入？」

老頭伸出三個指頭來：「三吊半。」

「三吊半的薪水，能過日子嗎？」

「省吃儉用，勉強還可對付。只是不能有個三病兩痛，生起病來，那就沒錢請郎中了。」

張之洞看這老頭是個本份的人，便說：「本督給你指個生財之道，你在晴川閣裏賣點茶水瓜果如何？」

老頭臉上有了一絲笑意說：「好是好，只是遊客太少，賣不了幾個錢。」

張之洞一時興起，不覺抖出當年的名士氣派來：「老人家，本督成全你，你去拿兩張大紙和筆墨來，我為晴川閣寫副對子，再要漢陽府派人將這對子刻在柱子上。這樣一來，你的客人就多了，茶館可

以開起來了！」

老頭子喜出望外，忙從自己住的房子裏將筆墨紙硯搬了進來。

張之洞站在禹功磯上，眺望三楚大地這一派莽莽蒼蒼山河，看着身邊這位年老無依靠的本份讀書人，頓時生出一份鎮守江夏的自豪感、為民父母的責任心來。一副楹聯在筆底出現：

東去大江，那堪淘盡英雄，彩筆尚留鸚鵡賦；
西望夏口，此水永消爭戰，霸圖休即犬豚兒。

老頭捧過墨汁未乾的對聯，口裏激烈地說：「總督大人，您真是湖廣百姓的活菩薩呀！」

張之洞為這句話高興得哈哈大笑起來：出自於普通百姓之口的話，才是真正的民心呀！

第二天，他將已成初稿的《勸學篇》送給鹿傳霖看。鹿傳霖看後說：「寫得不錯，尤其是尊朝廷衞社稷和稱頌大清深仁厚澤這幾段寫得最好，太后皇上都會愛聽。這應是大家共同遵守的基點，無論中學西學，無論新政舊政，都要尊朝廷衞社稷，這話從你的口中說出來就作用更大。今後無論是新派掌權，還是舊派執政，你都萬無一失。」

張之洞說：「這是我一貫的主張，我不想別人因我辦洋務，就說我是崇洋媚外，想用外國的一切來替代中國。那其實也是做不到的。你看還有哪些不足或忽略的地方嗎？」

「西學我不懂，舊學多少知道一點。談舊學這一節，我提幾點建議吧！」

張之洞笑道：「你是宿儒，你多多指正。」

「講舊學，還是你在行。我只是點一點而已。」鹿傳霖翻了翻手中的《勸學篇》初稿。「其實，你過去寫的《輶軒語》和《書目答問》裏都提到了。但你既然把舊學當根本之務提出來，不能不再扼要地為年輕學子們說幾句入中國學問之門的途徑，其要在兩點，一曰循序，先經次史後子集，待中國學問初通之後，再擇西學以補闕。」

「很好。」張之洞輕輕擊掌。

「其次在守約。」鹿傳霖侃侃而談，「中國學問浩如煙海，若見一本讀一本，這一輩子光讀書還讀不完，豈能做事？所以要守約，擇其重要者而讀。你的《書目答問》為學子開了二千多種書目，你可在此基礎上，再從中遴選出五六十本至一百本最重要的書來。」

「這個主意好！」張之洞連連點頭。

「以我的經驗，十五歲之前，通《孝經》、四書五經及唐宋人之曉暢文字。十五歲時開始讀經史諸子、輿地小學各門，美質者五年可通，中材者十年也可了。二十或二十五以後，可專力講求時政，旁及西法，若有好古精研不騖功名、終身為專門之學者，那又自當別論了。」

「行，我再增加兩個章節，就用你的題目：循序，守約。」

「還有一點，本不是學問內的事，但我想借你的大作來驚世警俗。我想你會與我持同樣看法的。」

張之洞認真地問：「何事？」

「禁煙！」鹿傳霖口氣堅定地說，「此事，早在道光年間，林文忠公便大舉禁絕過，十幾年前你在山西又繼續了林文忠公的事業，這些年來我在陝西、四川做督撫，依然要花大力氣做這事。香濤，這鴉片

不禁，中國將有亡國滅種之禍，甚麼中學西學，體用本通之類的話，一概都不用說了。在今日中國，此為國家第一號大事。」

夠不夠得上國家第一號大事，張之洞與鹿傳霖尚有分歧，但禁煙確是國事中的大事之一樁。對於力禁鴉片的前晉撫來說，這個認識始終是明晰的。雖然不能屬於學問之一門，但從國本的角度上也是可說的。」

「好，接受你的建議，再添一節：去毒。」

鹿傳霖滿意地站起身來：「如此，你的《勸學篇》就完滿了。」

送走鹿傳霖後，張之洞想：古人說集思廣益，此話不假，鹿傳霖的這些建議就很有益處，不如再讓幾個人看看，提提意見，修改修改，就更臻完美了。他首先想起的便是引出這篇作品的梁鼎芬來。

梁鼎芬將大根送來的《勸學篇》仔仔細細地看了兩三篇，又索腸刮肚地思考大半天後來到總督衙門，當面向張之洞陳述了自己的看法。

「香帥的《勸學篇》一經刊印，必然警醒當世，嘉惠萬代。兩湖書院的學子如有幸最早聆聽你的這些良言，福莫大焉！」

梁鼎芬一開口，便給張之洞的這篇長文予以高不可攀的總體評價。張之洞聽了，卻並沒有多少喜形於色的表現。他知道梁鼎芬一向愛在他的面前說好聽的話，通常他都是樂於聽這種頌辭的，有時候也會覺得梁鼎芬有點言過其實，不過轉念又想：自己辦的事向來都是深思熟慮的，少有別人可指摘之處；再說，一個好漢還須三個幫，一面響鑼也應有四處應，未必還要一些專跟你作對的人在身邊？當然要聽話

的，要順從的人才好。這樣，他跟梁鼎芬不覺日趨親密。梁鼎芬一年到頭，在兩湖書院的日子少，在總督衙門裏的日子反而多些。武昌知府年近七十，致仕養老已迫眉睫，梁鼎芬多次有意無意地流露出想接替這個位置的念頭，張之洞也有意無意地表示可以考慮，惹得梁鼎芬跟總督屁股後面更緊了。

「你不要說空話，有甚麼根據？」

「當然有根據，香帥。」梁鼎芬滿臉都是笑容。「晚生看這篇《勸學篇》首在持論平正，於中西之學新舊之政不持成見偏見，一秉大公，無論新派舊派都能接受。這是一個方面。最重要的還在於香帥將中學和西學最核心的作用以及他們之間的主次關係用八個字作了最為簡要最為明瞭的概括，這就是您在《設學》一節中所說的『中學為體，西學為用』。這八個字，真可謂金科玉律，金聲玉振，治學之寶，治國之綱。這個首創之功將不可估量。」

張之洞笑道：「你看中了『中學為體，西學為用』這八個字，這也算是你的眼力吧。不過，這八個字是別人提出的，我不能掠人之美。兩年多前，我在江寧時，江蘇一個候補道吳之榛跟我寫了一封信，他準備在蘇州創辦一所中西合璧的學校，並提出『中學為體，西學為用』的辦學宗旨，我很欣賞這兩句話，就套用過來了。」

梁鼎芬雖略有點失望，但他很會說話：「常言說人微言輕，一個候補道的這兩話能有甚麼影響，一經香帥提出，那就有天地之別了。太后皇上會知道，文武大臣會知道，各級官員和普天下的百姓都會知道，它就可以變為國策，化為全國上下的共同見識。這個功勞有多大！從今往後，大家都是從你的《勸學篇》裏得知這兩句話，首創之功非你莫屬了。」

「哈哈……」

張之洞得意地大笑起來。

「你莫只說好聽的，提點不足之處。」笑完後，張之洞認真地說。

「香帥文章天下第一。慮事之精密，也世間少有，這部《勸學篇》更是您的心血之作，本不容卑職置喙。但卑職想香帥這部書，必將成為大清的治國之綱，眼下國家所要辦的新政大事，如鐵路、礦冶、局廠、練兵等，香帥都親手辦理過，有許多局外人不能得到的體會和見解，若能把它寫出來，對太后皇上來說是個很好的參考。」

張之洞說：「你這個建議好是好，只是六天沒辦事，案牘又堆積盈尺了，抽不出空來。」

梁鼎芬想了一下說：「有個辦法，可叫徐建寅、念礽他們先起個草。他們是專門家，熟悉，要他們先寫個一兩千字出來，由您來刪改定稿。如此可為您節省一些精力。」

「好，接受你的建議，就請你代我去辦這事。請徐建寅寫礦學一節，梁敦彥寫鐵路一節，念礽寫工商一節，練兵一節無人寫，可惜仁梃不在了，由他來寫是最合適的。」

提起仁梃，張之洞的胸口有點堵悶。兒媳已守寡近兩年，不能讓她做一輩子孀婦，今後宜尋一個合適的人嫁出去才是。這樣方可對得起孝順的媳婦和自己的老友桑治平。

「練兵一節可請張彪先擬個草稿。」

「張彪！他能寫嗎？」

當年大根的拜把兄弟張彪從山西投到廣東，張之洞將他安置在督標營，後又隨着來到武昌，先在親

兵營做個把總。多年來，也還知上進，積年遷升，現已做了親兵營的都司，武功不錯，只是從小失學，文墨不行。

「香帥不知道，這幾年張彪自己漂筆，早已識字斷文，偶爾寫出封信函來，也還通順。叫他將湖北練兵章法如實寫出，我再替他潤色，然後送給你，當個材料用也好嘛！」

「也好，他當了多年的親兵營都司，洋槍洋炮使過，德國兵操也練過，讓他先寫個草稿，也是對他一個提高。你一併去告訴他。叫他們四個人三天之內每人給我交兩千字。」

三天後，陳、徐、梁、張都如期交來自己的文稿，張之洞一一審讀增刪，比起全由自己從無到有的構思草擬來，這確實省了不少的心思。

正在閱讀之際，辜鴻銘闖了進來。

「香帥，大家都為你的《勸學篇》作貢獻，就連張彪都提起筆來。你就不叫我也寫一寫，你是嫌我中國學問沒學通，還是嫌我沒有專門知識？」

張之洞放下筆，望着辜鴻銘頗有點激動的面容，問：「我的《勸學篇》底稿，你也看到了？」

辜鴻銘不滿地說：「闔署上下都在誦讀，我能不看到嗎？」

張之洞驚道：「怎麼闔署上下都在誦讀了，這還是草稿哩！」

「這樣精采的文字，怎會不傳誦呢？徐建寅、梁敦彥他們很神氣，說他們也寫了一段，今後可以附驥尾而至千里。香帥，你太小看我了！」

張之洞心裏很得意，臉上卻有意冷冷的，說：「先不要說小看不小看的怪話。你給我的草稿提提意

見，提得好，我自然也會讓你附附驥尾。」

辜鴻銘說：「提就提吧。我看你的《勸學篇》分為兩個部分，前部分談的務本的事，有類似《莊子》的內篇，後部分說的是通用，類似於《莊子》的外篇。」

以《莊子》的內外篇來看待《勸學篇》的本、用兩個部分，目光犀利，比方得也恰當，看來辜鴻銘的中國學問已到了不可小覷的地步。張之洞的雙眼中開始流露出笑意。

「《莊子》內篇七章，出自莊子手筆，外篇和雜篇是莊子和其門人共同的著作。今日《勸學篇》的外篇除你本人外，已加入了徐、梁等人的文章，後世學者，也可將外篇視為香帥及其門人的合著。」

這一點，張之洞倒的確沒想到，經辜鴻銘這一提醒，也確乎有幾分像。張之洞的笑容從眼中流到了臉上。

「如果香帥同意的話，我可以關起門來，寫個十天半個月，弄出七八篇來，為《勸學篇》補個雜篇如何？」

張之洞笑出聲來，說：「湯生，你的想法倒是好，只是這《勸學篇》是決不能跟《莊子》相比擬的。且不說見解上的差別，光是文風，哪一派汪洋恣肆、恢詭瑰麗，哪裏是後世人可以學得到的！莊子是前無古人，後無來者，我可不敢方駕攀比。」

辜鴻銘說：「你不去比《莊子》三十三篇也可以，但我為你補個雜篇總是可以的吧！」

張之洞拿這個怪才也無法。他還真怕辜鴻銘去弄個雜篇出來，那才叫人哭笑不得，只好說：「你看還有哪些不足，把外篇再補充一下是可以的，雜篇就不必了。」

「我看至少有兩個章節可以補上。」辜鴻銘激動地說，「一個是變法，一個是廢科舉。不過，這都不是我的主張，都是你自己多次與我們閒聊天時說過。你常說中國要自強，有兩個攔路石不可不搬掉，一是不合時宜的律令法規，一是誤人子弟的科舉考試。為何這兩個非常好的想法不在《勸學篇》裏寫出來呢？是因為怕被人誤解，遭人反對嗎？」

辜鴻銘兩隻灰藍色的眼睛，猶如半夜時貓頭鷹的雙目一樣，直勾勾地盯着張之洞，真把這位強悍的湖廣總督盯得心裏微微發起慌來。

辜鴻銘的這兩句問話，一針見血擊中要害。張之洞在寫通用篇章的時候，確實想到過變法與廢科舉兩件事，但最終還是沒有寫。現在有人在變法的名義下要否定祖宗傳下來的家法，要設議院行民權，如果自己也大談變法，很可能會授人以柄。至於科舉考試，更是國內數十萬讀書人的進身之階。廢除科舉，不等於撤了他們的登天梯？

「香帥，丈夫行事，當以大義為重。苟利國家，雖千百人反對，必趨之；苟害社稷，雖千百人擁護必避之。弊法不去，科舉不廢，中國決無指望。香帥，這兩章，就由我來替你起草吧，倘若遭人指責，我挺身而出承擔。」

張之洞為辜鴻銘的這種氣概所感動，但又為他的天真而好笑，既算作我張之洞的《勸學篇》外篇，出了事自然由我張某人承擔，怎會輪到你的頭上？他笑了笑說：「好吧，我嘉獎你的志氣，這兩個章節就交給你了。也限你三天時間，不要過多發議論，也不超過兩千字。」

辜鴻銘欣喜萬分：「謹受命。」

正要轉身出門，張之洞又叫住了他：「你要注意，寫變法一章時，要特別強調倫理、聖道、心術不可變，要變的只是法制、器械、工藝；廢科舉一章，要把朱子和歐陽修兩位先賢關於更改科舉的言論找出來作為附件，如此才更增加說服力。」

在張之洞和他的幕僚們共同參與下，一篇長達四萬餘字的大文章《勸學篇》，終於幾經增刪而成文了。張之洞將它寄給陳寶箴，要陳在長沙的《湘報》上連日刊登出來。陳寶箴正擔心《湘報》遭王先謙、葉德輝等人的反對辦不去的時候，得到了這篇大文，好比即將乾涸的小溪來了一股源源不斷的山泉，立時又生機恢復。他指令《湘報》每天騰出第一版的重要位置來，刊登《勸學篇》。一連十天，《勸學篇》登載完畢。果然不出所料，此篇長文在海內引起巨大的反響，除極個別執拗偏激的人認為張之洞是在有意做和事佬外，絕大多數人都認為此文立論公允，態度平和，就連最擔心招士人反感的廢科舉一節，也沒有見人公開發表反駁的文章。五月初，張之洞收到已任江寧藩司的袁昶的來信。袁昶除和許多人一樣地稱讚該文外，還特別高瞻遠矚地指出：在今後很長一段的年月裏，中國都會面臨着西學與中學、西藝與中藝、西政與中政等一系列的衝突，這種衝突可概括為中西碰撞。老師所提出的「中體西用」的設想，不僅解決了中學西學之間關係如何處理的難題，而且為調和中西碰撞揭示了一條萬世不易的經則，那就是中國本土所產生的經過千百代所驗證的好的傳統永遠是體，外來的被彼國所證實有用的東西，永遠只能是為我所用。其目標，則是衞我邦本，固我國體。又表示，要用自己的積蓄出版《勸學篇》，刷印三百部，上呈朝廷，並分贈各級官府和學堂，既報師恩又效力國家。

張之洞欣然同意，並寄出二千両銀子，請袁昶代為張羅。

很快，三百部《勸學篇》便裝訂成冊了。張之洞指示袁昶寄五十部到北京兒子張仁權處，再存五十部於袁處，以便分送兩江同寅，然後再送二百部到武昌，由他本人親自贈人。

仁權收到書後，與楊銳、楊深秀等人商量如何才能到達太后、皇上處。楊銳說：「黃紹箕在南書房當差，可請他帶上兩部，當面呈給皇上，並請皇上轉呈一部給太后。」

黃紹箕是黃體芳的兒子。黃體芳當年與張之洞同列京師清流黨，關係甚為親密。黃紹箕在未進翰林院時，曾在張之洞幕府裏做過事。通過這條路上達天聽，自然是最好的。沒有幾天，《勸學篇》便到了光緒皇帝的手中。光緒愛不釋手，一天便通讀完畢，然後親自擬了一道諭旨：

《勸學篇》內外各篇，朕詳細披覽，持論平正，於學術人心，大有裨益。着將所備副本四十部，由軍機處頒發各省督撫學政各一部，俾得廣為刊佈，實力勸導，以重名教而杜危言。

就在光緒親頒《勸學篇》後第四天，中國近代史上最為熱鬧壯烈的大劇，正式拉開它的帷幕。

第三章

血濺變法

1 六十九歲壽誕這天，《詔定國是》的起草者翁同龢被削去一切職務，驅逐出朝

光緒二十四年四月二十三日，根據御史楊深秀、侍讀學士徐致靖的奏章，光緒召集全體軍機大臣，下詔定國是，向全國官吏百姓宣佈變法維新。

由翁同龢擬稿的這份詔書，是古往今來中國帝王文告中少見的開明之作。詔書以清晰明白的語言，表達光緒願與天下臣民共圖新政以挽時局的決心：

> 朕維國是不定，則號令不行，及其流弊，必致門户紛爭，互相水火，徒蹈宋明積習，於時政毫無裨益。即以中國大經大法而論，五帝三王，不相沿襲，譬以冬裘夏葛，勢不兩存。因特明白宣示，嗣後中外大小諸臣，自王公以及士庶，各宜努力向上，發憤為雄，以聖賢義理之學植其根本，又須博採西學之切於時務者實力講求，以救空疏迂謬之弊。

這份詔書經在京提塘官的星夜加急傳遞及京報上的登載，很快便傳遍全國，引起朝野巨大的震動。一向沉悶閉塞、安於現狀的九州大地，突然間如同燒起一堆衝天大火，頓時劈劈拍拍、紅紅火火地鬧騰起來。

詔書下達的第二天，徐致靖奏保康有為、張元濟、黃遵憲、譚嗣同、梁啟超五人。認為這五個人均為忠肝義膽、碩學遠識，是維新救時之大才，宜破格委任，以輔佐皇上行新政而圖自強。

光緒立即批准這道奏章，命康有為、張元濟預備召見，黃遵憲、譚嗣同、梁啟超火速進京，或交部引見，或由總理衙門察看具奏。

光緒將已批好的徐致靖奏章放在一旁，正要隨侍小太監下發給軍機處的時候，翁同龢進來了。

「皇上，剛才園子裏來了人，太后請皇上明日上午去一趟園子，她有事要跟皇上說。」

聽了這話，光緒不由自主地顫栗了一下。光緒從小在慈禧威嚴的目光和呵斥聲中長大，對慈禧已有了一種習慣性的畏懼和疏離。他之所以不喜歡皇后，並非因為皇后本人的不好，實在是由於對皇后姑母的反感而引起。每當夏秋兩季，慈禧住頤和園時，光緒就彷彿有種摘掉枷鎖似的自由感，辦起事來格外有膽量，有信心。一到冬春兩季，慈禧回到宮裏，光緒就如同被一個濃重的陰影所罩住，整天怯怯的，辦事說話都提不起神來。變法維新已醞釀好長時間了，為甚麼選擇這時詔定國是，多半的原因，也是慈禧已離宮住園子的緣故。慈禧住園子時，光緒照例每月初一、十五兩天進園請安。今天既非初一，也不是十五，為甚麼要我進園子？一種不祥之兆浮上心頭，光緒臉上難得一見的興奮之色立時散失，恢復了素日的憔悴蒼白。

翁同龢將這一瞬間的變化看在眼裏，憐恤之情油然而生，心裏忍不住長長地歎了一口氣，試着問：

「太后是不是衝着詔定國是這件事來的？」

「不會吧。」光緒終於回過神來。「十五日請安時，我已稟報過太后。太后說她不反對維新變法，只

要能使國家富強，要我自己看着辦。」

翁同龢進一步問：「太后說這話時，神態如何？」

光緒想了想：「跟往常請安時說話的神態差不多，沒見她高興，也沒見她不高興。講了這兩句話後，就說，沒別的事吧，沒別的事趕緊回宮去。今天譚鑫培進園子來唱《定軍山》，得去準備準備。我說沒別的事，就退出來了。」

翁同龢說：「皇上放寬心好了，也可能是太后想見見皇上，隨便聊聊，我陪皇上去。」

「翁師傅，明天是您的六十九歲壽辰，家人和親友都要來為您祝壽，您就不要陪我了。」

翁同龢每年過生日這一天，光緒不僅記得，還會打發身邊的太監去翁家代他祝壽，並送上一份禮物。國家正處新政的開端，皇上日理萬機，晝夜不息，居然還記得他的生日，翁同龢心裏滾過一陣熱浪，語聲哽咽地說：「皇上萬幾之中尚記得老臣的賤辰，老臣感激莫名。老臣的賤辰可過可不過，陪皇上進園子覲見太后，卻是萬不可缺的。」

光緒說：「也好，有翁師傅在身邊，我心裏就安定許多。我們今下午就動身，明天一早見過太后後就回城，不會誤了晚上的壽筵！」

翁同龢激動地說：「皇上太為老臣着想了，老臣心裏真過意不去。」

黃昏時候，翁同龢一行陪同光緒來到頤和園，住進了仁壽殿。晚飯後散步時，翁同龢發現慶王奕劻、兵部尚書榮祿、軍機大臣剛毅都在園子裏住着，他覺得情況有點不大對頭。晚上，仁壽殿的小太監告訴他，八十歲的大學士徐桐已在園子裏住下四五天了。翁同龢聽到這個消息後，更覺意外。四十年

前，徐桐和他同為同治皇帝的師傅，此人迂執拘泥，與他性格上合不來。後來翁同龢出任光緒師傅，他沒有出任，於是與翁嫌隙更深。兩年前，他拜體仁閣大學士後，因年事太高，對朝廷上的事便一概不管了，平日裏閉門著書。徐桐恪守理學和祖宗家法，仇視西學，反對任何形式的變革，與倭仁一道被朝臣稱為前後兩個有名的守舊大學士。

徐桐、奕劻、榮祿、剛毅，他們同時來到園子裏，究竟要做甚麼？這個問題，在翁同龢的腦子裏盤旋大半個夜晚，他已隱隱感受到一股厚重的力量在壓着他，壓着他和皇上正在做的事業。

第二天一清早，光緒書房太監王鑒齋，按常規帶上一張五百両銀票，來到樂壽堂向大總管李蓮英獻上，然後坐在小廊房裏，靜候李蓮英的安排。

有資格見到太后的文武官員，都必須向太后身邊的太監總管遞上紅包，按紅包裏的份量來安排召見的先後。慈禧還政住頤和園後，連皇上每次覲見也要遞紅包。這話聽起來有點類似海外奇談，卻又是千真萬確的事實。晚清朝廷的腐敗到了這種程度，豈是維新變法便可以解決得了的？可惜，當年熱衷於新政的光緒皇帝，並沒有意識到這一點。

待慈禧吃了早飯，溜了半個小時的圈子後，光緒奉命進殿拜見。

「坐吧。」光緒行完跪拜常禮後，慈禧面無表情地指了指炕床的另一邊。光緒挨着炕沿坐下，神情貫注地等待着皇額娘的慈諭。好長一會兒，不見慈禧開口，他偷眼望了望，只見六十四歲的皇額娘，正專心致志地自個兒欣賞她近日剛打好的兩隻三寸長的金護指，不過眼睛和臉上卻並不見一絲欣喜之色。

「皇額娘叫兒子來，有何賜教？」光緒終於忍不住了。

「定國是的詔書是誰擬的？」慈禧的眼睛依舊沒有離開金護指。

「是翁同龢。」光緒忐忑不安地回答。

「這樣的大事，為何不事先跟我說說？」慈禧轉過臉來拖長着聲調，問話中分明有着很大的不滿。

「十五日請安時，兒子已請示過皇額娘。皇額娘說過，讓兒子自己作主。」光緒壯起膽子解釋。

「這話我是說過。」慈禧慢慢地說，聲調開始緩和些。「祖宗的江山我早已交給你了，又怎麼會來事事管着你呢？為國家辦好事，我自然支持。你是一國之主，當然由你作主。但詔告天下，明定國是，這是何等大事，你卻不事先跟我打聲招呼，你的眼中已沒有我這個皇額娘了！」

光緒剛剛放鬆片刻的心緒又緊張起來，忙說：「皇額娘言重了。這事是兒子疏忽了，兒子向皇額娘請罪。」

慈禧臉上露出一絲霽色，說：「也不要請罪了。要維新，要變法，這一點我和你的想法是一樣的，你沒有做錯。只不過這是件祖宗沒有做過的大事，我們娘兒倆都得穩當點才好。你凡事多跟我商議商議，只有好處，沒有壞處。」

光緒趕緊說：「皇額娘教訓得是，除開初一、十五外，凡有大事，兒子都一定親來頤和園稟請皇額娘。」

「好，這我就放心了。」慈禧端起炕几上的溫茶，抿了一口，說，「你昨兒個擬的徐致靖薦舉人才的摺子，就急了點。康有為那個人，許多人不大放心，都說不能重用。」

光緒暗暗吃了一驚：徐致靖的摺子還沒發下，太后怎麼就知道了？摺子尚未出宮時，只有軍機處的

大臣和章京才看得到，莫非是剛毅搶先稟告了太后？對於那些心中只有太后，而沒有他的老大臣們，光緒又氣又惱。他恨不得一夜之間全撤掉，換上一批年輕而原先職位低微的官員。

「稟告皇額娘，康有為這個人雖有許多欠缺之處，但對外面的情況熟悉，對新政新法很有研究。皇額娘教導過兒子，用人如用器，兒子用康有為只是用其器長而已。」

慈禧找不出別的理由來反駁光緒的話，停了一會兒說：「你用康有為、梁啟超這些人，我也不阻擋你，只是有一點要注意，今後任命文武二品以上的大員，擬旨前要跟我說說。他們上任前，到園子來跟我見見面。這不是皇額娘在干預你，這是幫你慎選大臣，為的是祖宗的江山。你要明白這點。」

光緒明知這是太后在干預他的天子之權，但幾十年來形成的恐懼心理，使他不能對她有任何的違抗，只能違心地說：「兒子知道，皇額娘一切都是為了兒子，為了祖宗江山。今後凡有二品以上的文武大員的任命，兒子都按皇額娘剛才說的辦。」

慈禧又說：「榮祿這人，文宗爺當年就稱讚他能幹。十多年過去了，我看他不但能幹而且忠實，是咱們滿員中的佼佼者。他做過多年的西安將軍，懂軍務，我想叫他做直隸總督，領北洋大臣。京畿重地，是要一個能幹而忠實的自家人才放得心。你看怎樣？」

慈禧用的雖是商量的口氣，但光緒知道，這就是她的決定，是絕不能反駁的。何況榮祿做直督兼北洋大臣，無論從資歷、地位來說，也是合適的。光緒找不出反對的理由，遂說：「皇額娘看準的人自然沒錯，只是現任直督王文韶如何安排？」

慈禧說：「先調他進京來陛見，在賢良寺住着，再慢慢來安置，或軍機，或六部都可以。」

光緒想：臨時叫自己來園子，大概就是為着榮祿的直督事吧。翁師傅還得趕緊回城，家裏還在等他這個壽星爺哩。

「皇額娘，這些天起居都還如常嗎？」

「都還好，我是個無事一身輕的人。你如今在做着大事，比往日更忙，倒是要多多保重。」

「保重」這樣的話，每次覲見時，慈禧都要說上一句，已成沒有感情色彩的套話，不過今天，慈禧在「保重」前上又加了幾句，使光緒覺得這兩個字上多少帶有了一點溫情，便說：「兒子年輕，多點事不要緊，皇額娘春秋已高，更須珍攝。」

說完這句話，光緒起身：「若皇額娘無別的吩咐，兒子這就告辭了。」

「慢點。」慈禧並沒叫光緒再坐下，隨手從炕几上抽出幾份奏摺，在光緒的眼前搖了兩下。「這是徐桐、剛毅和安徽藩司於蔭霖、御史文悌等人參劾翁同龢的摺子。」

光緒吃了一驚，見慈禧並沒有叫他看摺子的意思，不敢主動從她手裏去拿。慈禧將摺子晃了兩下後又擱到炕几上，繼續說：「他們參劾翁同龢近來辦事多有悖謬，不能勝任樞機要職，宜回籍養老。我看他們說得有道理。」

見光緒呆呆地站立着，不言不語，慈禧輕輕地歎息一聲，口氣變得少有的溫婉起來：「翁同龢這人，我觀察多年了，發現他近幾年來有專權仗勢、不安本份的跡象。就拿甲午年的事來說吧，咱們底子本薄，他不是不知道，卻硬要與東洋人拚命，結果辛辛苦苦辦了十多年的北洋水師全軍覆沒，到頭來他把責任都推到李鴻章身上去了。李鴻章也可憐，只得背下這黑鍋。誰該打多少板子，咱們娘兒倆心裏要

有數。去年膠州灣鬧事，是你派他去跟德國人談判的。他不好好談，跟人家鬧崩了。你四五次命他繼續談，他居然可以抗旨不去。這事兒，滿朝文武都看不過意去。都說，咱們大清朝還沒有與皇上硬頂的大臣哩！當年肅順那樣跋扈，在文宗爺面前還是服服貼貼的。翁同龢這樣下去，不會比肅順走得還遠嗎？」

慈禧一個勁地數落着翁同龢的不是，光緒的手心裏的汗水越來越多。他尋思着要為師傅辯護幾句，卻又在太后的氣勢下失去了勇氣。光緒在心裏痛恨自己的懦弱和無能。

「你六伯病危時特為跟我說過，翁同龢不可當重任，又鄭重薦舉榮祿。你六伯父當國三十多年，到底是老成謀國，閱人有識呀！」

原來那天伯父單獨跟太后談的就是這個事呀，光緒頓覺有一股泰山般的重力向他壓來。伯父已死，他講沒講過這話已無法對證，但太后要將翁師傅開缺回籍的決心，看來已是鐵定而不可易移了。他鼓起極大的勇氣，緩緩地說：「翁師傅年歲大了，是有不如人意之處，請太后看他在上書房多年的情份上，寬恕他一次。」

「唉！」慈禧歎口氣後，以更為柔和的語調說，「你從小軟弱，比起你的哥哥來差遠了，我擔心的也是這點。翁同龢敢於抗旨，也就是看到了你的這個毛病。你還年輕，只知情份而不知利害，像翁同龢這樣的人是不能留在身邊的。你要忍痛把他去掉，額娘這是為你好！」

慈禧從炕几上又拿出一張折起的紙來說：「這是我叫剛毅，以你名義擬的一道諭旨，你派人讀給翁同龢聽吧！」

說罷，遞到光緒的手裏。光緒將紙打開，赫然見上面寫着：

協辦大學士翁同龢近來辦事多不允協，以致眾論不服，屢經有人參奏，且每於召對時諮詢事件任意可否，喜怒見形於詞色，漸露攬權狂悖情狀，斷難勝任樞機之任。本應察明究辦，予以重懲，姑念其毓慶宮行走有年，不忍遽加嚴譴，翁同龢着即開缺回籍，以示保全。

光緒暈頭暈腦地看完這道用他的口氣寫的諭旨，一股悲愴之情充塞他的胸臆。這完全不是自己的意思，卻要用自己的名義來表敍，而且還要當着翁師傅的面宣讀。這種委屈連一個普通的血性男子都不能忍受，何況自己堂堂九五之尊，當今的萬歲爺！一股濃重的羞辱感佈滿他的全身。就是從這一刻開始，年輕的光緒皇帝，下定死決心要用史無前例的手段和速度，加快進行維新變法，奪回被太后侵佔的權力，給那些敢於和他作對的昏邁老朽們一點顏色看看；即便是最終辦不成功，甚至是魚死網破，也付之於天了！

回到仁壽殿，榮祿、剛毅早已在此等候見駕。光緒心緒悲憤，一百個不想見他們，但想起他們眼下正是太后的紅人，又不敢得罪，只得宣他們進來。榮祿、剛毅並沒有事情要稟報，只是應付式地問候聖安，片刻光景便出來了。這時翁同龢知皇上已回，便在偏房等候，見榮祿、剛毅從他身邊走過時，連頭都不點一下，一副趾高氣揚的神態，心裏又氣恨又疑慮：難道朝中出了甚麼大事？

書房太監王鑒齋走過來說：「皇上請翁相國進去說話。」

翁同龢三步併作兩步走進正房，只見皇上面色蒼白地呆坐在炕上，正望着頭頂上的藻井出神。

「皇上，出了甚麼事？」翁同龢已預感到不祥，顧不得磕頭行禮，便徑直走到炕前。

「翁師傅，你自己看吧！」光緒將諭旨遞了過來，翁同龢接着，迅疾掃一眼，便覺眼前一片黑暗，幾乎要跌倒。他趕緊扶着炕沿，趁勢跪了下去，將頭緊貼在冰冷的青磚地面上。

仁壽殿裏死一般的沉寂。

好長一會，翁同龢抬起頭來，只見皇上正看着他，臉上掛着兩串淚珠。翁同龢一陣辛酸，號啕大哭起來，一顆白頭死勁地在青磚上磕着，發出令人心悸的「噗噗」響聲，嘴裏含含糊糊地絮叨着：「老臣罪該萬死，老臣有負皇上重望，老臣感激皇上不殺之恩，老臣遵旨，即刻離京回原籍。」

光緒心裏難受極了，喑啞着嗓子說：「翁師傅，您回城吧，家裏還等着為您祝壽哩！」

翁同龢哭着說：「老臣死有餘辜，老臣不過生日了。老臣明天一早還要向皇上叩頭謝恩哩！」

清制，大臣無論遷升還是革職，接旨後的第二天必須要向皇上叩頭謝恩。皇上可召見可不召見。不召見時，則面對皇宮，三跪九拜，這叫做望闕謝恩。

經翁同龢提醒，光緒想起，今天自己也不能回城。若回城，明天師傅要走很遠的路，從家裏趕到宮門口，師傅這種時候受不了這個折騰。

「我今天不回城了，明天一早，您在東宮門邊等我就是了。」

這天夜裏，翁同龢在頤和園的一個小偏殿裏，度過他一生最後一次也是最冷清最淒涼的一次住園。他整宿都沒有合過眼。除開他身邊的老僕外，園子裏沒有任何一個人前來看望他、關照他。從前那些太監們「翁相國」前「翁相國」後的甜蜜叫聲，斬草除根似的一聲也聽不見了。人臣之極的翁同龢從榮耀的頂峯突然跌到深谷之中，他深深地感受到人間的勢利和冷漠。

翁同龢對這個突如其來的打擊很意外很痛苦很不能理解：昨天君臣之間親近如骨肉，今天的這一紙貶書顯然不是皇上的意思而是出自太后的諭旨，但太后為何要如此殘酷無情呢？太后對翁氏家族，對我翁同龢本人的恩德不謂不重，翁氏家族及我本人對太后也不謂不忠，究竟是甚麼緣故呢？是因為早兩天的詔定國是嗎？是一時疏忽沒有叫皇上去特為稟請嗎？翁同龢心裏有數，詔書的宗旨，太后其實是支持的，太后在多次與皇上的閒談中表達過她不反對變動一些陳規舊習。正因為此，翁同龢才敢於促成皇上早行維新。貶書的筆跡他熟悉，是剛毅寫的。剛毅的漢文不好，常寫錯唸錯字，翁同龢有幾次在公眾場合下奚落他。直到今天翁同龢才知道，書生意氣已深深地害了自己：剛毅與他結怨甚深，起草諭旨時才使用這等苛嚴的辭句。他又想起徐桐與榮祿的同在園中。徐桐與自己有宿怨，榮祿有野心。細細推究起來，太后與自己也有私隙。修頤和園時，作為戶部尚書，對於內務府報上來的銀錢，因為熟知內情，他從來沒有爽快批准過，總要經過好幾個回合後才給三四成，或五六成，內務府甚為不滿，多次在太后面前說他的壞話。現在，太后、徐桐、榮祿、剛毅等人出於各種公隙仇怨而達成一致，要扳倒他這位恭王去世後的軍機處實際領班，既衝他本人，也衝着正在興起的維新熱潮。

經過這樣的仔細思考，下半夜後，翁同龢才開始慢慢平靜下來。

凌晨時，天下起小雨小來，翁同龢昏昏沉沉地起床盥洗，然後由僕人攙扶着，孤零零地來到東宮門。他明知皇上一時半刻還出不了園子，還是不聽僕人的勸告，冒着細雨跪在門外等候。他知道，這一別，很有可能再也見不到皇上了。從光緒元年起直到今天，二十四年來，他與皇上朝夕相處，除離開北京的日子外，幾乎無一天不見面。是他手把手地將皇上由甚麼都不懂的幼童，培養成執掌大清江山的天

子。

皇上的每一個腳印，都是他看着走過；皇上的每一處長進，都凝聚着他的心血。從今往後，他就要戴着巨大的恥辱南下常熟，與皇上天各一方。無論是個人的情感，還是共同的事業，翁同龢都感受到深巨的哀痛創傷。他生怕錯過了這個惟一的再見機會，因此他要大清早地冒着雨在此等候。他不是藉此表達自己的忠心，更不奢想以此來挽回慈禧的鐵石心腸，而是純粹出於一種對皇上的不捨之情。

直到辰正時分，光緒的車馬隊才出宮。皇帝昨夜也是一夜未睡得安穩，快到東宮門時，他就急切地四處張望。他終於看到了，東宮門左邊楹柱邊，一個滿頭白髮、未戴帽子未着油衣的老頭子，正低着頭，跪在那裏。風吹着細雨，飄飄颯颯地落在他的身上。雖然已是四月下旬，但清晨的風雨依然是涼的，一個望七老人怎麼受得了？

聽到馬蹄車輪聲，翁同龢抬起頭來，兩隻昏花的老眼死死地盯着隊伍中間那駕為安全起見有意圍上青布的寬大轎車。

「皇上，皇上！」轎車離東宮門還有三四丈遠時，翁同龢便嘶啞地喊起來。

光緒掀開轎簾，伸出半個頭來，呆呆地望着師傅，胸口堵着厚厚的悶氣，一句話也說不出來。

「皇上，皇上，老臣向皇上叩謝天恩！老臣就要離京回虞山老家。皇上，您要保重，您要保重呀！」

翁同龢一邊喊，一邊哭，一邊磕頭，悲愴的喊叫聲瀰漫着風雨中的東宮門。

車馬隊快速地穿過大門，就在轎車從腳邊輾過的時候，翁同龢再次抬起頭來睜大眼睛望了一眼。他清楚地看見了皇上，看見皇上清瘦的臉龐上掛着兩串淚珠。翁同龢頓時暈了過去……

翁同龢回到家裏的時候，家裏依舊處在祝壽的喜慶氣氛中。昨天下午，由侄子狀元出身的內閣學士翁曾源出面，在家裏辦起了十桌壽筵，準備熱熱鬧鬧地為三叔暖壽。直到天黑的時候，仍沒有見壽星爺回府。大家都知道壽星爺是隨皇上去園子見太后，國事自然重於過生，遂都不在意。眾人興高采烈地頻頻舉杯，祝賀壽翁福星高照，健康長壽。

客人們直到夜深才散去。第二天，翁氏家人及張謇等幾個最貼心的門生舊屬，仍在等候壽星爺的回來，準備當面向他拜壽祝賀。黃昏時，翁同龢一身疲倦、愁眉不展地進了大門，見四處紅燈高掛，壽幛滿目，他無限哀傷地擺了擺手，有氣無力地對侄兒說：「都撤了它吧，我要收拾行李，回常熟替你爺爺守墓去了。」

翁曾源和一旁的張謇大吃一驚，忙問何故。翁同龢一聲不吭，低首走進臥房，衣服鞋襪都沒脱，倒床便睡。

翁曾源問僕人這是怎麼回事。

僕人哭喪着臉説：「大人平白無故地便給革了！」

真正是晴天一聲霹靂，偌大的一個相國府，立時處於一片驚恐與慌亂之中。翁曾源、張謇等人都湧進臥房，或問具體情形，或勸慰寬懷，翁同龢只是搖頭歎氣，並不多說話。

甲午年大魁天下的張謇，從老師的遭遇中看清了仕途黃粱夢的真相，更加堅定離開官場、走實業救國之路的志向。他安慰翁同龢：「恩師，不要太悲傷。過些天，我也要離京回江蘇。南通離常熟很近，我會常來看您的。我準備在南通辦蠶桑養殖業和紗廠，待事情粗有頭緒後，我就來接您去南通看看。」

翁同龢浮腫的臉上泛出一絲笑容來，正要說些甚麼，突然大門外傳來一聲高叫：「王公公奉聖旨到！」

猶如滿天陰霾裏忽然綻開一線亮光，翁府上下頓時一喜。翁同龢在侄兒和門生的陪同下走到中堂，跪下接旨。

王鑒齋高聲唱道：「奉皇上聖諭，賞翁同龢壽禮：人參六兩，紅棗二斤，掛面四斤，葛帽一頂，紗圍一襲。欽此！」

隨侍一旁的兩個小太監捧着壽禮來到翁同龢面前，翁曾源代三叔收下。人參通常不是壽禮，而是賜給榮歸故裏的高齡大員的禮物。皇上送人參，顯然表明在他的眼裏，師傅不是革員，而是衣錦回鄉的功臣。翁同龢感激皇上的情誼，望天叩首：「臣翁同龢謝皇上天恩高厚，至死不忘皇上恩德！」

說完站起，請王鑒齋坐下喝茶。

王鑒齋小聲說：「皇上要奴才特為告訴相國，回籍後千萬要放寬胸襟保重身體，皇上會時刻記住您的。」

如一股春風吹拂，像一道晨曦照射，翁同龢積壓在胸中兩天來的憂鬱痛苦瞬時間化去了許多。他含着淚花、激動地對王鑒齋說：「請公公務必稟奏皇上，切莫為老臣擔心，皇上自己要注意珍攝龍體。請皇上不管遇到多大阻力，都要把變法維新的大業推行下去，只有行新政才能救大清，只有行新政才會有皇上的一切！」

皇上沒有革翁同龢的職，皇上依然在為翁同龢祝壽，皇上在殷殷叮囑回籍的翁同龢。當翁曾源和張

謇把這一情況告訴京師官場的時候，那些素日與翁同龢友善且支持變法的官員們心裏都清楚，是太后惱怒翁同龢。但太后高齡六十有四，皇上青春尚只二十八，皇上今後的日子還長着哩。一旦太后山陵崩，也就是翁同龢東山再起的時候。於是，數日後，前門車站出現一場京城罕見的送別罷黜大員回籍的場面。

以孫家鼐、王文韶為首的一批朝廷重臣，以盛昱、徐致靖為首的一批六部九卿科道官員和以張謇為代表的一批少年新進，還有國子監裏一部分關心國是熱心變革的士子，共五百來人聚集一起，與穿戴整齊心緒平和的翁同龢一一話別。

連李鴻章都打發他的兒子經方，持着他的親筆函前來送行。張謇更是當眾吟誦他專為送老師回籍而作的一首七律：

蘭陵舊望漢廷尊，保傅艱危海內論。
潛絕孤懷成眾謗，去將微罪報殊恩。
青山居士初裁服，白髮中書未有園。
江南煙水好相見，七年前約故應溫。

眾人祝願老相國一路平安，且寬心回家休息一段時期，過不了多久一定會重返都門。

翁同龢也抱着與眾人一樣的心思：遲早會回來的。他神態款款地與大家告別，雖略帶傷感卻是充滿着希望地踏上了南歸之路。他哪曾料到，百日後隨着變法的失敗，光緒的被囚，遠在常熟的翁同龢也跟

着罪加一等：交付地方官嚴加看管，不許隨便走動。

從那以後，翁同龢便處於荊天棘地之中，再無出頭之日。八年後，一代名臣含恨去世，長留人間的並不是他數十年的師德相業，而是彌留之際那首催人淚下的五言小詩：

六十年中事，淒涼到蓋棺。
不將兩行淚，輕向汝曹彈。

2 奉旨進京的張之洞突然半途折回

翁同龢革職一事，不僅沒有阻住光緒的變法，反而大大刺傷了光緒的自尊，他帶着亢奮甚至變態的情緒，以古往今來絕無僅有的決斷和激烈，快速推行他的新政。光緒這樣做，或許是想以霹靂手段來做救亡圖強的大業，也或許是不顧一切孤注一擲來維護他那遭到挫傷的帝王尊嚴。

他手不停筆地批示一道又一道的變革奏章，以異乎尋常的嚴厲口氣指責那些不理解不執行命令的高級官員。他號召天下臣民，人人都上書言變法事，這些書信可以直接向皇宮投遞，各級官府不得阻擋。他指示設置一個個新的官署，撤銷一批批無事可作的衙門。他決定立即廢掉八股取士的老傳統，而代之以策論拔才的新作法。他要求各級官員向朝廷舉薦人才，以圖取代他十分厭惡的老邁昏朽之輩，恨不得一個早上將那些屍位素餐者全行罷黜。

光緒一系列異於常規的舉措，使青年後進歡欣鼓舞拍手稱快，也令舊派人士王公大員瞠目結舌，不可理喻。

這時，經光緒御批，各省督撫將軍都已得到一冊《勸學篇》。武昌又火速再寄八十冊到京師，由張仁權、楊深秀、楊銳代為分送各大老及六部九卿、翰詹國子監等處。很快，《勸學篇》便在京中及各省

亘傳播開來，無論新派舊派都與光緒有同感：持論公允，所議可行。

恭王去世，翁同龢革職回籍，禮王世鐸向不管事，軍機處缺少一個能定大計孚眾望的大臣，因着《勸學篇》的影響，新舊兩派都同時想到了張之洞，希望皇上能召張之洞進京，主持正在如火如荼進行的維新事業，將維新變法導入平順穩健的道路。

此中又尤以在小站訓練新建陸軍的袁世凱最為積極。他不僅上奏章，而且在多種場合中宣稱，中國的新政只有在張之洞這樣富有經驗、老成穩重的大臣執掌下，才有可能獲得成功。放眼海內十八省，捨張之洞外，再無第二人合適。

在上下一片呼聲中，光緒親赴頤和園將內召張之洞的想法稟告太后，慈禧表示同意，於是一道「着張之洞即日進京陛見」的諭旨，便由北京遞到了武昌督署。

張之洞捧着這道聖旨，想起不久前楊銳所說的「晉京大用」的話，心情大為激動起來。晉京做甚麼，諭旨並無說明，當此全國大力舉辦新政時期，從翁同龢革職軍機處缺乏首領人物的形勢來看，顯然是內調軍機處，翁同龢的協辦大學士空缺，十之八九將補這個缺。也就是說，這次陛見將意味着進京拜相，而這個相將是有職有權的實相。

二十多年了，等待着的不正是這一天嗎？張氏先祖世世代代所盼望於後人的最高境遇，不也就是這種榮耀嗎？當年一句「湖廣地窄不足以迴旋」的奏語，被通國譏為狂言，那麼，讓他們看看即將到來的事實吧！我張某人將要把湖廣一系列的維新事業推行到十八行省，到那時讓你們方才知道做天下第一大文章的手筆，湖廣不過是小試牛刀而已。遊刃有餘地整治九州四海，才是我的真正志向和本事！

張之洞帶着辜鴻銘、大根及環兒等一干隨行人員取道水路離開武昌，計劃先坐從英國進口的維多利亞號貨輪到上海，在上海轉日本江戶丸北上，在天津塘沽港登岸，然後坐剛建好不久的京津路火車進北京，這是一條最為便捷的路線。如一切順利，不要二十天，便可陛見太后皇上。當年湖北考生進京應禮部試，至少一個半月，而且還要受盡舟車顛簸、風雨阻擋之苦。今昔對比，還不全是因為輪船、鐵路所帶來的好處嗎？只要不是昧着良心睜眼說瞎話，這洋務給國家帶來的變化，能否定得了嗎？只可惜蘆漢鐵路尚未建好，這條鐵路今後修好後，從武昌到京城，只需要四五天工夫。這在十年前，是連想都不敢想的事情呀！張之洞想，到京師後，要先把自己這次進京的經歷和體驗對所有的人說說，包括太后和皇上。就從此事說起，談西學和洋務的好處，使大家都消除顧慮同心同德，和朝廷一道在全國加快推行新政，早日使中國富強起來。

張之洞晉京陛見的消息，通過京報很快傳到各省。打聽到他走水路後，長江中下游的官府都在掐着指頭算日期：甚麼時候維多利亞號能從本地通過。官場習慣，凡官員路過一個地方，當地品級相當或較低的官衙必須設宴款待，一盡地主之誼，二藉此聯絡聲氣以備日後之用。有朝中大員路過，那更是不敢稍有怠慢，進界迎，出境送，中途宴請陪伴，主人殷勤侍候，寸步不離，千方百計讓客人滿意舒坦。這種恭敬早已超過禮儀的規定，完全是出於功利上的目的。

大家都知道，張之洞此番進京，必定大用。沿途所經過的江西、安徽、江蘇原本和他就有舊屬之誼，這種時候，無親無故，還要攀三分情誼，何況名正言順地迎送老上司過境？正好趁此良機巴結討好，為日後尋找朝中靠山預作鋪墊。於是，九江、安慶、江寧三地省級酒宴備極隆重，自然不在話下，

連沿途的府縣也都空前的客氣。他們都乘着當地最好的船，由知府或知縣老爺帶領着一批官員和鄉紳賢達，早早地便在進入交界處河邊等着，遠遠地看見維多利亞號駛來，便飛快地駕船到江中迎候，然後登上輪船，向未來的宰輔跪拜行禮，獻上頌辭。

先前的張之洞一向輕車簡從，隨意通脫，不講排場，不重虛文，這些年來他慢慢地變了。長時期的前呼後擁，位高權重，使他已習慣於別人為他準備的奢華排場。文治武功的成效，也使他本就自負的心更添一種睥睨天下、小視當今的外露情緒。他只守着為官不貪、為臣不叛的兩道底線，至於其他，早已不在他的顧忌之中了。於是，他也便以即將登台的宰輔自居，人家獻媚地叫他中堂，他也不加拒絕，各種逾格的接待禮數，他也安之若素地領受。到了上海，已上任半年的漢陽鐵廠和粵漢鐵路總公司督辦盛宣懷，更是使出他過去接待李鴻章的全副儀仗來迎接這位眼下的頂頭上司、未來的中樞重臣。

這天夜晚，張之洞從英國駐上海領事館，回到盛宣懷為他準備的位於黃浦江的小洋樓。雖然已接連在這塊十里洋場上應酬了三天，他卻沒有疲乏之感，坐在厚實的牛皮沙發上，喝着環兒端上來的龍井香茶，心緒依然在亢奮之中。這位英國領事與盛宣懷關係極為密切，得知張之洞途經上海後，便託盛宣懷竭力相邀，情緒甚好的湖廣總督接受了邀請，第一次來到洋人的公使館做客。公使館裏的五彩玻璃、猩紅毛地毯、雪亮高大的蓮花形頂吊燈、琥珀般的葡萄酒以及各種各樣名目繁多的菜餚糕點，甚至連平日他不能接受的洋歌洋曲，此時，都令他舒心愜意。最使他心動不已的，是那幾個袒胸露背、膚白如雪，卻又舉止矜持高雅的公使館官員眷屬。張之洞實在敵不過她們的逼人美麗，顧不得總督的尊嚴，而常常目不轉睛地看着她們，回來再看環兒，一向貌美的小妾，彷彿突然成了燒火丫頭似的不中看。坐在沙發

上的未來樞臣腦子裏驀地冒出一個念頭來：要不要悄悄地跟盛宣懷商量下，請他不露風聲地從英國買一名年輕貌美的女子來，再置一房洋妾？苟如此，則真的是人生一大樂事。正在意緒飄飄、神思渺渺的時候，大根走了進來，興奮地說：「四叔，桑先生來看你了。」

張之洞還未回過神來時，只見桑治平從大根身後走出，雙手一拱：「香濤兄，你好哇！」

「是你呀，仲子兄！」張之洞站起身來，快步走上前，一把抓着桑治平的兩隻手，喜形於色地說，「真沒想到會在這裏看到你！兩年多不見了，你一切都還好嗎？」

說話間，把老友從頭到腳仔細地打量了一番。燈光下，分別兩年的桑治平氣色甚好，雖也是六十出頭的人了，卻身板硬挺，雙目明亮，與在幕府時相比，彷彿更加精神清爽。

「快坐下，坐下，說說你這兩年的情況，我的那位親家母呢？也還好吧！」

張之洞拉着桑治平在另一張沙發上坐下，又吩咐大根：「快給桑先生泡杯好茶來！」

「想不到，不過一眨眼間，兩年多就過去了！」桑治平喝了一口茶後說，「那年我和秋菱離開武昌後，有兩個地方可去，一回我的故鄉洛陽，一是去廣東南海秋菱的二兒子家。後來我對秋菱說，既不回洛陽也不去南海，我帶着你換個樣子生活。」

「換個樣子，怎麼換法？」望着老友喜氣洋洋的臉龐，張之洞好奇地插話。

「咱們來個三江四海天地行。」桑治平爽朗地笑了起來，那笑容燦爛光明，就像春花秋月似的令人賞心悅目，決沒有官場衙門裏那種故作之態，張之洞心裏感歎不已：走入造化中的老朋友，看起來的確有一番脫胎換骨般的變化。

「你帶着秋菱遊歷天下，重溫三十年前的舊夢？」張之洞帶着頗為羡慕的神態説。

「正是。」桑治平笑着説，「我對秋菱説，三十多年前，我雖有過五年遊歷天下的行動，那時一是為尋找你，二是為平生抱負的實現而體察民風。三十多年後，我與你攜手同行，再來一次遊山玩水，這也是人生一大樂事，不亞於重宴鹿鳴。秋菱説，三十多年前你是一個小青年，翻山越嶺，不在話下，現在已過了花甲，還能跟當年相比嗎？我也是個五十多歲的老太婆了，也沒有這個力氣陪你了。」

張之洞説：「秋菱説得對，豪興雖不減，到底是上了年紀，哪能再做這種年輕人的事呀！」

桑治平説：「秋菱的看法既有道理又不完全對。我對她説，當年是為着目標，故有約束，而今是沒有目標，自由自在。若説當年是壯遊的話，這次便是漫遊。僅這點，便大不相同。難處、險處、遠處不去；雨時、風時、冷時不去，身體不適時、情緒不好時也不去。我們光選那些風光好的地方、有文物古蹟的地方去走走逛逛，一覺勞累便立刻歇息，待感覺好時再走。隨身帶銀票，走到哪吃到哪住到哪，豈不大好。秋菱同意了。」

「你們這才是真正地遊覽！」一向酷愛山水的張之洞感歎地説：「仲子兄，你所選擇的乃是神仙生活！這兩年遊了哪些地方？」

「這兩年間我們先在廬山住了半年，後又在徽州府九華山一帶住了將近一年。這半年之間，便在金陵、蘇州一帶盤桓。」

張之洞欣然一笑：「怪不得我看你一派仙風道骨，卻原來盡得造化之精靈。這匡廬、九華與江南乃上天賜給炎黃子孫的絕妙佳處，這兩年間都給你們佔有了。」

桑治平道：「這些地方誠然是好去處，你說的不錯。但好山好水，不僅只在這裏，是處處都在的。過去讀蘇東坡的『山水本無主，得閒便是主』的話，體會不深。當年遊歷天下，是懷抱着大目標的，山水的精妙並未悟到。這次是完全徹底的無牽無掛、無功無利，方才深深體會到好山好水，原來都是為有閒人準備的。我們在遊覽途中，經常要路過無聲無名的小地方。在萬千人的眼中，它們無任何美可言，而在我們的眼裏，卻分明覺得它們也自有值得珍惜之處，有時還越看越好、越看越愛，居然會停下來在那裏住上兩三天。」

說罷，桑治平開心地大笑起來。

「我慢慢體會到，東坡所說的『閒』字，不只是身閒，更重要的是心閒。世上身閒的人很多，心閒的人很少，即便是普通百姓，他們也有自己的小九九，整天算來算去，一顆心也很難有閒靜的時候。」

張之洞靜靜地聽着，說：「你說得很有道理，像我這樣的人，一年到頭儘管有做不完的事，但空閒一兩天的情形，也是有的。只是心閒不下來，手裏無事做的時候，心裏也總在想些甚麼。人生最難得的，看來正是你所說的心閒。」

「我這兩年最大的收益，便是這『心閒』二字。」桑治平滿腔真誠地說，「過去讀陶淵明的飲酒詩，只覺得很恬適舒愜，但對詩中的『山氣日夕佳，飛鳥相與還，此中有真意，欲辨已忘言』四句總是似懂非懂，對『真意』究竟是甚麼，也一直不能琢磨透。」

「現在琢磨透了嗎？」

「現在也不能說就琢磨透了，只是說比過去理解深了一步。」略刻片刻，桑治平說，「我以為，這個

真意，就在『還』字上。鳥兒本是生長在樹林裏的，為了覓取更多的食物，它們飛出林外，食物或許多覓了一些，但付出的代價更多。勞累奔波，一刻不能安寧，甚或誤入羅網，誤中箭矢，連命都丟了。太陽落山了，羣鳥飛回山林。陶公見此情景，心中突然悟道：鳥在林中，不出外爭食，乃是鳥與人類共相生存的最佳狀態，也是宇宙間最為和諧的狀態。一時迷誤，傍晚知返，也不失為明智的選擇。這還歸山林，還歸平和，或許是陶公心中的真意。」

張之洞默默地點着頭，他心裏非常讚賞這個體悟，認可好友的這種人生選擇。但作為朝廷的封疆大吏，作為重任在肩的洋務力倡者，他不可能走桑治平的道路。相對沉默一會兒後，他轉了話題。

「念礽她媽怎樣？為何沒有跟你一起來看我？」

「秋菱這兩年是百病不生，身體越來越好了。她此刻正住在太湖邊的一個小村莊裏，我因為要趕在你離開上海前見你一面，故獨自一人來了。」

張之洞說：「是的，說了半天的話，還沒問你，你怎麼知道我這個時候正在上海？」

桑治平說：「你如今是朝野關注的大人物，何況你這次是奉召進京，京報上都有刊載，許多人都知道。早在半個月前我就聽說了，於是和秋菱趕到江寧城，在那裏等了你五天，估計你會那個時候過江寧。後聽說你還沒下來，便和秋菱商量，乾脆再返回蘇州虎丘，直接到上海再見你。又託在江蘇巡撫衙門裏做事的朋友打聽。那個朋友說，你此行走得慢，估計月底才會到上海。前兩天，一個朋友邀我到太湖邊去看新發現的奇石，在那裏聽說你已到了上海。就這樣，今天中午趕到滬上。打聽半天，才知道你住此地。幸好，終於見到了你。」

張之洞為老朋友的情義所感動，說：「你其實可以託在蘇撫衙門裏辦事的朋友，帶一封信給我，我會派人來接你的，也省得你這樣操心費事。」

桑治平微微一笑說：「我是一個無官無職的布衣，不想沾官府的好處，蘇州離上海不過一天的路程，我總會見得到你的。」

張之洞點點頭說：「你離開了衙門，不想再與官場打交道，我可以理解。只是我明天一早就要離開上海，早兩天見到你，我們可以多聊聊。關於這次晉京，我很想聽聽你的看法。」

桑治平說：「我這麼急着要見你，除見見面外，最主要的便是想和你談談這次你的奉召晉京一事。」

說到晉京事，張之洞立即來了興頭：「還是太后皇上聖明，當此全國大行新政的開始，便罷黜了翁同龢。仲子兄，你可能沒有見過這個人，不十分了解他。那人看起來像個謙和寬讓的君子，其實內心忌刻偏執。那年我把這個看法與他的侄兒仲淵說過，仲淵說他的三叔正是這樣一個人。翁同龢如何能擔負起推行新政的重任，讓他回籍養老正是優待他，騰出個位置也好讓真正的柱石之臣為國效力。」

桑治平說：「這些日子，我在姑蘇滬寧一帶，聽人們議論，都說你此次晉京是代翁同龢的。你知道這中間的內情嗎？」

張之洞不加掩飾地說：「在老朋友面前，我就不說客套話了。早一向楊叔嶠告訴我，皇上有大用的意思。此刻，新政甫行，中樞乏人，我也認為十之八九是要取代翁同龢的。」

「我也是這麼看的，」桑治平微微頷首，「不過，香濤兄，我要問問你，你自己認為，你比翁同龢更合適嗎？」

「我比他合適。」張之洞直截了當地說，「翁同龢一輩子做的是京師太平官，既未辦過實事，又不懂下情。宰輔這個地位，是既要做過京內官，又要做過京外官，尤其是要做過督撫的人才合適。這點上，翁同龢不能和我比。這是其一。我辦過十多年的洋務，論新政經驗，李少荃都不如我，更何況未辦一局一廠的翁同龢？這是其二。《勸學篇》風靡海內，人人頌讀，這其實是一部自恭王、文祥、曾國藩等人開辦洋務四十餘年以來的總結。不說別的，光是『中學為體，西學為用』這八個字，便足以解決眼下和今後中西之間的衝撞，也是我執政後處理中外華夷糾葛的一條準則。天下爭傳《勸學篇》，便意味着天下認可我張某人的『中體西用』。除開前面兩條不說，光這一條，翁同龢便要自動退位，普天之下的人也再不要和我來爭這個新政首領的地位。仲子兄，不是我自誇，這是有目共睹的事實。」

「你的《勸學篇》，我在江寧時，袁昶代你送了我一部。不是我當面恭維你，這不僅是你的著述中最好的，即便環顧百年來的文壇，也無一部書可與它比肩。」

張之洞高興地說：「仲子兄，你是《勸學篇》的第一號知己。不瞞你說，從維新、洋務這個角度來說，豈但是百年，便是從古以來，也沒有一部書可以與它比肩。」

桑治平淺淺笑道：「正如你自己所說的，四萬餘字的《勸學篇》，最為精粹的就是『中學為體，西學為用』這八個字。我以為這八個字在今天這個時候，好比航行江河中的船尾之舵，奔走曠野上的車頭之指南針，為朝野內外指明了一個方向；又好比木匠用的墨斗，泥瓦匠用的吊線，為自強大業定下一根準繩。」

張之洞拍手喜道：「你說得真是好極了。我要把你的這幾句話記下來，這比諭旨的褒揚生動有趣

多，也更為深刻。」

桑治平繼續說：「要說我們中國跟胡夷打交道，也是由來已久，並不始於今日，只是今日的洋人既來得遙遠，又特別厲害而已。從唐代的胡人東來，到元代的韃子南下，不管他們是如何的兇猛強悍不可一世，到後來都不得不歸順我中華聖學名教。這正好說明五千年的華夏文明的本體主幹是不可動搖的，外來的胡夷只能為我所用，而且也要為我所用，如此才能更好地滋潤、彌補我之不足，使華夏文明更臻完美。」

說到這裏，桑治平壓低聲音：「國朝不也是如此嗎？二百多年來，信的是我周公孔孟之學，讀的是我經史子集等典籍，而這才是國家的靈魂本體，長辮子不過外形枝葉而已！你說是嗎？」

說罷哈哈大笑。張之洞也點頭不迭：「不錯不錯，正是你所說的。」

「『中體西用』這個設想，經你的《勸學篇》一傳播，很快便會家喻戶曉，人人皆知，今後所起的作用不可限量。我敢說一句大話，幾十年幾百年後，人們或許不會記得《勸學篇》這部書，也或許不會記得你張香濤這個人，但『中學為體，西學為用』這句話，以及這句話所提出的方向性的指示，則一定會記住的。到了中國強盛的那一天，應當用黃金鑄造這八個大字，讓它永遠彪炳史冊。」

黃金鑄就。這話說得太好了，張之洞聽了大為高興起來，隨後又誠懇地說：「仲子兄，你回來吧，兩年多來，我一直沒有這般快樂的談話。進京後府裏的事會更多，你回來幫幫我吧！」

桑治平說：「你的這番好意我領了，但我已是閒雲野鶴，不想再受羈絆，況且這兩年來我已漸悟人生真諦，對過去的追求有了一些新的看法。更重要的是，我這次急如星火地趕來見你，就是要當面對你

說一句：請你立即中止晉京之旅，這次詔命不宜奉領。」

「這是何故？」張之洞大吃一驚，「你詳細說說！」

「過去在京師，我沒有機會見到翁同龢。這次他罷官回籍，我卻有幸見了一面。」桑治平沒有沿着剛才的話說下去，忽然間又換了一個話題。

「你在哪裏見到他的？」

「在他的家鄉常熟虞山。」

哦，是的，翁同龢是常熟人。張之洞恍然大悟，掐指算算，近期內也正好是他到家的時候。

「前幾天，我在蘇州城裏，忽聽得市井中都在說，翁相國後天就要到家了，我們看熱鬧去。我聽了這話，心動了，蘇州城到常熟不過七八十里地，何不也去看看，看看兩世宰相、叔姪狀元的翁府中這位承啟人物！於是便跟着人羣到了常熟。第二天下午虞山鎮碼頭上人山人海，大家都在引領企盼。一會兒，一隻大船划過來，從裏面走出兩個人來。人羣中一片呼叫，都以為是翁同龢，誰知不是，原來是翁府的北京管家和常熟管家。兩個管家，對着眾人抱拳打躬，說，列位父老鄉親們，翁相國說他是以待罪之身回籍的，列位這樣聚集在一起接他，他擔當不起，傳出來，更不妥。請父老鄉親們千萬體諒體諒，各自回家去，他日後再去看望大家。

「兩個管家話雖說得誠懇，但大家都不走，一定要見見翁同龢。翁同龢坐在艙中，見大家不走，他也不出來。直到天黑時，眾人見他還不出來，便三三兩兩地回家去了。到了夜深時分，見碼頭上沒有幾個人了，這時翁同龢才由幾個僕人照顧，打着燈籠離船上了碼頭。我一直在碼頭上等着，終於見到了他。

燈火之中，出現在眼前的竟是一個步履蹣跚、形容憔悴的白頭翁。心想一個月前還是顯赫尊貴的帝師宰輔，怎麼一旦摘了烏紗帽便這樣不中看。很是為他可憐！」

張之洞本對翁同龢芥蒂甚深，但聽了桑治平的這番敍述後，不由得也在心裏生出三分惻隱來。

「你在常熟聽到些甚麼？」

「甚麼話都聽到了。」桑治平喝了一口茶說，「有為翁同龢抱不平的，有指責皇上寡情絕義的，也有幸災樂禍的，多數人的最後結論是，宦海難測，伴君如伴虎，要求得平安，還是做耕田網魚的百姓為好。」

張之洞望着老友，無語地點點頭。

「我在常熟住了幾天，最大的收穫的是聽到了翁同龢的京師管家一番閒談。那是翁同龢回來的第三天午後，在虞山鎮上的茶館裏，翁府管家被幾位至親好友圍着，談這次罷官事。我恰在那裏喝茶，便留心聽着。」

「究竟是甚麼緣故？」張之洞對此等事當然極有興趣，他皺起眉頭，全副心思聽桑治平的轉敍。

「翁府管家說，相國此番罷官，說穿了，是得罪了太后。太后不喜歡她實行了四十年的章法規矩有大的變動，從心裏上說是討厭新政的，而相國恰恰是鼓動皇上行新政的頭號大臣。罷黜相國，既是表明太后維持舊秩序的態度，也是殺雞給猴子看，警告皇上不要走得太遠。」

張之洞心裏陡然一沉：太后皇上不和的傳說，看來是真的。這離京師數千里的虞山茶館裏的閒談，很可能正是九重宮闈中的最真實的暴露。它的準確程度，不僅勝過邸抄京報，也要超過楊鋭等人的隔牆

猜測！

「也有人問翁府管家，翁相國還有起復的可能嗎？」

桑治平這句話使張之洞不由得警覺起來，是呀，這一問問得好！

「翁府管家冷笑道，你們以為老爺子就真的從此做百姓，沒有官復原職的一天了？實話告訴你們，多則三五年，少則一兩年，老爺子就會衣錦返京的。你們想想，皇上四歲進宮後，便一直跟我們家的老爺子讀書識字，二十四年來，沒有一天離開過，這個情誼有多深！這次又不是皇上罷的官，是太后罷的。太后六十多歲了，她還會管幾年的事？你們說是不是這個理？聽的人都點頭。有一句話說的人沒說，聽的人都心裏明白，皇上還不到三十歲，太后六十多了，這日後的朝政究竟在誰的手裏，豈不是明擺着的事！」

聽到這裏，張之洞一顆本來滾燙的心，突然變得冷起來。是的，再強悍的人能鬥得過天嗎？試看來日之域中，竟是誰家之天下！翁同龢的東山再起是可以看得見的事。張之洞的腦子似乎清醒了許多。

「翁管家的話，一直留在我的腦子裏。過兩天，便在京報上看到你晉京的上諭。明眼人都知道，你此次晉京，是去取代翁同龢的空缺的，而我卻為你捏了一把汗。所以，我決定無論如何要在進京之前見你一面。」

張之洞問：「你要對我說些甚麼呢？」

桑治平說：「假若進京後，皇上要你代替翁同龢的位置，你是勸皇上緩行新政，還是輔佐皇上推行新政？」

張之洞立即答：「這不用說，我辦了十多年的洋務，巴不得各省都和湖北一樣，若一旦真取翁而代之，我當然會輔佐皇上推行新政。」

桑治平說：「倘若太后出面來干預此事，不同意皇上的做法，你是站在皇上一邊，還是站在太后一邊？」

張之洞很難回答這個問題。

稍停片刻，見張之洞未開口，桑治平笑着說：「我知道你的心思，太后對你恩德深重，你不能違抗太后；洋務是你的事業之所在，你不能違心反對自己。如此說來，你將處進退維谷的兩難境地。」

張之洞專心聽着，不做聲。

「香濤兄，你再想想看，翁同龢剛罷官，你就進京取代，是不是給翁同龢本人及翁氏家族以懷疑，認為你是罷翁的幕後主使？翁氏三世為官門第顯赫，門生故吏遍於天下，讓他們有這種懷疑也不是好事。倘若如翁府管家所說的，一兩年後翁同龢重返京師，彼此之間便不好共事。太后春秋已高，甚麼事都可發生，不可不預作防範。你說呢？」

桑治平的話不無道理，張之洞說：「照你的意思，這晉京詔命我不奉領了？」

「不是說不奉領，稍等一會，你不妨安居武昌，冷眼觀看一陣北京的政局，待局勢較為明朗後，再定進止為好。」

張之洞不加思考地說：「那怎麼行，先不說別的，光我從武昌到上海，一路上沸沸揚揚，人人皆知我張之洞奉召進京。怎麼到了上海後，又突然打道回府，不北上了呢？」

「今天還說進京，明天便改口說不去了，是有點掛礙，但與其今後變生不測，還不如現在掛礙點，於實質並無影響。何況，還可以找一個藉口。」

「藉口，有甚麼好的藉口嗎？」

「我已經為你想好了。」桑治平不慌不忙地說，「早幾天沙市發生的教案，正是一個極好的藉口。你可以上一道摺子，說沙市教案情況嚴重，非得你回武昌去親自處理不可，待教案完事後再進京。」

五天前在江寧時，張之洞就收到湖督衙門發到江督衙門的電報，報告沙市民教衝突，百姓放火燒了傳教士的住房的事情。自允許洋人在中國傳教以來，教案時有發生，兩湖也有過多次教案。張之洞並不把沙市這場案子看得太重，他借江督劉坤一的發報機，向武昌發回了一電報，指示駐沙市綠營會同荊州府縣按主犯從嚴協從從寬的原則妥善處理。電報發走後，他也就把這事擱置了。朝廷對教案一向是極為重視的，若以此為藉口，暫不進京，是可以說得過去的。但教案過後如何辦呢？倘若朝廷改變主意，召別人，那豈不失去了這個大好時機？封侯拜相，自古以來便是讀書人所追求的最高境遇；統領天下洋務，這是十多年來自己的最大抱負。這一切，將很可能會因此次拒奉詔命而付之流水……

張之洞陷入了艱難的思索之中。他雙眉緊鎖地對桑治平說：「你今夜就住在這裏吧，容我再好好地想一夜。」

這一夜，窗外黃浦江滔滔不絕的波濤聲伴隨着不眠的張之洞。他輾轉榻上前思後想左瞻右顧：若奉詔進京，必定面臨一個撲朔迷離、雲遮霧障的前途，是吉是凶難以料定；若不奉詔，盼望一輩子的機遇就將轉瞬即逝。六十二歲的老頭子了，此生還能再獲這樣的諭旨嗎？直到天快亮的時候，他才迷迷糊糊

地睡去。日上三竿時，他醒了過來，問守在身邊的環兒，「桑先生到哪裏去了？」

環兒答：「桑先生一早便到江邊散步去了，至今尚未回來。」

環兒服侍張之洞盥洗完畢，親自端來早餐，並按在武昌督署的習慣，將一清早送上船來的滬版《字林報》放在餐桌上。

張之洞一邊吃早點，一邊瀏覽着報紙。他這兩天在上海灘上的活動，《字林報》在頭版上登了出來。在第五版上的右下角上，他又看到沙市民教衝突的報導。報上說沙市百姓焚燒洋宅十餘間，法國駐漢領事揚言要派兵去沙市捉拿肇事人員。張之洞心裏想，看來此事鬧得越來越大了。翻到第六版，他突然被一則消息的標題所吸引：湖南官紳上書湘撫，請罷新政抨異說，驅逐梁啟超等人出湘。張之洞吃了一驚，細看起來，報上說湘省新舊兩派衝突劇烈，嶽麓書院山長王先謙聯合在湘着名官紳劉鳳苞、葉德輝、黃自元等人向湖南巡撫陳寶箴上《湘紳公呈》，告梁啟超、熊希齡、唐才常等人背叛君父，誣及經傳，倡立異說，惑亂人心，乃士林之文妖，實權奸逆豎一類，心懷叵測，請立即驅逐出境，以平民憤。湖南學政徐仁鑄試圖調和，王先謙即以辭職相脅，身為其門生的徐仁鑄只得親赴書院賠禮道歉，再三慰挽，王先謙才收回辭呈。

這一則消息再次給張之洞以震動。徐仁鑄一現任學政竟然敵不過湖南鄉紳，可見守舊勢力之強大。由湖南一省可推及到其他十七省，維新大業要在全國大行，將會有多麼艱難！是的，前景未卜，以局外靜觀為宜。張之洞終於拿定了主意。恰好桑治平從江邊回來。

張之洞招呼他過來一道吃早點看報紙，桑治平從口袋裏掏出一張紙來說：「那一年春天在督署後花

園賞花時，你即景吟了一首詩，我昨夜突然想起，把它寫在紙上。你看看有沒有記錯的地方。」

張之洞拿過紙來，那上面寫的是一首七絕：

老去忘情百不思，
愁眉獨對惜花時。
闌前火急張油幕，
明日陰晴未可知。

「闌前火急張油幕，明日陰晴未可知」。張之洞心裏喃喃唸着。是的，陰晴未知之時，速張油幕預作防範是對的。想到這裏，打道回府之心更堅定了。

「謝謝你還記得這首詩。沒寫錯，字字都對。我已決定不奉旨，明日即轉舵回鄂。」

第二天，張之洞和桑治平互道珍重後分手，維多利亞號掉轉船頭，溯流西上。

就在張之洞重返武昌靜觀世態的時候，京師維新事業已出現了極為微妙的迷亂局面。

3 老太婆提醒了慈禧：是不能讓皇帝再胡鬧下去了

進入夏天以來，中國政壇與天地間的氣候一樣，其熱度也在一天比一天地增高提升，而且遠比氣溫的升高更使人感到熾熱。它炙烤的不是人的身體，而是人的心靈。有兩條主線在明顯地貫穿着。

一是辦事。這期間所辦的大事有：飭盛宣懷克日興工趕辦蘆漢鐵路，開京師大學堂，廢除科考中的五言八韻詩，改各省省會之大書院為高等學堂，府城之書院為中等學堂，州縣之書院為小學堂，各類學校均兼學中西，開經濟特科，廢除朝考，取士以實學為主，不憑楷法，在京師設礦務、鐵路、工商總局，裁詹事府、通政司、光祿寺、鴻臚寺、大理寺、太僕寺等衙門，撤湖北、廣東、雲南三省巡撫及東河總督。又各省同知、通判等中無地方之責者，亦均着裁汰。

二為用人。緊跟着康有為、黃遵憲、譚嗣同之後，梁啟超也被賞六品卿銜，辦理譯書局事務。過幾天，又放黃遵憲以三品京堂候補充出使日本大臣。又召見楊銳、劉光第等人，獎其關心時政，勉其為新政效力。同時，王文韶奉調進京任戶部尚書，入軍機、總署，榮祿拜文淵閣大學士，授直隸總督兼北洋大臣。

這些人事任命都以光緒的名義頒發，但知曉內情的人則明白，榮祿、王文韶是太后的人，他們的新

職實出於太后的安排，且至關重要。康、梁、譚、黃、楊、劉等人，才是皇上提拔的新進，這些人均年輕位卑，在朝中毫無根基，於大局似無甚影響。

榮、王是久負重任的老臣，雖居要職，亦不意外。康、梁、譚、楊雖驟進，但品銜低微。故這些人事的變動，並未引起人們太大的驚詫。

直到有一天，禮部六位堂官全部被撤和譚嗣同、楊銳、林旭、劉光第進入軍機，這才引起朝廷內外的大震動。

事情是這樣的。

禮部主事王照是個主張變革的激進者，對皇上詔定維新很是擁護，遵照皇上的諭旨，上書言事。他建議皇上學習俄皇彼得大帝出訪外洋，以擴開眼界，增廣見聞，第一次可去近鄰東洋日本。王照請禮部尚書懷塔布、許寶騤代為呈遞。但懷塔布、許寶騤認為王照的建議太駭人聽聞，拒絕代遞。王照大為不滿，指責兩尚書違背聖旨。但禮部四位滿漢侍郎也都不願為王照代勞，於是王照徑直向內奏事處投遞。光緒得知此事後，對禮部堂官公然無視他的聖旨勃然大怒。光緒從禮部所發生的事情看出問題的嚴重性。這種嚴重性不僅在禮部，在其他各部各衙門中也都同樣存在着，即年邁位高的官員普遍對維新變法冷淡抵觸。這些被康有為指為老朽的官員，既害怕變動將會對他們的既得利益構成威脅，又缺乏新知而不能夠應付新的局面。「老朽」已成了維新道路上的大障礙。而這些「障礙」，又都絲毫不以為自己是障礙，反而以中流砥柱自居。他們要屹立在險灘急流之中，捍衛祖宗家法，維護千年傳統。他們還結為同夥相互標榜，匯成一股強大的勢力。今天在禮部出現抗旨，明天有可能在吏部出現違命。必須對禮部

之事進行嚴處，才有可能挫一挫那些「老朽」的囂張氣燄，收取殺一儆百的效應。想到這裏，光緒狠下心來，第一次威嚴而果斷地行使他的皇帝之權：將禮部滿漢兩尚書四侍郎全部罷免，授裕祿及梁啟超的妻兄李端棻等六人為新的禮部堂官。又賞王照三品頂戴，以示激勸。

諭旨頒下，闔朝震驚。就在文武百官尚在議論紛紛的時候，另一道諭旨又令人目瞪口呆：賞楊銳、劉光第、林旭、譚嗣同四品卿銜，在軍機章京上行走，參預新政事宜。

在光緒心裏，這是他謀劃已久的事了。俄國、日本變政經歷的啟示，康有為摺子奏對時的多次提議，使得光緒很清楚地明白吐故納新、以新代舊的重要性：要行新政，必用新人。

只是他對故舊一時下不了這個決心，同時，也要對新人予以考查。禮部事件促使他不再猶豫了，他終於作出詔定國是以來最招議論的兩大決定。

禮部這些日子來，幾乎是水沸湯滾，沒有寧日。正藍旗出身的懷塔布暴跳如雷，在公堂上大罵一通王照後將鑲着瑪瑙紅頂戴的傘形帽往案桌上重重一扔，怒火沖天地離開了禮部衙門。七十多歲白鬚銀髮的許寶騤則不露聲色，默默地帶着兩個僕人收拾了半天後，抱拳與各司郎中、員外郎一一告別。王照上前與他搭訕。他將袖子一甩，眼睛瞧都不瞧一下，弄得王照十分尷尬。

其他四位滿漢侍郎或怒或怨，或激烈或平和，無不一肚子牢騷委屈。各司官員原本就是大部分站在堂官一邊的，贊成王照的只是少數年輕不得志的低級官員，再加上幾個因別的事情與堂官們有嫌隙的人。諭旨下達後，絕大多數都認為皇上對堂官們處置過苛，又嫉妒王照遷升的火速，於是禮部幾乎所有的官員都同情起一夜之間丟了烏紗帽的尚、侍來，王照反倒成了形影相弔的孤立者了。新上任的裕祿、

李端棻等人面對着這種情況，也不知如何辦。他們一家一家地前去安撫那些革員們，除開一向心胸寬闊的曾廣漢外，其他人都沒給他們好臉色看。來到懷塔布家，只見大門緊閉，敲了半天的門後，懷塔布的兒子開了門，冷冰冰地只說了一句「家父外出」，也不叫他們進門。裕祿、李端棻相互望了一眼，知道這是懷塔布拒絕見面的託辭，但他們又不便強行進去，只得告辭。

其實，懷塔布的兒子並沒有說謊，他真的外出了。罷官後的第二天，懷塔布就坐上津通鐵路火車，奔赴天津找他的親戚榮祿去了。

懷塔布的福晉瓜爾佳氏是榮祿的遠房姑媽，兩家一向往來親密。懷塔布去天津，一是想從榮祿那裏摸一摸底，二是想請榮祿幫幫忙。兩個人在書房裏密談大半夜後，榮祿給懷塔布出了個主意。

第二天，榮祿和懷塔布同車回到北京。抵京後懷塔布回家，榮祿徑直赴頤和園謁見慈禧。

榮祿來到樂壽堂時，慈禧剛睡完午覺醒來，聽說榮祿求見，便讓李蓮英出去親自帶他進殿。「老佛爺這些天還好嗎？」見到李蓮英後，榮祿悄悄地問，順手將一張五百両銀票塞進李蓮英的手裏。

李蓮英望着榮祿，滿臉綻開了笑容。他不說「謝」字，為的是怕身旁的宮女太監聽見，只用特別的笑容來作答。

李蓮英的笑五花八門：真笑、假笑、冷笑、嘲笑等等。各類笑裏又分等級。接這種門房銀時，李蓮英是真笑。因為這種銀子既是合法收入，又來得容易，不要他付出甚麼。這真笑裏分為三等：品銜高、銀票大的，他報以滿臉笑容，這是一等。品銜高、銀票居中或品銜居中、銀票大的，他報以點頭之笑，

是二等。銀票在百両之下，他頭不動只是淺淺一笑，這是三等。

榮祿近日紅得發紫，炙手可熱，送的銀子又多，他給予列為一等的笑臉款待，然後，再悄悄向他透露太后這幾天的心思。他知道，太后的心思，這是包括皇上在內的凡謁見者都想得到的絕密消息，但李蓮英不輕易出售，哪怕是皇上，他也要權衡考慮，見機行事。

「老佛爺這兩天不大舒服。」李蓮英聲音低低地回答，「一是肚子疼的老毛病又犯了，吃得很少。二是為着禮部的事，老佛爺生氣皇上，說這大的事，都沒有向她稟報。」

這兩個不舒服的消息，對此刻的榮祿來說，都是聽了舒服的好消息。說話間，來到東便殿簾子外，李蓮英先進去片刻，接着便請榮祿進去。

因為是在頤和園，一切禮儀從簡，又加之是最受寵愛的大臣，行完君臣相見的常禮後，榮祿便被賞坐，靠近慈禧敍話。

「袁世凱的兵練得怎麼樣了？」慈禧問話的聲音明顯地表示出中氣不足，李蓮英提供的絕密消息是準確的。

「回稟老佛爺，袁世凱的兵練得不錯。」榮祿答，「他請了不少德國軍官在做教頭，德國陸軍是世界上最強的軍隊。」

慈禧又問：「董福祥的甘軍和聶士成的武衞軍的行程如何？」

上個月，慈禧命令剛接任直隸總督、北洋大臣的榮祿速調甘肅提督董福祥和直隸提督聶士成的軍隊來京郊駐紮，並把九月份偕皇帝去天津閱兵的事告訴他，要他早作準備。

榮祿答：「聶士城的武衞軍，昨日已抵達正定府，董福祥甘軍前天到達山西大同府。奴才命令董、聶八月初務必趕到天津，屆時奴才親自監督訓練，九月中旬與袁世凱的新建陸軍一道接受老佛爺和皇上的檢閱。」

「嗯！」慈禧點點頭，沒有再問下去。

這一問一答說的都是調兵的事，使一向祥和的樂壽堂東便殿充滿干戈之氣。此時片刻的寂靜，又使得干戈氣氛更凝重。不知怎麼的，久為西安將軍的榮祿都覺得有一絲不安，他需要緩和這種氣氛，更需要達到他此次進園子的目的。

「老佛爺近來聖體安康否？奴才這次從天津趕來，特向老佛爺貢獻一味治腹脹的良藥。」

慈禧多年來患有消化不良的毛病，這是榮祿早已知道的。從李蓮英口裏得知慈禧近日又鬧肚子疼時，他暗自慶幸遇上了好時機。

「你有甚麼好藥，我這兩日正不舒暢哩！」

慈禧說着，下意識地用手捂了一下腹部。

榮祿按昨天與懷塔布商議好的話說着：「奴才內人這兩三年來也常腹脹氣滯，遍尋名醫均不能根除。半年前，奴才的一個遠房姑媽來到奴才家，見內人病又發了，便趕緊叫人去她家取來藥方，內人連服一個月，至今未再復發。奴才知老佛爺也有點這樣的小毛病，便想到要把這個藥方貢獻給老佛爺。」

「難為了你的一片心意。」慈禧聽了榮祿的這番話後不僅感歎起來，心裏想，自己一手帶大的皇帝和自己的親姪女皇后，從來都沒有想到的事，這個五大三粗的男子漢卻惦記在心裏，難得！她的語氣立馬

變得溫婉起來：「是個甚麼樣的藥方，好找嗎？」

榮祿笑道：「説起來很簡單，不過是一把陳年老米粉末，只是製作上與人不同罷了。」

「你的姑媽家在哪裏，姑爹是做甚麼的？」

慈禧顯然對此很有興趣。

「奴才的姑媽長住京師，姑爹便是禮部尚書懷塔布。」

「噢！」慈禧也笑了一笑。「原來你與懷塔布還是親戚哩。」

「是的。」榮祿説，「懷塔布的福晉是奴才未出五服的族叔的親妹子。」

慈禧歎了一口氣説：「皇帝早兩天罷了懷塔布的禮部尚書，他心裏一定委屈吧！」

榮祿説：「據奴才所知，懷塔布等人並沒有説委屈話，倒是旁人看不過去，有些替他們抱屈。」

禮部的事，在慈禧看來，純是皇帝的胡鬧。哪有一個主事的摺子被阻就罷掉六個堂官的道理！這樣大的事，事先既沒有與她相商，事後的任命也沒有向她稟報，慈禧對這個侄子兼外甥的兒皇帝又氣又恨。同時，她又從這件事上看出，表面孱弱恭順的皇帝，內心深處也還有很倔犟、很自尊的另一面。本想召他來園子訓一訓，但又擔心母子關係將因此而弄僵。慈禧靈感一來，突然有了一個好主意。

「榮祿，你去一趟懷塔布家。後天是大公主的生日，你叫懷塔布的福晉到園子來參加大公主的壽慶，也順便叫她帶點治腹脹的老米粉末來，我和她聊聊。」

「奴才領旨！」

榮祿為計劃的第一步成功而歡喜，忙告辭出園，將慈禧的這道口諭告訴懷塔布。

慈禧說的這位大公主，是一個史書上只留下幾行文字，而實際上卻對晚清政局有着微妙影響的女人。

她是恭王奕訢的長女，咸豐四年出生於王府。同治元年八月，慈禧出於對恭王的感激，同時也為了填補自己膝下的空虛，將年僅八歲長得活潑可愛的她接進宮來，認作自己的乾女兒，封她為榮壽固倫公主。因為她比咸豐的另一皇貴妃他他那氏所生的榮安公主大一歲，宮中便叫她為大公主。

公主有和碩、固倫之分。妃子所生的女兒封和碩公主，皇后生的女兒封固倫公主。大公主得此殊榮，年僅八歲的她本人當時並未意識到甚麼，而他的父親恭王卻從中看到日後的功利價值。

恭王夫婦每個月可以進宮見一次女兒。見面之際，總是一再叮囑女兒要好好聽太后的話，討太后的喜歡，視太后為生母。為了討好慈禧，又決定將女兒的生日增加一個，即入宮那天定為她的第二個生日。這個用意是顯而易見的：大公主進宮後獲得了第二次生命，給她第二次生命的是太后，太后也是她的親生母親。

大公主天資聰穎，很會討好慈禧。慈禧沒有女兒，也從心裏喜歡這個惹人愛憐的女孩。天長日久，真的如同親生母女一般。到了十二歲，慈禧親自為她指婚蒙古公爵景壽之子志端。第二年大公主出宮下嫁。結婚第五年，二十歲的都統夫婿便得病身亡，她立時成了寡婦。丈夫死後，無兒無女的大公主又回到慈禧的身旁。二人都是年輕喪夫，於是在母女之情上又增加了一份同病相憐之感。慈禧憐恤大公主的苦楚，儘管呵斥滿宮，卻從不責備她，大公主也由自身的痛苦而理解了慈禧的某些乖戾。

每日召見完畢回到後宮，慈禧常和她談些國家大事，聽聽她的看法。至於後宮裏的事及皇族子女的

男婚女嫁，大公主的話對慈禧的影響更大。

三十多年來，慈禧與恭王之間有過許多分歧、衝突與嫌隙，恭王幾起幾落，甚至賦閒十年之久，但最終還是薨於軍機處領班大臣的高位，並得「忠」字之謚，這裏面便有着大公主許許多多看不見摸不着卻實實在在起作用的力量在內。

每年八月中旬的這個第二生日，都是由慈禧替她操辦，邀請皇家至親至近的十來個女眷，唯一的男人只有光緒皇帝。

懷塔布家領了這道口諭後，闔府上下便忙開了，他們要準備的是兩樣大的東西：一是藥，一是送給大公主的禮物。

這治腹脹的藥，其實是懷塔布家的祖傳醫方，無論用料、配製都不麻煩。但為了表示它的名貴，懷塔布為他的福晉編造了一套說辭，又特為找了一個做工極為精細考究的錦盒盛着。至於禮物，着實讓大家費了一番腦子：大公主還能缺甚麼，世上的珍稀，還有甚麼可讓她眼亮的？最後還是福晉瓜爾佳氏自己拿了個主意。

這一天尚未亮，瓜爾佳氏便在兩個兒媳四個女僕的服侍下，坐着三匹大青騾子拉的轎車，出了京城。辰正三刻時分，來到頤和園東門。轎車和女僕都被拒在門外，兩個兒媳婦特許陪同進園子，但只能在偏殿等候，不能進樂壽堂。

大公主的生日慶典正是在樂壽堂大殿裏舉行。

四十多歲的大公主因不曾生育，體形未變，再加之保養得法，看起來像三十許人。今日盛裝濃飾，

容光煥發，更顯得比平時端莊美麗。她坐在鎏金大靠背椅上，含笑接受各位后妃、命婦、格格對她的祝賀。

慈禧坐在另一側的一張特製鳳椅上。這張鳳椅既大又高，比尋常的椅子要高出一尺多，是慈禧在樂壽堂裏會見外官及舉辦慶典時的專用座席。第一個向大公主祝壽送禮的是皇后。她今天也穿着大紅吉服。小那拉氏對大公主是既感激又帶有幾分怨情。感激的是當年大公主極力支持太后選她為后，讓她如意坐上六宮之主的寶座，成為母儀天下的皇后，不僅自己榮華富貴，而且光宗耀祖，給本已顯赫的承恩公府第錦上添花，令天下一切有女之父母羨慕無比！但是，皇帝不喜歡她，而且結婚十年了，依舊孑然一身。皇后為此深自悲哀，有時想，倘若不嫁進宮中，尋個平民百姓為夫，早已是兒女成行了！這一絲怨恨便衝着太后和大公主而來。當年她們二人任有一人持異議，便是另一番命運了，偏偏二人想法一致，逼得皇帝將那柄玉如意塞到她的手中！皇后心靈深處的怨恨，時時向太后和大公主發洩。每當這時，太后總是以長輩的身份予以教訓，而大公主則和她一道歎息流淚，末了再勸她認命，故皇后對太后尊而對大公主親。

她今天的壽禮是一對用以綴在鞋尖上的碩大東珠。這對東珠非常見之物，拿三五萬兩銀子往王府井、大柵欄一帶去買都不能隨時買得到。大公主很高興地收下，又親自遞給慈禧看。慈禧一向喜歡珠寶，伸出兩隻長長的手指來，夾起一顆朝着門外亮光處照照，內行地說：「不錯，色澤淡黃，晶瑩無瑕，是東珠中的珍品。這種珠子多產自咱們關外的松花江一帶。」

「老祖宗精明！」見慈禧誇獎所送的珠子，皇后高興地說，「這對珠子正是產在關外，是盛京將軍文

麒的福晉當年送給我母親的。」

大公主忙說：「你拿送你母親的珠子轉送給我，我擔當不起。」

「她家好珠子多着哩，有甚麼擔當不起的。」慈禧笑着說，交回珠子後又問，「皇帝今兒個怎麼沒來？」

皇后上個月過生日，光緒也無任何表示。想起這事，皇后便很不舒服，她撇了撇嘴巴說：「人家現在可忙啦，哪有心思記得內眷的生日這些小事。」

「皇上惦記着哩！」誰的嗓音這樣好聽——風鈴似的悅耳，眾女眷看時，只見一個年輕俏麗的女子從人羣中走出，她原來就是備受皇上寵愛的珍妃。珍妃來到大公主的面前，向她行了一個禮後說：「皇上今天要召見軍機處，沒有空來，他要我代他將這件禮物送給您！」

說罷，從懷裏掏出一樣東西遞過去。大公主接過看時，是一塊西洋造的懷錶。

珍妃說：「這是法國公使謁見皇上送的。是一塊專為上流社會的女人所特製的女式懷錶，比男式懷錶小巧，卻更精緻。皇上說，他很喜歡這塊錶，故特為送給大公主。」

聽這麼說，大公主將這塊錶再細細地看了一遍。這塊錶就像一顆葡萄樣大小，鑲金嵌玉，的確華貴異常，就連那一串鏈條也綴滿了閃閃發光的鑽石，更襯托出身份的高貴。大公主歡喜無盡，忙說：「謝謝皇上的賞賜。」

珍妃又從懷裏取出一樣東西，雙手遞給大公主：「這是一瓶法國宮廷香水，也是那位法國公使送給皇上的。皇上轉送給我，今兒個我獻給大公主。」

「謝謝！」大公主接過香水，低頭用鼻子湊過去聞聞，連聲說，「好香！好香！」抬起頭來時，卻突然看到皇后臉色煞白地呆望着自己，兩隻眼睛裏分明滾動着就要下墜的淚水。笑意立時從大公主的臉上消失了。

皇上不來，代送禮品的不是她而是珍妃，這樁事本已使身為皇后的小那拉氏難堪了；而法國公使送給皇上的香水，皇上也沒有轉送給她而轉送給珍妃，這更令她心中難過又忌恨。珍妃和皇后的這些表情都讓精明的慈禧看在眼裏，內姪女被冷落令她惱火，珍妃的張狂又令她氣憤，而這一切都是她那個既不會做丈夫又不會做皇帝的嗣子造成的！為大公主做生的喜悅被剛才的這一幕打掉了許多。為發洩心中的不滿，也為安慰名存實亡的內姪女，慈禧冷冷地對大公主說：「甚麼香水，給我看看！」

大公主忙將那瓶小小的造型別致的瑪瑙壺香水送到慈禧的面前。慈禧拿起，左右看了看，又用鼻子嗅了嗅，說：「這香味兒不正，它讓人聞了容易走邪，我看你就不要收了。」

又遠遠地對着珍妃說：「珍丫頭，你就留着自己用吧。這樣的東西，怎麼好送給大公主！」

慈禧雖沒把話挑明，但話中的意思，哪一位女眷聽不出來！珍妃猶如遭當頭一棒，滿臉通紅着，淚水差點兒就要掉下來了。她強忍着眼淚，走到慈禧身邊，接過香水，澀澀地說：「奴婢不會送禮，請老祖宗寬諒。」

慈禧狠狠地盯了她一眼，沒有吱聲。

眾女眷都嚇得不安起來，各自下意識地都將自己帶來的禮品再瞧一瞧，心裏忐忑着：不知這個禮品得當不得當？聰明的大公主將這一切都看在眼裏，便高聲說：「時間不早了，老祖宗想必也餓了，都請

入席吃飯吧，飯後還要請各位聽戲哩。送的禮品都請留個名兒放在這裏，過後我細細地欣賞。」

大公主的這句話，無異於一道赦令，眾女眷們都將禮物交給服侍在側的宮女，然後陸陸繼續地入席。

慈禧高聲問：「懷塔布的福晉來了嗎？」

瓜爾佳氏聽了這話忙走上前來，恭恭敬敬地對着慈禧行了大禮，說：「奴婢叩見太后，祝太后萬壽無疆！」

慈禧望着滿頭白髮滿體福態的瓜爾佳氏說：「你跟我到裏面去坐坐，我那裏也有好吃的東西。」

瓜爾佳氏喜不自禁地說：「奴婢謝太后。」

見慈禧如此善待這個老太太，乖覺的大公主忙過來攙扶起瓜爾佳氏，滿臉笑着說：「老祖宗房子裏好吃的東西多着哩，不過，既是來吃我的生日酒，過會兒，我還得親自端點酒菜送給老祖宗和您吃。」

瓜爾佳氏為大公主的舉動和這番話所大為感動，忙說：「送老佛爺吃是應該的，若說送給我，那可真是折了我的壽！」

說着在幾個宮女的陪同下，瓜爾佳氏跟着慈禧走進了她的內房。

在內房精緻的小客廳內，瓜爾佳氏挨着慈禧坐下。宮女端上幾碟小巧的糕點，但瓜爾佳氏不敢動。

慈禧先開了口：「聽榮祿說，你有家傳的治腹脹的藥方，帶來了嗎？讓我瞧瞧！」

瓜爾佳氏從隨身帶的小布包裏掏出那個棗紅蜀錦包裹着的黃楊木匣來，打開匣子，然後雙手向慈禧呈遞過去。

慈禧接過匣子，立刻有一股異香撲鼻而來，細看裏面裝的，卻原來是一盒黃褐色的粉末。

「這是甚麼東西？」

「回稟老佛爺，這藥方的主要成分是陳年老米。」瓜爾佳氏小心謹慎地回答，「當年我娘家祖父在湖南做衡永郴桂道時，祖母常患腹脹之病。後訪得當地鄉間一位老郎中，他送給我爺爺一包藥粉，叮囑每日中晚兩餐飯後一湯匙，就水吞服，一連吃十天後，祖母的腹脹病就好了。祖父問郎中的藥粉是甚麼東西做的，如何配製。老郎中說，若是旁人他是不肯說的，只因為是道台大人，才不能不說，但切望道台大人不要外傳，不然的話，他的飯碗就給人砸了。」

慈禧笑道：「這個郎中好吝嗇！」

瓜爾佳氏也笑着說：「是個吝嗇的郎中！老郎中說，實不相瞞，這粉末其實就是陳年老米磨成的粉。」

慈禧又笑道：「哦，我當是甚麼稀罕的物品，卻原來是成年老米粉，這不太容易了嗎？」

瓜爾佳氏說：「我的祖父也這麼說，但那老郎中卻一本正經地說，雖是陳年老米粉，但也不容易做成。這米要是湖南江永所產的香米，這江永香米只產在江永縣的山溪村。一個村莊只有十多畝田，每畝田一年只打百十斤穀子，所以江永香米一年只有千把斤米的產量。這香米的特點一是香，二是最易化食。」

慈禧恍然大悟：「難怪這粉末香得特別，可見這天下好的東西原本就是少的。」

瓜爾佳氏忙說：「老佛爺聖明。物以稀為貴，若多就不奇了。老郎中還說，這做粉末的江永香米要

十年以上的老米，越老越好。將米放泥鍋上焙乾，若泥鍋用的宜興紫砂泥，火用九嶷山的檀香木所燃燒出的火，那樣焙乾出來的米更好。焙乾後再用碾子細細地磨，磨好後還要加一樣東西，這東西卻不好找。」

「甚麼東西？」瓜爾佳氏這句話吊起慈禧的好奇心。

「牛黃。」

「牛黃不就是牛身上的石頭嗎？這不難找。」

慈禧常吃中藥，對藥材很熟悉。

瓜爾佳氏說：「不是一般的牛黃。這種牛黃要在牛肚子裏長了二十年以上，才效果好。牛的壽命只有十來年，十六七年的牛便好比人的百歲壽命，二十年的老牛是少之又少的稀有物。」

「噢！」慈禧算是完全明白了這藥的金貴。

「在我祖父離開湖南時，老郎中送了他十斤老香米，兩顆二十年牛黃。五十多年來，我娘家用這藥粉治好七八個人的腹脹病。我出嫁前因患有此病，便從母親那裏討了半個牛黃和二斤香米。每發病時，吃上十天半月就好，可以保五六年不發。老佛爺先試着吃點，若有用，我再送進宮來。」

腹脹病折磨慈禧多少年了，若這藥方果真有效，豈不是太好了。慈禧高興地說：「那我就收下了，我該怎麼謝你呢？」

瓜爾佳氏忙說：「老佛爺說這話，奴婢可就擔當不起了。幾十年來孩他爹時常說，咱們滿人世代住關外荒涼之地，是靠了太祖太宗把咱們帶進關來，才有我滿洲世代子弟的功名富貴，忠於朝廷，效忠老

佛爺、皇上，是我們滿人的本份。莫說這點藥粉，就是我懷塔布家老少爺們的生命都貢獻出來，也是應該的呀！」

說到這裏，瓜爾佳氏語氣哽咽，眼圈通紅，那情景好像立時就要為太后赴湯蹈火似的。

慈禧很受感動，深深地歎息一聲說：「還是咱們滿人靠得住呀！懷塔布無緣無故被皇帝罷了官，你們還這樣護衛朝廷，不是自家人能這樣嗎？」

「老佛爺呀，有您這句話，奴婢全家肝腦塗地都心甘情願呀！」瓜爾佳氏再也忍不住了，眼淚水刷刷地往下流，激動地說，「想當年，老佛爺隨着文宗爺去木蘭狩獵，孩子他祖父率領三千鐵騎死守通州，硬是將英法洋鬼子堵在通州門外三天三夜，部屬血流成河，死的人堆得山似的，孩子他祖父也因此斷了一條胳膊，到底還是保衛了文宗爺和老佛爺免受洋人的驚駭！」

看似一時激情，其實是早已撰在腹中的這番話深深地打動了慈禧。咸豐十年，懷塔布的父親瑞麟以護軍統領身份率部在通州與洋人打仗的事，當時代替病中的咸豐皇帝批閱奏摺的慈禧是十分清楚，也着實很感激的。瑞麟也正因為這個功勞，戰爭結束後便被擢升為戶部尚書，很快又拜文淵閣大學士，這對日後懷塔布的仕途順遂也起了非常重要的作用。

懷塔布知道慈禧是個恩怨分明的人。他有意讓福晉在面見太后時，把握時機，重提父親當年的這段護衛皇室的戰功，調起慈禧的念舊之情，果然這一着很生效。

慈禧拉出一條雪白的手絹來，在眼角邊輕輕地擦着，一邊問：「懷塔布今年多大歲數了。」

瓜爾佳氏說：「不瞞老佛爺說，他今年已經六十八歲了。」

慈禧又問：「他是哪年開始當的差？」

「那還是在宣宗爺的手裏了。」瓜爾佳氏摸了摸頭說，「那是道光二十八年，他十八歲上，由蔭生授的刑部主事。第一天當差出門時，孩他爺拍着他的肩旁說，你要記住，你是葉赫那拉氏的後代，好好當差，可不能給祖宗丟臉。」

「噢，懷塔布也是葉赫那拉氏！」慈禧驚喜道。

「是呀！」瓜爾佳氏忙答，「懷塔布說，若按輩分排起來，他要叫老佛爺為姑媽，但他從不跟旁人說起這事，也一再教誡兒孫，千萬不能提起這段家譜，怕有攀附之嫌，也怕給老佛爺帶來牽累！」

「懷塔布這話說得在理。」慈禧點點頭。「祖先是祖先，子孫是子孫，子孫不能一世吃祖先的飯。他還在生皇帝的氣嗎？」

瓜爾佳氏忙說：「老佛爺您這話可就折死懷塔布了。懷塔布哪敢生皇上的氣呀！他為朝廷當了整整五十年的差，服侍過宣宗爺、文宗爺、穆宗爺和皇上，算是四朝老臣了。這一身翎頂蟒袍還不是皇家給的？皇上甚麼時要收去，就收去，做臣子的哪能有半句怨言！懷塔布做了五十年的大清臣子，這點道理還是懂的。」

慈禧在心裏歎了一口氣，嘴上卻沒有吱聲。

瓜爾佳氏看到慈禧臉上的表情，知道是到說關鍵的話時候了：「懷塔布要我轉告老佛爺。他說儘管皇上為阻止王照的摺子撤了禮部六位堂官的職，但他還是要請皇上千萬不能聽王照的話。洋人不管他的機器造得再好，到底是不講仁義道德的蠻夷之地，皇上萬金之軀怎能入虎狼之穴！若萬一有個閃失，如

何對得起祖宗，對得起老佛爺！我們做臣子的不能不冒死勸阻。」

慈禧說：「王照的話是胡說八道，皇帝怎麼能到洋人的國家裏去，也沒見哪個洋人的國王到咱們大清國來嘛！」

「老佛爺真真是聖明，聖明！」瓜爾佳氏不由得從心底裏佩服起太后的厲害來：一句話就嚴嚴實實地堵住了王照的口。可惜懷塔布、許寶騤這些國家大臣、鬚眉男子，就沒有一個人說出這等義正辭嚴、令人不能辯駁的話來。看來，大清朝廷真的是離不開太后，這個家還是要太后來當！

「懷塔布要我稟告老佛爺，他說他快七十的人，官位丟掉不足惜，但有兩句話，就是犯殺頭之罪，他也要對老佛爺說。」

慈禧面容緊張地問：「兩句甚麼話？」

「一是皇上現在聽信別人的話，用新人而排斥老人。老人都是文宗爺和老佛爺簡拔的，對朝廷忠心耿耿，沒有功勞有苦勞，而新人多是些熱衷權位的小人，不可靠。請老佛爺對皇上說不能再這樣下去。二句話是皇上現在用的是漢人，排斥的是滿人。大清江山是我滿洲的江山，祖宗入關之初便一再告誡咱們，漢人可用而不可信。請老佛爺明示皇上，祖宗之訓不可忘。」

慈禧聽到這裏，心裏猛地怔了一下：是的，這個提醒太重要了，無論是翁同龢、文廷式，也無論是康有為、梁啟超，還有新進軍機的四個章京，凡高喊維新變法的人，幾乎全是漢人。康有為居然在他所辦的報紙上直書孔子卒後多少年，這司馬昭之心，豈不公之於世了！皇帝呀皇帝，你太不懂事了，太急功近利了，再這樣胡鬧下去，我不能不管了！

想到這裏，慈禧對瓜爾佳氏說：「你回去告訴懷塔布，他對朝廷的一片忠心我已知道了。我給你一個差事：你今後每隔十天到園子裏來，跟我聊聊外間的事。」

瓜爾佳氏忙說：「奴婢遵旨。」

她正要將她精心所備的另一件禮物：西藏活佛所贈紅花草呈送大公主的時候，李蓮英突然進來稟道：「剛毅請求叩見老佛爺。」

慈禧慢悠悠地說：「甚麼事呀！」

李蓮英說：「剛毅滿臉憂憤，他說新來的軍機章京不把他這個軍機大臣放在眼裏，他要請老佛爺評評理。」

慈禧吃了一驚，道：「軍機大臣被軍機章京欺負了，有這個事嗎？你叫他進來說說！」

瓜爾佳氏忙跪安。出殿時候，迎面看到一臉沮喪的剛毅。這位軍機大臣昨天果真被譚嗣同、林旭等人重重地奚落了一番。

4 小軍機譚嗣同無情奚落大軍機剛毅

在我國歷史上，軍機處是清代獨有的機構。它產生於雍正朝初期，全稱為辦理軍機事務處，原因西北用兵而設，專為皇帝辦理軍事機密。以後大規模的用兵雖然結束，軍機處卻並未撤銷，而成為一個常設機構，並因位高權重逐漸取代內閣。在清代的中晚期，內閣大學士成了名義上的宰相，真正的宰相乃是軍機處領班大臣。軍機處通常有大臣五至七八人不等，由大學士或各部院尚書、侍郎兼職，另有司員三十二人，分為四班，日夜當值。軍機處司員亦由各部院司官兼任，是軍機大臣的僚屬，又叫軍機章京。京師官場習慣上稱軍機大臣為大軍機，軍機章京為小軍機。小軍機雖無決策權，然參與機密、繕寫上諭，且易見到皇上，位置十分重要。朝廷文武官員對他們均另眼相看，禮貌有加，倘若下到各省去，督撫兩司也把他們當作大軍機一樣地供奉着。

楊銳、譚嗣同、劉光第、林旭四人的被授予軍機章京，與罷黜禮部六位堂官一樣地轟動朝野，因為他們四人都不屬正常的遷升。楊銳、林旭皆內閣中書，劉光第刑部主事，都只是六品小官，驟然擢升四品卿銜而進軍機，屬異數。譚嗣同品銜雖是四品，但他是候補知府。全國候補知府少說也有上千，大部分終年難得一差，像譚嗣同這樣從候補知府一步邁入軍機處，簡直有日出西邊的味道，怎不令人驚異！

朝野內外，都知道這四位新章京是維新派，皇上破格提拔他們，是要借助他們來推行新政。他們眼下的地位固然重要，今後的前程則更不可限量。楊、譚、劉、林也深知皇上對他們的器重，決心使出全身氣力來報答皇上的聖恩。譚嗣同更是慷慨激烈，多次與他的同志們說：歷覽古今，變法少有成功而多為失敗，只要是為了國家百姓，縱然失敗也是英雄。我已是再生之人，生命不足惜，變法倘若失敗，流血殺頭，我一個人去承擔。其他三人十分欽佩譚嗣同這種殺身成仁的勇氣，也一致表示既然維新便義無反顧，不成功則成仁，用以報答皇上的浩蕩恩德。

四位小軍機是如此滿腔熱血，但接納他們的軍機處卻是冷冰冰的。

眼下的軍機處大臣有世鐸、榮祿、剛毅、廖恆壽、王文韶、裕祿等人。恭王任領班後，世鐸就不管事，現在恭王已去世，他依舊不管事。榮祿重任在肩，很少去軍機處。廖恆壽老病，王文韶除禮部外，還兼着總署，事多，也很少去軍機處。於是在軍機處頂着辦事的便只有剛毅、裕祿兩人。裕祿是新進，通常被稱作打簾子軍機，不跟剛毅相比。這樣，軍機處的掌門人便自然而然的是剛毅了。

剛毅能幹又肯幹，但剛愎自負，驕傲自大，作為一個滿洲筆貼式出身的官吏，他的漢學根基薄弱，缺乏與其位權相匹配的文化素養。此人又有很重的種族偏見，滿洲入關二百多年了，他依舊認為滿漢之間有着不可調和的對立，甚至說出「滿洲疲漢人肥」這樣不合時宜的話來，自然引起許多漢員的反感，但他也因此而贏得了包括慈禧在內的滿洲親貴大員的信賴。

正因為此，剛毅從骨子裏反對變法。他不願因變法而改變現行的社會秩序，更不願因變法而影響自己的地位和由此而帶來的既得利益。他有慈禧和滿洲大員的支持，並不把皇上看得怎麼重，一切變法維

新的事他不過應付着辦辦而已。對這次超擢四章京一事，他在心裏也是持否定態度的。

所以，當章京領班富山帶着楊鋭等人第一次去軍機處值廬見剛毅時，彼此間便都不愉快。

剛毅擺出一副十足的大人物模樣來，腰板挺直地坐在大炕床上，兩條腿分得很寬，右手捧了一把擦得錚亮的銅水煙壺，左手握一根細長的紙媒子，紙媒子的頂端冒着淡淡的輕煙。他吹燃了紙媒子，然後將燃燒的火對着水煙筒上裝煙絲的銅管，嘴巴吸着另一根銅管。

呼嚨嚨地響過一陣後，他重重地吐出一口煙來。這時，才半眯着眼睛對着站在前面已好一陣子的四個章京説：「從左至右，報上姓名、籍貫、出身、官職。」

從楊鋭開始，依次為譚、劉、林，四個章京遵命報着。這中間，富山點頭哈腰地服侍剛毅：從剛毅手裏拿過銅煙壺，倒掉煙灰，又裝上新的煙，將紙媒子吹燃，然後再奉獻給他。剛毅接過又咕嚨嚨地抽了一台。

這副情狀，令四個新章京看着都不舒服，尤其是譚嗣同，更是窩着一肚皮火。他既厭惡富山阿諛巴結的醜態，也惱恨剛毅目中無人的倨傲。撫台公子譚嗣同熟悉官場，知道一邊抽煙一邊見客，是將客人當作僕役一類看待，乃極不禮貌的舉動。他本是個心氣高傲的人，一向瞧不起昏庸老邁的頑固派，見剛毅這副裝腔拿大的模樣，心裏早已反感至極。

「這軍機處章京可是個重要的位置，不但要勤快，還要學問好。我看你們四個人中只有劉光第一個進士，譚嗣同連個舉人都沒中，這個差，你們今後會當得不輕鬆，要多學着點。」

待四個人都報完後，剛毅斜着眼從左至右掃射過一遍，以老前輩的姿態訓道。

這是一句很傷人的話！楊銳始終對自己未中進士而遺憾，聽了這話，心裏不免有點氣短。二十四歲的林旭，對剛毅這話十分不服氣。他原本才學出眾，今春因忙於閩學會的事而耽誤了春闈，對這次罷第並不太在意，他相信自己有足夠的實力在下科高中，本想頂一句，但想起初次見面不可太莽撞，便沒有吱聲。譚嗣同是個不以功名為意的人，他看重的是真才實學而不是考場上的高下。剛毅說這話時，他在心裏嘀咕着：要說這話，也輪不上你呀。你一個筆貼式出身的人，甚麼功名都沒有，也無資格諷刺別人呀！他很想揭揭這位協揆的老底，但也礙於初次見面，強忍了這口氣。

剛毅一點也不看他們的臉色，繼續說：「這幾天，你們甚麼事都不要幹，先見習見習，看別人怎麼做的，好好學着。」

說完將銅煙壺向炕桌上一放，站起身來，拍了拍身上的煙灰，然後邁着方步走出值廬。

譚嗣同等四人走到隔壁軍機章京辦公的房間。當時章京滿漢分開辦公，一個班八人，滿四人，漢四人。他們先走到漢案邊。不料一個五十多歲的章京從眼鏡片後翻起眼皮說：「我輩是辦舊政的，諸位辦新政，坐在這裏恐不合適。」

四人一愣。譚嗣同瞪了這個老章京一眼，本想斥罵一句，想到剛來乍到就發脾氣不太合適，便將到嘴邊的罵聲強嚥了下去。楊銳、林旭等人走到對面的滿案邊。坐在滿案處辦公的一位年輕章京白了他們一眼，說：「我們用的是滿文，你們到這裏來摻乎甚麼？」

譚嗣同再也忍不住了，怒道：「這裏既然沒有我們辦公的案桌，我們乾脆不辦了，走吧！」

說罷拉着楊銳等人就要出去。

富山怕把事情弄大，於他不利，便趕緊攔住楊銳，説：「不要生氣，我來給你們準備四張案桌。」

劉光第也覺得為這點事不辦公也不合適，便勸譚嗣同説：「不要走了，乾脆我們四個人在一起辦公吧！」

一會兒，四個太監搬來了四張案桌，大家只得坐下來。富山對大家説：「就按剛大人説的辦，你們先學着。軍機章京的事主要有三樁：一是擬旨，二是謄抄，三是蓋印密封。還有一點最為重要，叫做守口如瓶。這值廬裏發生的事，出了值廬，對任何人都不可以説起，上自官長父母，下至妻妾兒女，都不能透風。誰要説出半個字來，牢房裏的枷鎖囚衣在侍候着哩！」

譚嗣同聽了這話，心裏又火了起來：守口如瓶，這誰不知道，還要你來講！枷鎖囚衣，這是甚麼話，難道我們是你的奴才！富山忙別的事去了，其他的章京也在各自忙碌，四個新人沒有一點事幹，都乾坐着。

坐了一會，楊銳、劉光第便主動走到其他章京背後，看他們在做些甚麼事。林旭年輕好動，乾脆走出值廬，到別處溜達去了。譚嗣同托腮呆坐，心裏想：我被皇上擢升為軍機章京，到這裏來辦公，他們怎能這樣對待我，是欺生，還是對維新有抵觸？越想越不對勁，越想越生氣。

正在這時，剛毅手裏拿着一迭紙大步流星地走進值廬。

剛毅一進值廬，便高聲叫道：「富山，有一道緊急上諭，你叫人謄抄下。」

富山從剛毅手裏接過上諭，將當值的各位章京掃了一眼，見他們都在忙着，惟有譚嗣同呆呆地坐在那裏，不知做甚麼事好，便走了過來：「譚章京，你把這道上諭謄抄了吧！」

這原本是件不會引起任何不快的正常差事，但譚嗣同的反響卻與眾不同。第一次來軍機處當值，剛毅的拿大和富山的獻媚就令他心中大為不快，地方官場上那一套使人作嘔的東西他看得多了，原以為軍機處作為最高權力機構理應乾淨點，沒想到也這般陳腐。他心裏既感委屈又痛苦，恨恨地想：這個腐爛的官場，看來真要從上到下連鍋端掉才行。再說，譚嗣同是一個自視很高的人，對這種抄抄寫寫的小活計，一向不屑於為，第一次到軍機處辦事，就做這謄錄的苦差，他心裏也不樂意。兩種情緒疊在一起，他就沒有好氣了。

譚嗣同以一種鄙夷的目光看了富山一眼，說：「剛大人不是說了嗎？我們新來的這幾天甚麼事都不做，只是見習見習。你叫別人去謄吧，我還不懂規矩哩！」

富山這個人，別看他在剛毅面前卑躬屈膝的，在下屬面前也是一個愛抖威風的角色，何況派章京的差乃是他領班的分內之事，他如何能容忍這種頂撞！遂馬上臉色一變，喝道：「這是命令，你得執行；不懂規矩，你得學着懂規矩！」

譚嗣同是個吃軟不吃硬的人。他刷地站了起來，狠狠地瞪着富山怒道：「我就是不抄，看你又怎麼樣！」

一句話頂得富山下不了台。滿屋章京都停止手中的活，一齊看起熱鬧來。楊銳性格較溫和，怕把事情弄僵，忙過來圓場：

「富領班，這個上諭由我來謄抄吧。譚章京從來沒抄過上諭，不懂規矩也是實話。」

說着，便從富山手裏拿過上諭草稿來。富山也從剛才這一幕中看出譚嗣同是個不好惹的人，再堅持

要他抄，他決不會屈從，反而弄得自己下不了台，於是順水推舟地說：「好吧，就由楊章京你來抄吧，半個時辰後交給我！」

富山不敢再對着譚嗣同的目光看，側着臉離開了。譚嗣同也不再做聲，坐在一旁看楊銳謄鈔。

上等白麻紙上，出現一行楊銳端秀的楷書：

有關新政諭旨，各省督撫應迅速照錄，切實開導。代遞各件，立即原封呈送。

譚嗣同看到這行字，心裏立時沉重起來。顯然，朝廷有關新政的諭旨，不少行省的督撫沒有迅速照錄，也沒有切實開導，地方上有關新政的條陳，也顯然許多沒有原封呈送，在中途受阻或被刪改。上令不能暢行，下情不能通達，這維新事業如何能推行，國家如何能早日出現生機？自己身為皇上特拔的軍機處章京，尚且受到如此冷漠，地方上欲行新政的官吏士紳所遇到的阻力，更可想而知了！唉，為甚麼明明是害國害民的陳腐，卻偏偏難於剷除？明明是富有希望的生機，卻偏偏易遭壓抑？這中間的原因在哪裏？是個人利害驅使，還是惰性使然，抑或是大多數的人原本就是冥頑愚陋、目光短淺，而先知先覺注定要備受苦難、歷經坎坷？譚嗣同陷入了深深的苦惱之中。

「湖北這個道員劉鼒是個有定見的人，他不人云亦云，我欣賞他！」

就在譚嗣同獨自思索的時候，剛毅邁着老爺步來到正在謄抄的楊銳的身邊。他是要看看楊銳的字寫得如何，看着看着，不覺脫口說出了這句話。譚嗣同一聽，心裏想，湖北有一個施宜荊道道員劉鼎，是個很頑固守舊的人物。他堅決不同意張之洞在學堂裏兼設中學、西學的主張，反對「中學為體、西學為

用」的說法。他所管轄的施南、宜昌兩府及荊門州的所有學堂一律不開西學。他也因此聞名兩湖。怎麼又出來個道員劉鼐呢，莫不是楊銳抄錯了？譚嗣同側過臉去看楊銳謄抄的上諭，寫得明明白白是「湖北施宜荊道道員劉鼎」，看來，抄的人沒錯，說的人錯了。

譚嗣同想起剛毅說的四個人中只有一個進士的話來，這個忘了自己筆貼式出身而譏笑別人功名不夠的滿洲權貴，卻原來是個唸白字的先生。他心裏好笑：你失禮在先，就別怪我刻薄了！

「剛大人，你不要把小鍋子當成大鍋子看了！」譚嗣同說了這句話後，先自哈哈笑起來。楊銳也現出會心的笑容。

剛毅不明白譚嗣同說的甚麼，依舊是一副高高在上的派頭：「甚麼小鍋子、大鍋子，這是軍機處值廬，不是你家裏的廚房！」

譚嗣同明白了剛毅不僅認錯了字，而且對「鼐」「鼎」兩個字的意義也不懂。好吧，今天就讓你來見識見識我這個舉人都未中的新章京的學問。

「剛大人，上諭上的字你唸錯了。不是劉鼐而是劉鼎，鼐是大鍋子，鼎是小鍋子。」

剛毅臉上紅一陣白一陣地。他知道是自己唸錯了，但又拉不下臉皮來承認錯誤，更惱火譚嗣同在眾人面前這樣奚落他。

「甚麼大鍋子小鍋子的，還不都是鍋子嗎？」

剛毅終於憋出這樣一句自我解嘲的話後，立即走出值廬門檻，迫不及待地離開這個使他尷尬的氛圍。

剛毅剛一出門，值廬裏立即爆發出一陣哄堂大笑。原來，剛毅是個專門唸白字的大學士。「皋陶」作為人名，「陶」應唸「繇」音，但剛毅不知道，仍唸的「陶」本字。有一次唸上諭時，把「瘐死」唸成「瘦死」，又有一次把「聊生」讀成「耶生」。於是有好事者作一聯以譏之：「一字誰能爭瘦死，萬民可惜不耶生。」剛毅霸道，自己唸錯了還不許別人糾正。翁同龢因為常給他糾錯而得罪了他。翁同龢的被罷黜，他在中間起的壞作用不少。

值廬中的章京對剛毅敢怒不敢言，今日讓譚嗣同這麼一弄，他們也跟着出了一口氣，都開心地大笑起來。

剛毅記下了這個仇，但因錯在他，亦不便發作。到了第三天，因為一道條陳的事，他又和新章京們發生衝突了。

上條陳的人為湖南邵陽舉人曾廉。曾廉說可以變法，但不能用小人變法，而康有為、梁啟超乃舞文誣聖、聚眾行邪、假權行教之徒，皇上當斬康有為、梁啟超以塞邪惡之門。曾廉的這些話，語氣雖強橫，實際上並不可怕，可怕的是他摘錄了梁啟超在長沙時務學堂為學生札記所作的幾條批語，再加上自己的案語，恭呈皇上御覽。其中最為厲害的一條是梁啟超的批示：「屠城屠邑，皆後世民賊之所為，讀《揚州十日記》，令人發指眦裂，故知此殺戮世界，非急以公法維之，人類或幾乎息矣。」

曾廉對這段批示加上案語：「本朝美舉不可殫述，梁啟超獨抬出《揚州十日記》，無非極詆本朝，以惑人心。臣實不知梁啟超是何居心也。」

剛毅主張將這道條陳奏報皇上，並提出軍機處的看法，立即拘捕康有為、梁啟超，交刑部審訊，以

大逆之罪處以極刑。譚嗣同、劉光第堅決反對這樣做。譚嗣同更對梁啟超的批札一條條予以解釋、開脫，並特為指出，揚州屠城並非太祖太宗的意思，而是多爾袞的擅自作為，指責此事不是詆毀國朝，而是清算多爾袞，不能以此罪梁啟超。

劉光第主張此條陳不應上奏皇上，以免褻瀆聖明。譚嗣同主張可以上奏，但要表明軍機處的態度：當此詔定國是推行新政之時，曾廉的條陳實為干擾大局，混淆視聽，居心大為不良，應將曾廉處以毀謗新政罪論斬，以安人心而定社稷。

剛毅和譚嗣同、劉光第辯論。譚、劉引來一大堆有關新政的諭旨為自己作論據。剛毅對這些諭旨平時全不放在心上，此時茫然無對。更加之譚嗣同詞鋒犀利，氣勢逼人，剛毅在他的面前簡直無招架之力。兩個年輕的小軍機把一個資望甚高的大軍機弄得狼狽不堪。回到家裏，剛毅越想越氣，一個通宵未眠，第二天一清早便直奔頤和園，找慈禧來評理。

慈禧耐心聽完剛毅的冗長陳敍後，心中已是滿腔惱恨。她緊繃着面孔問剛毅：「曾廉的條陳帶來了嗎？」

「帶來了！」

「李蓮英，你唸給我聽！」

李蓮英從剛毅手裏接過曾廉的條陳，戴上老花眼鏡，尖聲尖氣地唸着。

果然如此！一股怒氣衝上慈禧的腦門，她狠狠地上下挫動着滿口碎牙，終於從口裏蹦出四個字來：

「康梁該殺！」

說。」

剛毅一聽大喜，忙說：「老佛爺聖明，奴才這就去傳老佛爺的慈諭！」

「慢着。」慈禧的臉色頓時又和緩下來。「這話你不能傳出去，後天皇帝到園子裏來，我去跟他說。」

剛毅滿心歡喜地走出頤和園，他心裏對這場所謂的「新政」前途已是洞若觀火了！

自從詔定國是到今天，短短的三個月內，光緒已是第十二次來頤和園請訓了。比過去的一月兩次超過一倍。自從罷黜翁同龢後，光緒對慈禧已產生了逆反心理，暗暗地滋生着一種不顧一切、雷厲風行、偏要這樣幹的情緒，但稟賦脆弱的他仍對慈禧有一股先天性的畏懼心，於是便借勤跑園子來搏得慈禧的好感，換取對他所行新政的支持。

慈禧看穿了光緒玩的這套小兒把戲，前幾次尚且虛與委蛇，後來乾脆告訴他，不必來得這樣多，只要不違祖制，我不干涉你，你自己看着辦吧！光緒以為太后為他的孝心所感化，已改變態度了，遂有一次罷禮部六堂官和擢四章京之舉。

這天，光緒又一次來到園子。他恭恭敬敬地向慈禧問候：「孩兒請皇額娘聖安！」

慈禧一臉冰霜：「這日子都過不下去了，還請甚麼安！」

光緒大吃一驚，立時便冒出一絲恐懼來，口裏說出來的話便不太利索了：「皇額娘哪裏不……不舒服了……」

聽了這話，慈禧愈加生氣，提高嗓門說：「這江山咱們不坐了，你讓給漢人吧！」

光緒被這話嚇壞了，渾身直打哆嗦：「皇額娘這話怎麼說，孩兒不……不明白……」

「你看看這個就明白了！」

慈禧指了指炕桌上的曾廉上的條陳，厲聲說道。

李蓮英過來，將條陳遞給光緒。光緒一邊看一邊手抖抖地。

「皇額娘，梁啟超在胡說八道，孩兒不會聽的。」

「你不會聽？」慈禧冷笑道，「他的老師康有為，你現在倚為左右手。他的朋友黃遵憲、譚嗣同，你都在重用，他本人也被你調到北京。你要知道，梁啟超的這些言論，都是出自於他的老師康有為。康有為早幾年就將咱們大清的紀年改為孔子卒後多少年了。他的奸賊之心，不是清清楚楚了嗎？」

光緒一邊聽着慈禧的教訓，心慢慢鎮定下來。他為康有為辯道：「康有為用孔子卒後紀年，學的是洋人用耶穌誕生紀年的方法，並沒有改大清正朔的意思……」

「你還為他辯護！」慈禧打斷光緒的話，「我問你，你為何一次就罷黜禮部六堂官的職務！僅僅因為一個六品主事的一道摺子被攔阻嗎？那個主事要你放洋到外國去，他說的是人話嗎？咱們大清國的皇帝為何要去洋人的國家，他洋人的國王為何不到咱們大清來？這樣的摺子，懷塔布、許寶騤攔阻不奏，攔得對！即使他們攔錯了，能因這事革他們的職嗎？還要連累四個侍郎也一道丟官！你看看咱們大清的典冊，從關外到關內，從太祖太宗到文宗穆宗，有誰做過這樣的事？你這樣意氣用事，不怕列祖列宗的責罵，不怕天下臣民的訕笑嗎？」

這一番話，說得光緒啞口無言，方才稍稍鎮定的心又慌亂起來。他想辯說，但口囁嚅着，一時竟找不出一句恰當的話來。

慈禧連珠炮似地又說了下去：

「人家懷塔布快七十的人，從宣宗爺手裏便在內廷當差，五十年間，辛辛苦苦，忠心耿耿，從侍衞做起，做到尚書，也不容易。你為一點芝麻大的事就將人家的官職一下子全革了，你叫他如何想得通，又如何有臉回家見子孫？懷塔布落得個這樣的下場，別的老臣眼看着不寒心嗎？你年輕，不知道過去的事。當年英國人和法國人打進北京來，是懷塔布的父親瑞麟大學士率敢死隊在通州頂着，三千人死了兩千，他也丢了一條胳膀。沒有瑞麟的血戰，洋人會答應簽字嗎？會有日後的安寧嗎？你就是看在他老子這番功勞上，也不能這樣對待他呀！還有，你裁光祿寺等衙門，你想沒有想過後果呀？」

光緒終於找到了一點說話的空擋：「這些都是只拿薪俸不做事的空閒衙門。皇額娘不也說過，朝廷養了一大班子廢人嗎？」

「我是說過這話。」慈禧的火氣似乎緩解一些，說話的調門也沒有剛才高，節奏也放慢了許多。「我知道朝廷養了一班子廢人，我也知道這些廢人多在光祿、鴻臚這些寺裏。可是你知道嗎，這些廢人都是些甚麼人？大部份都是咱們滿洲的人，都是些要看顧的寶貝兒！」

慈禧指了指炕桌上的銀碗。立時有一個宮女走上前，雙手捧起那隻銀碗來，一直送到慈禧嘴邊。慈禧淺淺地喝了一口。宮女將銀碗放回炕桌，抽出別在衣襟縫裏的雪白絹帕來，慈禧接過手帕印了印嘴脣，繼續說：「有一些人，祖上是跟着世祖爺入的關，他自己又給朝廷當了一輩子的差，也謹慎勤勉，但才幹差了些，到老了朝廷要酬勞他，升他個卿貳大員。讓他到六部去，他沒那個本事，讓他到台諫去，他又幹不了，只好讓他們到光祿、鴻臚去，有個卿貳大臣的名份，又不擔心他壞事。又比如，他是

咱們滿洲的大功臣，但他子姪輩本事不及他，差很多，老子功勳太大，朝廷若不蔭及子姪則不足以酬勞，他若不看着兒輩做到卿貳大臣他不肯瞑目。你説説，這些做子姪的打發到哪裏去，自然不能去部院，也只有讓鴻臚、光裕來安置了。你想想，朝廷若沒有這些衙門，又怎麼來辦這攤子事呢？祖宗當年設置這些衙門，都是用心良苦的。你一下子都裁去，打掉了咱們多少滿洲大員的飯碗，他們能不生怨嗎？皇帝呀——」

慈禧拖長着聲調説出這三個字後，語氣完全換成了一個心地良善性情溫和的老太太的腔調：「你還年輕，不大懂事，額娘要對你説幾句腹心話。咱們大清國是滿洲人打的天下，也要靠滿洲人出死力氣來保。滿洲人不過四百萬，而漢人有四萬萬，咱們一個滿洲人要頂一百個漢人，如果不給滿洲人超過漢人一百倍的好處，他會出超過漢人一百倍的力嗎？皇帝呀，你變法也好，維新也好，有一條你要記住，就是不能得罪了滿洲人。得罪滿洲人，也就得罪了祖宗，最終就會失去江山。漢人，歸根到底是不可信賴的呀！你千萬要記住，這是列祖列宗世代相傳的家法。」

光緒木頭似地呆立着，再也不知説甚麼為好了。

「皇帝，額娘今天還要跟你説句咱們娘兒倆的家常話。」對於光緒侍立在旁恭聽而不回話的情景，慈禧已經習慣了，她並不需要他的回話，只需要他聽進去。「家常話」，這幾個字倒喚起光緒的格外注意。在光緒的記憶中，慈禧對他這個兒子是很少説家常話的。未親政之前，見面時總是問他書讀得怎麼樣，字寫得如何，末了總要加上一句「多習滿文」。親政之後，見面時便是説的政事國事。至於他的身體怎樣，吃得如何，睡得如何，心裏的喜怒哀樂等等，她一概不問。一般百姓家所常要説到的三姑六舅

表親遠戚的話，慈禧更是閉口不提。所有這些，與他一個月見一次面的親生母親比起來，完全是兩回事。母親只關心他的健康和心情，其他並不多問。所以從小到大，光緒與他這個名義上的「親額娘」總是親不起來。今天，她卻要說起家常話來了，真真少有！

「我的娘家姪女你不喜歡，偏偏喜歡那個不安本份的珍丫頭，這或許是前世的緣份不夠，我也沒有辦法。」慈禧輕輕地歎了一口氣。「但皇后是後宮之主，掌六院、管妃嬪，這是祖宗定下的制度。你不能剝奪她的權利，亂了這個規矩。」

光緒急道：「我沒有剝奪過皇后的權利。」

「早幾天大公主過生，你國事忙不能來，可以體諒，但你送的禮物，理應由皇后而不應由珍妃轉送。你這樣做，不僅冷落了皇后，也看輕了大公主。你懂嗎？」

光緒惘然望着慈禧，好半天才似答非答地說：「孩兒知道了。」

5 光緒帝兩頒衣帶詔，譚嗣同夜訪法華寺

回宮中的路上，坐在豪華馬拉轎車裏的光緒的思緒一直沒有停過，他回顧將詔定國是三個月來自己的所作所為。要說失誤，同時罷禮部六堂官一事或許可以說得上，太后說的「意氣用事」不是沒有道理的。但其他的事，包括議論最多的裁撤衙門的事，也並沒有做錯，只是徐致靖老先生所說的：快了一點。怎麼能不快呢，光緒心裏急呀，急大清國總不爭氣：處處不如洋人，事事受洋人掣肘欺負；急自己徒有空名而沒有實權，急那些文武官員只知道享受朝廷給他們的權利和俸祿，卻從不替朝廷分擔憂愁。從上到下，數以萬計的官員，幾個有心肝血性？俟河之清，人生幾何？光緒恨不得一個夜晚就把眼前這些不如意的事一掃而光。他時常因身邊的大臣和各省督撫不能理解他的心而苦惱、而焦煩、而憤怒，但今天慈禧的一番斥責，卻也使一直處在燃燒狀態中的年輕皇帝冷靜了許多。

這三個月來確實得罪了不少人，所得罪的人中又多為那些懶散平庸慣了的滿人。他們表面不着聲，心裏不服氣，說不定，他們都在暗中跑園子，向太后訴苦，求太后為他們做主。再說，梁啟超也太過份了。揚州屠城，這是在揭老祖宗的醜事。向學生說這些，將會導致甚麼後果，這不明擺着授人以柄嗎？另外，還有太后提到的康有為的孔子卒後紀年的事，這也是一件無任何實際意義，只能致招非議的標新

立異之舉。光緒突然想到，康有為、梁啟超其實只是書生而已，他們並沒有切實的仕宦經歷。隨着他又想起徐致靖、楊深秀，想起楊銳、譚嗣同、劉光第、林旭，這幾個月來所提拔重用的竟然全是沒有政務經驗的書生。自從翁師傅回籍後，有關新政事，身旁就再也沒有一個既有熱情又有威望的大臣可以商量了，有一位眾望所歸的張之洞，本是替代翁師傅的最好人物，卻又在晉京的半途之中折轉回武昌。

猛然間，光緒有了一種孤立無援之感。這種感覺一旦湧出，生性脆弱的他便不由自主地慌亂起來。這時，慈禧的震怒和訓斥，懷塔布、許寶騤及光祿寺等衙門官員的怨恨，榮祿、剛毅、徐桐等人頻繁地進出園子，以及最近董福祥甘軍的進駐長辛店、聶士成武衞軍的抵達天津，這一系列現象，便亂哄哄地交疊重複地出現在光緒的腦海中，一種莫名其妙的恐懼在心中產生。他似乎明白地看到：自己其實是手無寸權，這身九龍袍服不過是戲台上的行頭而已。他又彷彿看到前面的道路越來越狹窄，越來越黑暗。他這幾個月來的朝乾夕惕，好比是在掘深淵，挖鴻溝，過不了多久，自己就將會來到淵溝的邊上，被人推下去跌得粉身碎骨……

直到在養心殿東閣裏坐下許久，光緒的一顆心仍在怦怦亂跳，他還未從恐懼中走出來。

下午四點鐘，是宮中的午飯時候，他特為召珍妃進宮來陪侍吃飯。珍妃的到來，使他的心定了許多。席上，他把慈禧的訓斥一五一十地告訴珍妃，把大公主過生日那天因為送禮惹得皇后和太后不快的事，也對她說了。珍妃說：「當時我就看出來了，我沒有理睬她們。」

隔一會兒，珍妃又說：「我看，老佛爺昨天斥罵你，與皇后從中使壞有關係。她一向把家事和國事攪在一起。」

「珍妃，」光緒目光乏神地望着眼前的愛妃，淒然地說，「朝廷裏很多大臣都反對新政，我的努力恐怕會是白費了。」

「皇上，你不要太擔心。新政使國家富強，全國百姓都是支持你的。你的努力決不會白費。」

這話讓光緒的心稍稍舒坦了一點，但很快他的情緒又波動起來，沉重地說：「我現在才知道，太后其實是反對新政的。珍妃，我對你說實話，我一直很怕太后，我知道我鬥不過她，如果她堅持反對，我就只有罷休了。」

珍妃雖只是一個二十三歲的少女，卻生來膽大志豪有遠見。她深愛着光緒，愛他的聰明好學，愛他近於天真的純良，卻又深為他的膽小脆弱而惋惜。

早在兩年前，光緒便有意效法日本和西洋各國，振衰起疲，變法圖強，但他顧慮多，疑心重，瞻前顧後，遊移不定。珍妃一直在旁給他打氣，壯他的膽。三個月前的光緒終於下定決心棄舊圖新，與珍妃起的作用大有關係。

珍妃以憐恤的目光望着這個比他大五六歲的丈夫，看着他蒼白削瘦的臉龐和矮小單薄的身材，猛然覺得他似乎還不是成熟的男子漢，而只是一個大孩子而已。她以母親哄孩子的腔調說道：「皇上，不要怕，有我在哩，有大清百姓在哩，你怕甚麼。大不了，咱們停一停，待老佛爺百年之後，咱們再幹不遲！皇上，你做的事是對的，祖宗會保祐你的，上天會保祐你的，神明會保祐你的……」

珍妃絮絮叨叨地唸着唸着，果然，這一招很起作用，從園子裏帶來的慌亂感、恐懼感，慢慢地從這個欲辦大事卻又膽氣薄弱的年輕人的心上離去了。

「咱們還是得想想辦法。」情緒穩定後的光緒開始了正常的思維。「得把這個情況告訴我的臣民。」

珍妃問：「皇上最想告訴哪些人？」

「康有為。」光緒說，「康有為說洋人支持大清新政，叫他去找英、法和日本的公使，若他們出面講話，太后和那些反對新政的大臣就會有顧慮了。」

「這個主意好。」珍妃立刻附和。「但不能召康有為。康有為品級太低，召見他招人注意，馬上就會傳到園子裏去。我看，不如召見新提撥的軍機章京，這屬於正常召見，不易引人注意。」

「行。」

「也不要四個人都召見，那樣太招眼。」珍妃補充。

光緒說：「就召見楊銳吧！這些日子，我細心觀察了一下，楊銳在這幾個新章京裏最為穩重，性情也較平和，到底是張之洞的高足，今後可寄以重任。」

珍妃想了想說：「為昭慎重，皇上還是寫一道諭旨，召見時將這道諭旨交給他，讓他帶出宮交給康有為。康有為還可以將這道諭旨出示給公使們看。」

「就這樣吧！」

宮裏的光線已經暗淡了。珍妃親自點上燈，又磨好墨，在一旁侍候，光緒略為定定神，提起筆來寫着。

今年夏天京師格外熱，紫禁城內因為沒有樹木，又比胡同裏老百姓的四合院更顯得酷熱。正午時分，走過三大殿之間的金磚廣場，磚上的熱量可以透過兩寸多厚的朝靴直向腳底撲來，讓人有一種踏在熱鐵板上的感覺。直到黃昏，灼人的熱氣仍不少減。大殿堂大閣樓因為頂高磚厚，則比外面要清涼得多。

紫禁城惟有一處建築物，在這大熱的天氣裏不僅與外面一樣燥熱，而且還顯得更滯悶，這就是位於隆宗門外的軍機處值廬。

這一溜房子與周圍雄壯的宮殿極不相稱，又矮又小，瓦薄磚薄，加之辦事的人多，擁擠在一起，更顯得熱氣難耐。大軍機或根本不來，或坐一坐便走，留下那些小軍機叫苦不迭，一個勁地埋怨着：做軍機處章京還不如做討飯的叫花子！

掌燈的時候，當值的所有小軍機，一個個如同從牢房裏放出的囚犯似的，急急地往家裏奔，空蕩蕩的值廬，只剩下兩個人：楊銳和譚嗣同。他們以對新政的百倍熱情，自願呆在這熱得如蒸籠的小值廬裏加班加點。

「人都走光了，我們也不要這副君子相了，脫衣吧！」

譚嗣同邊說邊把長褂子脫了，還覺得熱不可當，乾脆把上衣也脫掉，只穿一條短褲衩，又抓起一把大蒲扇，死命地搖着：「痛快，痛快！」

見楊銳還是穿着後背都濕透了的長褂子，在全神貫注地讀着一份來自他家鄉四川的摺子，譚嗣同笑道：「叔嶠，脫了吧，別這樣死要面子活受罪！」

楊銳遲疑一下，把大褂子脫下來。譚嗣同說：「只有我們兩個人了，乾脆把上衣都脫了，打赤膊！」

楊銳笑着說：「畢竟是宮中，打赤膊不雅觀，萬一有內監送個緊急文書來，看見了傳出去也不太好。」

譚嗣同說：「已經是夜晚了，莫說是內監，就是宮女來了都不要緊。」

楊銳大笑：「若是宮女來了，就更不好了。」

二人正在嬉笑間，光緒的貼身太監王鑒齋急急走了進來：「皇上傳旨召見楊章京。」

楊鋭和譚嗣同都頗感意外：這麼晚了，皇上還召見，難道出了甚麼大事？楊鋭趕緊把剛脱下的大褂子重新穿好，又把罩在帽筒上的嵌有青金石四品頂子的紅纓帽戴上，再對着鏡子上下整理整理，然後跟着王鑒齋急急忙忙地跨出值廬，走向西長街。

譚嗣同一個人坐在燈下，再也無心治事了。一股不祥之感越來越濃重地湧上他的心頭。在這班維新新貴中，譚嗣同算是一個很特別的人物。楊鋭、劉光第等人活動的範圍只在京師官場，康有為、梁啟超的支持者多在士林，譚嗣同與他們不同，他是結交滿天下，朋友遍四海，無論官場士林，還是市井街巷，不管江湖武俠，還是綠林會黨，各行各業，各門各道裏都有他譚公子的至交好友。當年京師鏢局的第一保鏢、北國有名的大刀王五便是他的生死之交。朋友多，消息也便多。湖南的朋友告訴他，長沙城裏新舊鬥爭激烈，陳寶箴以巡撫之尊，徐仁鑄憑學政之位，都敵不過以耆儒名流王先謙、葉德輝等人為首的反對派，湖南的新政不出長沙一城，且有越來越孤立之勢。湖北的朋友告訴他，張之洞的洋務局廠、新式學堂儘管名聲很大，但其實只是虛有其表，不能細究，而且張之洞的新政也只在局廠、學堂、鐵路、練兵而已，對於開議院、行民政他是堅決反對的。他的《勸學篇》，説穿了是腳踏兩邊船。尤其令人擔憂的是，張之洞對慈禧感恩甚深，一心一意向着慈禧，晉京途中半途折回，背景蹊蹺，值得玩味。而以他父親為首的湖北地方各級官員對新政普遍冷淡，各項有關新政的諭旨全都擱在箱子裏，有的甚至連包封都沒打開。江蘇的朋友告訴他，翁同龢的革職回籍對江蘇全省震動極大，江蘇官場與翁氏一家三代關係甚深。翁的倒台，使他們膽戰心驚，目前都忙於自保，無暇顧及新政。對新政的成功，他們

普遍不抱希望。江湖的朋友則告訴他，眼下秩序動蕩，民心浮動，絕大多數人對朝廷已經絕望，他們決不相信朝廷能行新政，而且滿漢衝突又起高潮，老百姓的怨恨已轉變為種族仇恨，認為是滿人害了中國。更有異人在江湖上活動，聯絡會黨，欲揭竿起義，重演洪楊舊事。江湖上，如今是旌旗晃動磨刀霍霍，與變法、學西方等時髦舉措全不相干，他們走的是另一條路。

這一連串來自四面八方的消息，使得一向憂鬱寡歡的譚嗣同更加憂心忡忡。雖然憂慮，但他並不失望，更不沮喪。他堅信惟有變革維新才能救亡圖存，才能致中國於富強，這是不能有任何選擇、任何猶豫、任何懷疑的惟一道路。早在十多年前，他便看出了這一點。只是，他深知自己是孤獨的。後來他結識了康有為、梁啟超等人，雖然增加了一些同志，但他仍感孤獨。三個月前，皇上詔定國是實行新政，並特徵他為四品銜軍機章京。他歡欣若狂，認為可以一展平生鴻抱了。然而，來到軍機處不久後，從朝廷，從軍機處，從各地的奏報上書及四方友人的來信中，他發現，即便是皇帝本人親自來倡導這件事，卻依然是孤獨無援。

他為此哀痛，為此悲憤。他想到中國的讀書人，因數千年陳陳相襲的舊觀念，使得背上的包袱太過沉重，中國的百姓，因世世代代的貧窮困苦，早已變得麻木不仁，必須要有先知先覺大智大勇者，以生命和鮮血來震驚來喚醒。這段時期來，他已作好了準備：倘若哪天中國需要此種人的話，他譚嗣同願做第一個！

多少年來，除了這個偉大的事業能給他帶來激情和歡樂外，人世間已沒有多少東西讓他眷戀，讓他牽掛，讓他割捨不斷的了。

他最親愛的母親二十多年前就已經棄他而去。自那以後，家庭對他來說，就不再意味着親切和溫馨。他恨繼母，恨小姨娘，對自己的親生父親，他也沒有幾分感情可言。父親好色自私糊塗懦弱，雖居高位，實際上算不得一個大丈夫。他無子女：無膝下之歡，也無嬌兒之憐。他和夫人之間，或許是前生緣份不夠，也或許是後世性格不合，彼此相敬之禮勝過相愛之情。結婚十多年了，分居兩地之日多，廝守一室之時少，絕不像尋常小夫妻那樣如膠似漆形影不離。同胞兄弟三人，大哥二哥早已先歸太虛，他本人也是從鬼門關口轉回來的。復生，復生，死而復生，這已經是第二次生命了。

親情既淡，生命已再，譚嗣同對人世無所戀，亦無所憾。他常想，倘若到了真要為自己所耗盡心血的事業而獻身的那一天，他會坦然面對欣然就義的。他甚至希望有這麼一天，他能以一己之生命與鮮血，喚起國人的醒悟，那將是非常值得的，也將是他告別人寰最理想最壯美的方式。

就在譚嗣同心猿意馬惴惴不安地等待的時候，楊銳進來了。燈光下，譚嗣同看到的是一張憂愁的面孔。

「皇上跟你說了些甚麼？」譚嗣同走上前去，想幫楊銳脫外褂。楊銳的手擺了擺，兩手相碰，譚嗣同感到他的手意外的冷。決不是好事！譚嗣同似乎已覺察了事態的不妙。

楊銳默默在一條凳子上坐了下來，輕輕地說：「給我一杯涼茶！」

譚嗣同趕緊將自己喝了一半的茶端過來。楊銳接過，一口氣喝了個精光。

「復生，這是皇上剛才頒給我的密詔，看了你就知道了！」

楊銳從內衣口袋裏掏出一張折疊的紙來，譚嗣同忙接過展開，那紙已被汗水浸成半濕了。他小心翼翼地捧着，湊到燈下看了起來。

近來朕仰窺皇太后聖意，不願將法盡變，並不欲將此輩荒謬昏庸之大臣罷黜，而用通達英勇之人，令其議政，以為恐失人心。雖經朕屢次降旨整飭，並且隨時有幾諫之事，但聖意堅定，終恐無濟於事。朕亦豈不知中國積弱不振，至於阽危，皆因此輩所誤，但必欲朕一旦痛切降旨，將舊法盡變，而盡黜此昏庸之人，則朕之權力實有未足。果使如此，則朕位且不能保，何況其他！今朕問汝：可有何良策，俾舊法可以全變，將老謬昏庸之大臣盡行罷黜，而登進通達英勇之人，令其議政，使中國轉危為安，化弱為強，而又不致有拂聖意。爾其與林旭、劉光第、譚嗣同及諸同志妥速籌商，密繕封奏，由軍機大臣代遞，候朕熟思，再行辦理。朕實不勝十分焦急，翹盼之至。特諭！

獨處值廬時種種不祥之兆的思考，果然從皇上處得到了驗證，譚嗣同一時間悲憤莫名。

「叔嶠，皇上還說了些甚麼？」

楊銳從譚嗣同的手裏將密詔拿回，重新疊好，放進衣袋裏，然後慢慢說：「皇上將昨日在園子裏遭太后訓斥的事略為說了些。還說，變法到了今天，已處於危急存亡之秋。我們要和康有為、梁啟超一起商議，是否可請外國公使館出面，發表支持文告，借外人之力來壓太后。」

譚嗣同緊閉嘴脣思索着。他深陷的雙目和清癯的面孔，因冷峻而變得森厲起來。他伸出手來，對楊銳說：「把密詔交給我，我現在就出宮！」

如同接受命令似的，楊銳的手不由自主地伸向衣袋。手指剛碰上那張紙，卻又停住了。

「你這樣急急忙忙地出宮，會引人懷疑的。很難說門禁中沒有太后安置的密探。你難道忘了衣帶詔故事嗎？可惜我們無針線，不能縫之於衣帶中，萬一被人搜出怎麼辦？不如明早，我們從從容容出宮為好。」

漢末曹操專權，獻帝以指血寫密詔授國舅董承，命他定計除曹。皇后將此詔縫於賜給董承的衣帶之中，而躲過曹操的嚴查。這便是歷史上有名的衣帶詔故事。

譚嗣同聽楊銳這麼一說，渾身打了下冷顫，難道皇上已到漢獻帝那樣的可憐地步了嗎？

「皇上漏夜相召，說明此事已經危急了，怎麼能再等到明天呢？我必須立即出宮，找南海先生籌商良策，你給我吧！我會有辦法不讓門禁看出破綻的。」

楊銳將密詔從衣袋裏拿出，但手依舊攥着，不願交出來。

「你是怕被人搜出來吧！」譚嗣同在衣上摸來摸去，突然有了主意。他把腳上穿的靴子脱下一隻，從裏面將底幫撕開兩寸長的口子。「藏在這裏，總可以吧！」

「好吧！」楊銳覺得將密詔藏在此處，也還妥當，便親手將密詔小心翼翼地塞進譚嗣同的靴幫子裏。

譚嗣同重新穿好靴子，神色淒壯地向楊銳抱了抱拳：「我走了！」

楊銳心一緊，說：「你要多多注意，明天上午我來南海會館找你。」

譚嗣同通過景運門時，四個門禁中有兩個已坐靠楹柱邊睡着了，另外兩個正有一句沒一句地說着閒話，見譚嗣同大步流星地朝門口走來，其中一個年歲稍長的開了腔：「譚大人，散差了。」

譚嗣同隨口答道：「這天一絲風都沒有，悶得難受。你們還得守在這裏，怪辛苦的。」

另一個年紀稍輕的說：「沒法子呀，吃這份糧，就得受這份罪。」

譚嗣同靈機一動，從衣袋裏取出一個銀元來：「這是塊鷹洋，值七錢二銀子，四位哥們拿去買幾碗冰鎮酸梅湯喝喝吧！」

那年輕的忙走過來，一手接住，連聲說：「譚大人心眼好，憐恤咱哥們，過不了多久，皇上就會賞您個大軍機！」

「好！託你的吉言！」

譚嗣同忙跨過景運門，穿過黑沉沉的宅牆，來到錫慶門。錫慶門只有兩個小門禁把守，譚嗣同向他們點頭笑了笑，其中有一個認得譚嗣同的，叫了聲：「譚大人！」

譚嗣同又拿出一塊鷹洋來，遞了上去：「老哥，我有點急事出宮，請你開一道東牆小門讓我出去吧！」

東西兩圍牆有幾道小門，是專為進宮做粗事賤事的小民用的。正常情況下，進宮辦事的官員都從東華門裏進出，譚嗣同想儘快出宮，不願多走路從東華門出，又怕東華門人多眼雜，無故添出甚麼麻煩來，於是用小惠來買通門禁。這小門禁是用過鷹洋的，見到這塊青灰色的銀洋，很是高興，痛痛快快領着譚嗣同穿過錫慶門來到東牆，打開一道三尺餘寬的小門。

走出禁城的譚嗣同，這時才長長地出了一口氣：情形原來並不是想像中的可怕。莫非衣帶故事，是文人的杜撰！譚嗣同顧不得多想，蹽起大步，直奔粉嶺胡同南海會館。

來到南海會館時，已是三更天了。康有為和梁啟超長談到深夜，剛睡下不久，見譚嗣同夤夜來訪，都大為吃驚。

「南海先生、任公，皇上漏夜召見楊銳，頒下密詔。」

譚嗣同一坐下，便把靴子脱下來，從靴幫子裏抽出詔書來，雙手遞過。

康有為拉了拉梁啟超的衣角，說：「我們跪下接旨。」

梁啟超覺得實在沒有這種必要，但又不好違抗老師，便只得跟着康有為跪了下來。

康有為恭恭敬敬地磕了三個響頭，然後朗聲唸道：「臣工部主事康有為謹領聖旨！」

然後高高地舉起兩隻手，從譚嗣同手裏接過詔書，再站起，走到燈下細看。梁啟超也在一旁看着。

康有為的雙手慢慢顫抖起來，兩眼也慢慢盈濕模糊。

「皇上呀，皇上！」終於，康有為放聲痛哭，高聲慟叫起來。

梁啟超勸道：「先生，現在不是哭的時候，我們要為皇上分憂想辦法！」

譚嗣同也說：「南海先生，皇上期待我們拿主意！」

梁啟超打來一盆水，康有為洗了臉，三人重新坐好，開始籌議。

康有為說：「皇上主要是缺乏領兵的人，有幾個領兵的人死心塌地跟着皇上，就不怕老太婆了。」

康有為很討厭慈禧，從來不用太后、老佛爺這樣的尊稱來叫她，通常呼她為老太婆，有時氣起來，還會罵她老妖婆、老惡婆。

梁啟超說：「要說兵丁，六十六鎮綠營可謂一羣吃糧的蛀蟲，只是嚇唬老百姓，打起仗來一點用都沒有，天下真正管用的軍隊只有四支：一支是張之洞在江南練的自強軍，二是董福祥的甘軍，三是聶士成的武衛前軍，再加上袁世凱的新建陸軍，我們只能從張、董、聶、袁四人考慮。」

譚嗣同說：「張之洞在江南練的自強軍，現在由劉坤一在掌管。劉坤一也是個老邁昏庸的人，這支

兵不要考慮。董福祥的甘軍和聶士城的武衛前軍，早已奉榮祿之命，分別從甘肅來到長辛店、從京郊來到天津，榮祿是太后的人，這兩支兵力已在太后的掌握之中，不可能再聽皇上的命令來對抗太后。現在惟一可考慮的便是袁世凱的新建陸軍了。」

「袁世凱可用。」康有為立即接言，「乙未年我辦強學會時，袁世凱剛從朝鮮回來便來找我入會，又捐五百兩銀子。這事卓如也知道。」

梁啟超說：「袁世凱在國外十多年，與日本和西洋各國打交道多，眼界開張，頭腦清楚。我和他談過一上午的話，他給我的印象很深，是個可資信任的領兵之人。」

譚嗣同說：「要想得到袁世凱的實心擁戴，必須請皇上給他越級提拔。他現在只是一個道員銜，我看可以由皇上賞他一個侍郎銜。他必然感恩戴德，在危急之中為皇上效命。」

梁啟超說：「我以為，不如乾脆勸皇上遷都上海，離開北京。老太婆捨不得頤和園，她不會跟着到上海去。擺脫老太婆，皇上就可以自主了。」

康有為說：「幾年前，我就提出遷都一事，或遷上海，或遷廣州都可以。滬穗風氣開通，遠比北京好。但這是以後的事，遠水不能救近渴，眼下還是復生的主意好。事不宜遲，復生你趕緊回去，和叔嶠商量，擬個摺子，最好能面見皇上，當面說清。我和卓如過會就到日、俄等國公使館去遊說。」

譚嗣同剛出門，便遇到了急急趕來的楊銳。楊銳告訴譚嗣同，已將密詔事告訴了一早進去當差的林旭、劉光第。譚嗣同也把籠絡袁世凱的主意告訴楊銳，楊銳同意。他知道袁世凱這幾天正在京師，住在西郊法華寺。小站練兵處在法華寺長租一間僧房，作為聯絡及辦事的處所。

譚嗣同說：「這真是天遂人願，看來袁世凱是皇上的護法天神韋馱。」

楊銳說：「你回到瀏陽會館去準備摺子，我回宮，在軍機處值廬等候王鑒齋。跟他約好，正午十二時讓他到值廬取摺子。你在十二時之前把摺子繕好帶到值廬來。」

「行，就這樣辦。」

一切都按照他們的安排在順利進行着。

十一時半，譚嗣同風急火燎地送來奏摺。十二時，王鑒齋準時來值廬提取。半個小時後，楊銳、譚嗣同見王鑒齋急如星火般出宮。六時許，就見到袁世凱風塵僕僕地跨進景運門。

楊、譚、劉、林四位新章京在心裏長長地舒了一口氣。約一個小時後，又見袁世凱氣宇軒昂地從遵義門裏走了出來。借着薄暮的餘光，他們看見這位新建陸軍統領的臉上洋洋有喜色，便知道他一定是從道員升為侍郎了。眾皆欣慰。

不料第二天傍晚，幾乎在楊銳被緊急召見的同一個時刻，林旭也被皇上召見，同樣奉了一道密詔出宮。

翌日上午，在康有為的主持下，梁啟超、譚嗣同、楊銳、劉光第、林旭緊急聚會於南海會館。首先由林旭宣讀密詔：

> 朕今命汝督辦官報，實有不得已之苦衷，非楮墨所能罄也。汝可迅速出外，不可遲延。汝一片忠愛熱腸，朕所深悉，應愛惜身體，善自調攝，將來更效驅馳。朕有厚望焉。着康有為迅速前往上海，毋得遷延觀望。特諭。

康有為聽了這道諭旨，又大聲痛哭了一場。眾人或跟着流淚，或板臉握拳，盡在悲憤之中。

林旭首先說：「皇上想仿效西洋議會，開懋勤殿議新政，遭到榮祿、剛毅的反對，太后也加以斥責。皇上心裏非常痛苦，深覺勢單力薄，難以對付舊派，看來京師近期內會有不測之變發生。為了維新大業的前途，請南海先生遵旨先去上海避一避。至於我林旭，決不離開京師，我要在這裏與那些老朽較量較量，大不了一死而已。」

康有為說：「暾谷不怕死，難道我就怕死嗎？我也不去上海，留在京師輔助皇上，與老妖婆鬥到底！」

林旭激動地說：「我林旭死不足惜，南海先生乃維新變法的旗幟，只要南海先生不死，中國的維新大業就沒有失敗。」

梁啟超說：「暾谷說得有道理，先生宜速離北京去上海。我們都留在這裏，靜觀事態的變化。」

劉光第說：「皇上眼下心情焦急，諭旨所說的話難免有過頭之處。依我看，目前並不是失敗之時，我們不要太悲觀。」

譚嗣同猛地一拍坐椅扶手，厲聲道：「我看，一不做二不休，乾脆借九月天津閱兵之時，來個非常之舉，將老太婆及榮祿、剛毅都抓起來，看誰還敢反對變法！」

這真是石破天驚，又好比山崩地裂，譚嗣同的這幾句話把大家都給鎮住了。一時間，南海會館的氣氛如雪飄冰封，酷暑之中，彷彿覺得冷風颼颼，寒意逼人。

兵變！抓慈禧太后！這些個維新派精英甚麼都敢想，甚麼都敢幹，但除譚嗣同一人外，任誰都還沒

有想到這等事上來。

這個老太婆是甚麼人？二十多歲時她便敢於親手發動政變，殺肅順、載垣，廢除顧命祖制，實行垂簾聽政。佔據半壁江山、立國十三四年的太平軍就在她的手裏雞飛蛋打，只做了一場天國夢而已。跋扈囂張、不可一世的湘軍在他的手裏被乖乖裁撤，化解於無形。上自居正位的慈安，下至處領班的恭王，都不是她的對手，至於朝廷的親貴大臣，各省的督撫將軍，所有鬚眉男子全都匍匐於她的石榴裙下。她甚至可以將太和殿丹墀上的龍鳳來個上下顛倒，以表示她至高無上的地位和不可侵犯的權威。若說導大清於強大、致百姓於富裕，她一無所長一竅不通的話，使權術，弄政變，玩天下於股掌之中，行詐術於談笑之間，則當今中國無一人可比得上。倘若不是計出萬全，有百倍制勝的把握，這種念頭豈可動得？只要有一絲半點風聲洩露，瀰天大禍便不旋踵而至！

太突兀，太離奇，太駭人聽聞了！大家都不着聲，心裏頭卻如翻江倒海般的不得安寧，眼光不由得望着康有為──他們的精神領袖、龍頭大哥。

康有為也是大感意外。他在心裏掂量幾下後，咬緊牙關說：「我看復生這個想法也並不是完全不可能的。自古以來，成非常之事者必有非常之舉，這個老妖婆倒行逆施，已到天怒人怨的地步，祖宗神靈都會庇祐我們的成功。關鍵在於，這事由誰來做？」

譚嗣同接話：「當然是袁世凱。」

康有為說：「是的，此事非袁世凱莫屬。只是袁世凱敢不敢做，我們不知道。一個侍郎的官銜，是不是已使他成為皇上的人，也還不清楚。當然，事成之後，可以讓袁世凱做大清的兵馬副元帥。但若此

事不成的話，袁世凱也有滅門之禍，他不會不考慮的。」

梁啟超說：「先生說的對，得摸清他的態度！」

「我去！」譚嗣同刷地站起，慷慨說道，「我譚復生這就去闖虎穴，今天夜裏若沒有回來，你們就當我已葬身虎口了！叔嶠，暾谷，你們把皇上頒發的兩份密詔借我用一用！」

眾人都一齊站起來，一股悲壯之氣衝塞南海會館。楊銳、林旭將密詔交給譚嗣同。康有為緊握譚嗣同的雙手，沉重地說：「復生，維新大業能不能成功，大清能不能富強，皇上能不能制服老妖婆，就在此一舉了。千萬斤重擔，全壓在你一人身上。你不可太莽撞，要相機行事，說服袁世凱，我們都在這裏等你勝利歸來！」

譚嗣同堅定地說：「大家放心吧，我一定會把袁世凱說服的！」

法華寺建於元代，是北京外城的一個大佛寺。清初，剛進關的八旗軍就駐紮在寺院周圍，後來又做過正藍旗的校場。

法華寺的僧人們頗懂世俗的經商之道，利用寺廟地處京城的好條件，着意裝飾了十幾間僧房用來出租。此招甚靈，來此租房的人絡繹不絕。法華寺靠着這筆收入，把一個古舊佛寺侍弄得活絡而充滿生機。

新建陸軍駐紮在天津東南七十里的小站，為便於辦事，分別在天津城和北京城設有聯絡處，北京的聯絡處便在法華寺。五天前，為着與德國公使商談一筆軍火生意，統領袁世凱親自來到北京，下榻在法華寺的聯絡處。

這幾年，新建陸軍在袁世凱的訓練下，很快成為新式軍隊中最為突出的一支人馬。袁世凱受到朝野

內外的一致稱讚，有識之士更把稱為一顆前途無量的政壇新星，而此時的袁世凱，尚不滿四十歲。袁世凱在海外多年，對世界形勢頗為了解，知道中國需要變革，故對維新活動予以關注和支持。因此，新派也對他抱有好感，徐致靖還專摺保薦過他。儘管袁世凱知道自己口碑很好，遷升可待，但他決沒有想到鴻運竟來到這樣突然，這樣快捷。轉眼之間，便從正四品的道員擢為從二品的侍郎，連升三級，一下子便由一個地方中級官員變成一個朝廷大臣了！真正是祖宗保祐，福星高照。亢奮了兩天後，袁世凱想起，應該給皇上上一道謝恩摺。

星月照耀的法華寺，莊嚴而不神秘，靜穆而不冷寂，燈火下，袁世凱獨坐書桌前，握管構思。袁世凱不喜讀書作文，功名僅只秀才而已，他是靠銀子捐了監生身份，才得以獲取文官的資格。平時在軍營，有的是詩書滿腹而功名不遂的文人替他捉刀，可今夜全靠自己搜腸索肚，他一時有點作難，剛寫了一個題目，便覺得下文難以為繼了。他離開坐椅，背手在屋內踱起步來。

這時，門被輕輕推開，聯絡處的一個都司銜武官進來說：「袁大人，有個人要見您。」

「這麼晚了，是甚麼人？」袁世凱顯然不樂意此時見客。

都司說：「我已經替您擋了，他堅決要進來。」

袁世凱不大高興地說：「我現在正在辦重要的事情，要見，明天再說！」

「袁大人，再緊要的事也緊不過我的事，你今夜非見我不可！」

從都司背後傳來一陣尖利的聲音，原來客人已經到屋裏來了。

袁世凱見來人一身夜行服裝束，腰間微微隆起。軍戎出身的袁世凱一看便知道那裏藏着兇器：或是

匕首，或是西洋短火槍。刺客！他的腦中很快閃過這兩個字。

與此同時，來人也在死死盯着袁世凱：不及中人的五短身材，一顆特別肥碩的腦袋，兩隻又圓又大的眼睛裏精光閃亮，上嘴唇有一道濃密的一字鬍。

「你是誰？」袁世凱威嚴發問，「如何深夜來此見我？」

「哈哈哈！」來人尖聲笑起來。「袁大人，你是貴人眼高，認不得我。」

雖是笑聲，卻分明透露出一種逼人的威懾之氣。

袁世凱已感覺到此人的來頭不小。他見多識廣，是個極為敏捷乖覺的人，見此情景，立刻改變了態度：「壯士莫怪，袁某一時想不起來，請問壯士尊姓大名！」

「我乃譚嗣同！」

啊，這就是海內聞名的譚公子，而今天下矚目的新貴譚章京！

「哎呀呀！袁某有眼無珠，不知是譚老爺光臨，方才多有得罪，該死該死，還望譚老爺大肚海諒，請坐請坐。」袁世凱的態度來了個徹底大改變，滿臉笑容可掬，一副謙卑神態，又對站立一旁的都司斥道，「你還不趕快向譚老爺請罪，快去端一碗好香茶來，求得譚老爺寬恕！」

都司連連打躬作揖，又趕緊雙手捧了一碗香茶敬上。譚嗣同微笑着坐了下來。

袁世凱以很懇摯的態度說道：「譚老爺名播宇內，聲聞南北，袁某景仰之至，總是無緣相見。此次超擢軍機章京，足見皇上對譚老爺的器重。袁某多次想登門拜謁，只是顧慮到譚老爺新政事忙，無暇接見，遂不得不打消這個念頭。想不到今夜譚老爺光臨法華寺，真是天賜良緣，使袁某一償多年宿願，確

實是三生之幸。聖人云不知者不怪，方才的莽撞之處，千萬請譚老爺莫往心裏上記。請喝茶，喝茶。」

譚嗣同與這位新近崛起的軍事統領還是第一次見面，這之前腦子裏裝着的是有關此人的各種議論評說。對於一個素昧平生的不速之客的冷漠與拒絕，並非多大過錯，而一旦得知後立即殷勤接待，足見他的誠懇。袁世凱的這番表現消除了譚嗣同的疑慮，他喝了一口茶說：「袁大人才幹超羣，識見卓越，我心儀已久。」

袁世凱忙說：「譚老爺言重了，譚老爺才真的是海內人望。」

「造次闖進法華寺求見，本不應當，然事情緊急，不得已如此，還請袁大人見諒。」

袁世凱不由得緊縮一下。譚嗣同眼下是皇上的近幸寵臣，說是有緊急事，莫非是受皇上之託而來？遂斂容說：「有甚麼事情，請譚老爺明示。」

譚嗣同莊容正色地說：「袁大人，皇上自六月初行新政以來，頒發新政諭旨上百道，但於官員升黜，除禮部一事特殊外，幾乎未有動靜，至於軍營中，更無一人得到提拔，而在上千個帶兵統領中惟一越三級而擢升您。你說說，皇上對您如何？」

袁世凱激動地說：「皇上對袁某的恩德，天高地厚，袁某粉身碎骨無以報答。」

譚嗣同又說：「袁大人，您看皇上屬於怎樣的君主？」

袁世凱立即答：「皇上乃曠代聖主，實聖祖、高宗爺一脈相傳的有為君王。」

「好！」譚嗣同說，「袁大人既感皇上大恩，又知皇上為聖主，若皇上遇到急難之事，您如何辦？」

袁世凱不假思索朗聲答道：「皇上若有急難之事，袁某將親率新建陸軍，為皇上解危靖難，雖赴湯

蹈火，在所不辭。」

「皇上現在就遇到了急難。這是皇上近日頒發給楊銳和林旭的兩道密詔。袁大人，您先看看。」

譚嗣同從內衣袋裏取出兩道密詔來，袁世凱忙跪下，雙手過頭捧接。隨即站起，走到燈下細看。

袁世凱邊看邊想，越想越覺得形勢緊如繃弦且危如水火。

袁世凱是個精明透頂的政壇射雕手。他雖居小站，卻對京城中的朝局瞭如指掌。他深知變革對中國的重要性，也深知變革會遭到既得利益者的反對，因而充滿着危機和風險。他也知道主張變革的皇上並未握實權，而不希望變動的太后才是大清的實際主宰者。他為自己定下的方略是：安處小站練好新軍，靜觀大局，不捲入旋渦。皇上超擢他為侍郎，他知道皇上想依靠他。當然，他更需要依靠皇上，他決不會拒絕而是心存感激。他感激皇上的聖眷，會為皇上辦事，但若是牽涉到新舊兩派的爭鬥，他會謹慎。現在，皇上將不僅讓他捲入爭鬥，而且是捲入與太后的爭鬥，袁世凱感到百般為難，萬般恐懼。看完兩道密詔，他的後背已讓冷汗濕透了。

「譚老爺，皇上現在處境到底如何？」

譚嗣同臉色陰沉地說：「皇上被太后及一羣老朽所包圍，不能自行其志，處於危難之境，袁大人是救皇上惟一有力之人。若袁大人助皇上，皇上可擊敗太后及老朽；若袁大人助太后，則皇上將有可能被廢。」

袁世凱被譚嗣同這幾句話震驚了。在此之前，他還沒有意識到自己今天已在朝廷最高權力的爭鬥中，處於這樣至為重要的地位，也決沒有想到自己要在帝、後兩聖中擇一而從。也就是說，一股意外的

力量已把自己推向風口浪尖，這一瞬間的選擇將決定一生的命運：或富貴極頂，或殺頭滅門！

見袁世凱沒有接話，譚嗣同望着他的兩隻眼睛，冷冷地說：「袁大人不願助皇上，我也不為難你。你可以立即去頤和園告發我，說我譚嗣同勸你助皇上而背太后。我甘願就戮，當然，您可以立馬得富貴。」

袁世凱凜然回答：「譚老爺，您把袁某看成甚麼人了！我袁家世受國恩，深明大義，皇上不僅是您的皇上，也是我的皇上。我得皇上非常之恩，自應非常報之。皇上有難，救護之責，豈僅您一人，也有袁某我的一份責任。您有甚麼良策可以置皇上於平安，請說吧！」

得到袁世凱的明確表示後，譚嗣同這才嚴肅地說：「要救皇上出危險，必須制服太后及那批反對變法的老朽，欲達此目的，不行非常之變不可。九月間天津閱兵之事，很可能是太后與榮祿的一個密謀，到時利用董、聶二軍之力廢皇上而他立。所以，我們要先下手為強。董、聶二軍決不可與您的新建陸軍相比，您先將榮祿抓起來再軟禁太后，則董、聶不敢反對您。」

榮祿是袁世凱的頂頭上司。自榮祿任直隸總督兼北洋大臣以來，袁世凱對他畢恭畢敬，奉若神明。至於太后，更是四十年來大清臣民心中至高無上的聖君明主。在與譚嗣同見面之前，抓榮祿、囚太后，這不僅是他袁世凱不敢做的事，而且是連想也不敢想的事。再說，皇上本就是太后立的，既然權在太后手裏，她要廢皇上不是一句話嗎，又何必利用天津閱兵？這個念頭在袁世凱的腦中很快閃過，正想就此和譚嗣同探討下，卻突然再次瞥見譚嗣同腰間微微隆起的衣襟，立即明白這不是探討的時候。此時此刻，是幹也得幹，不幹也得幹！他只得說：「若皇上閱兵時疾馳入我的軍營，在我的軍營裏傳令鏟除奸賊，則我一定會奉聖旨，盡全力抓榮祿而保皇上。」

譚嗣同盯着袁世凱看了好一會，猛然說：「榮祿是您的頂頭上司，一直待您甚厚，您到時能下得手嗎？」

袁世凱未料到譚嗣同會有這一招，腦門頂上沁出一排冷汗來。開弓已無回頭箭，話已說到這個份上是再也沒有猶豫遲疑的地步了，即便剛才的一切都是做戲，也得把這齣戲演完，而且要演得逼真精采。袁世凱定了定神，慷然回答：「若皇上在袁某的軍營，則誅榮祿如殺一條狗耳！」

譚嗣同聽到這裏，才長長地舒了一口氣，說：「如此，護聖主、清君側、肅宮廷、振興大清之功，袁大人您當居首位。」

袁世凱忙說：「不敢，袁某不過奉聖旨行事而已。」

譚嗣同起身道：「袁大人，今夜我們就談到這裏，具體事宜，我們到時再詳議。有甚麼事，可派心腹之人到瀏陽會館來找我，也可到南海會館找康有為先生。就此告辭了。」

送走譚嗣同後，袁世凱躺在法華寺的僧床上，輾轉反側，一夜未眠。第二天，他上午拜會禮親王世鐸，下午拜會協辦大學士軍機大臣剛毅。第三天上午拜會戶部尚書、軍機大臣王文韶。這幾個人，既是國之大老，又是太后的寵臣，袁世凱試圖從他們探聽點內幕消息，也想藉此來平衡一下前夜的傾斜。

第三天下午，袁世凱乘火車離開北京回天津小站。

就在這個時候，有一個人坐在由天津開往北京的火車上，與他相對而行。此人從北洋大臣衙門裏走出，即將進入紫禁城。

中國近代史上最慘烈的悲劇，便在這京津道上的往返車廂中策劃着。

6 百日維新全軍覆沒後，張之洞憂懼難安

這個急急忙忙由天津回北京的人便是李鴻章的兒女親家、廣西道監察御史楊崇伊。楊崇伊不僅反對維新變法，尤其討厭康有為。康有為篡改孔子歪曲儒學的行為，使得楊崇伊很憤慨，他認定康有為是孔子的叛逆、國家的奸佞，便專與康有為作對。乙未年，康有為在北京辦強學會。他上摺斥強學會煽惑人心，圖謀不軌，結果強學會被查封。

康有為在上海辦強學分會，《強學報》上用孔子卒後紀年等事，也遭到楊崇伊的嚴辭彈劾。光緒詔定國是，實行新政，楊崇伊認為這是皇上受了康有為的蠱惑，對這幾個月來所頒發的所有新政諭旨，他幾乎一概予以反感。他對禮部六堂官被罷黜事很氣憤。這使得他很自然地與懷塔布、許寶騤等人結成了聯盟。懷塔布十分看重這個仇視新政痛恨康有為的御史，甘言讚揚，重金收買，楊崇伊遂熱心地為守舊派賣力。他時常出入剛毅、懷塔布等人的府宅，密謀對付皇上和新政的策略。就在光緒頒發給楊銳的第一道密詔的時候，楊崇伊便在懷塔布的家裏擬就了一道密摺。第二天，懷塔布的福晉瓜爾佳氏再次進了頤和園。兩個老太婆閒話家常，談着談着，瓜爾佳氏突然煞有介事地對慈禧說：「老佛爺，近來京師很不安靜。我們胡同口上就有兩家人被搶劫了，有一家婆媳兩個被殺。我們家最近幾夜都睡不好覺，提防

着哩。老佛爺住園子裏，太使我們放心不下了。眼看天氣也一天比一天涼了，還是早點回宮中去住為好。」

這幾句近乎聊天式的話，卻對慈禧很有震動：今年夏天是個多事之秋。皇帝行新政，鬧得舉國不寧，給鋌而走險的歹徒造成了機會。過幾天就是中秋了，今年中秋乾脆回宮裏去過好了。

正在思忖着，李蓮英送來了奏摺。瓜爾佳氏見太后有公事要辦，便知趣地告辭。原來這奏摺正是御史楊崇伊上的。楊崇伊的摺子上説：近聞康有為的江湖死黨有包圍頤和園挾持太后的非常之變，請太后速回宮訓政。

這原是懷塔布與楊崇伊策劃的一個嫁禍於康有為的陰謀，分兩個側面同時進行。果然，有瓜爾佳氏那一番話在前，慈禧對楊崇伊這道摺子十分重視，而且越想越有可能，越想越害怕。當天下午慈禧就決定離開頤和園回宮，弄得光緒和宮中大小太監、宮女們措手不及。

懷塔布見這種恐嚇對老太婆極有作用，便和楊崇伊謀劃下一步。懷塔布説皇上突然間越三級超擢袁世凱，此舉值得大為注意，楊崇伊對這一提醒很重視。懷塔布請他去一趟天津，和榮祿談一談。楊崇伊在天津北洋衙門裏和榮祿商討了一個晚上。榮祿也感到皇上此舉非同一般。北洋三支新式軍隊，最強的是袁部，這樣看來，九月間的天津閱兵可能有戲看。榮祿的話給了楊崇伊一個啟發，這不又是一個很能打中老太婆的恐嚇？

一下火車，他便草擬了又一道請太后緊急訓政的奏摺，急忙送進宮中。

就這樣，第二天北京城風雲突變，形勢急轉。復出訓政的慈禧太后在短短的三四天內下達了一連串

殺氣騰騰的慈諭：

康有為結黨營私，莠言亂政，革職。其弟康廣仁着步軍統領衙門拿交刑部，按律治罪，逮捕山西監察道御史楊深秀。將譚嗣同、楊銳、林旭、劉光第、張蔭恒、徐致靖先行革職交步軍統領衙門拿解刑部審訊。全部恢復已裁撤的鴻臚寺、光祿寺等衙門。鑒於康有為、梁啟超已逃逸出國，會商英國、日本公使協助緝拿。同時又以皇上名義佈告天下，因病重不能聽政，懇請皇太后再度訓政。

雷厲風行、轟轟烈烈、令舉世矚目的維新變法，從光緒詔定國是那一天起到他囚於瀛台之日止，前後只經歷一百零三天，便以新派的全軍覆沒和舊派的全盤復闢而告終。消息傳出，世界各國為之詫異，中國的官場士林為之震驚，身處武昌的張之洞更是各種滋味盡湧心頭。

他的第一感覺和所有人一樣：震驚。一場本屬於建制、法規、律令方面的正常變動，卻引發為你死我活勢不兩立的權力爭鬥，而且如此之快便見分曉：敗者敗得一塌糊塗，勝者勝得威風凜凜。即便深知朝廷內幕、關注時局變化的湖廣總督都大感意外，這宦海翻覆之間，真是神鬼難測！

接下來，他便暗自慶幸，走對了兩步重要的棋。一是四月間匆忙撰寫了《勸學篇》，表明了自己在新舊中西之間不偏不倚、平和公允的態度。更重要的是，五月初的晉京之行中止於半途。

張之洞心想，倘若不是桑治平出面來勸阻，到了北京之後，勢必取代翁同龢的位置，也勢必會成為皇上新政的謀劃者、支持者和執行者。那麼到了今天，也絕對會落得個失敗者的下場。為此，他深深感謝姐夫，更感激目光遠大的摯友。

張之洞知道自己十多年來一直在辦着與「維新」密不可分的事業，說過許多與「變法」非常接近的

言論，在世人的眼光中，他成了新派人物。同時，他與眼下朝廷最為忌恨的康有為、梁啟超都曾有過交往。事實上，他對康、梁都很欣賞，尤其對梁更為偏愛。這些細節，若落在舊派人物的手中，必會成為攻訐的口實。一陣焦灼之後，張之洞開始細心地加以回顧清理。

辦洋務局廠、新式軍隊、新式學堂這些事情，雖是這百日內的新政項目，但實際上在此之前，也就是說在皇上親政之前，太后聽政時期，便已有朝廷明令辦理。顯然，這些都是太后允准的事，自然不會遭到再度聽政的太后的否定。在變法這件事上，他一直小心謹慎地守住綱常名教和祖宗根本這兩條底線。關於這個態度，他在《勸學篇》中寫得非常明白：「夫不可變者，倫紀也，非法制也；聖道也，非器械也；心術也，非工藝也。」張之洞想，若有人在變法上為難他的話，這幾句話便足以為之辯護開脫。

這時，梁鼎芬走了進來，悄悄地附着張之洞的耳朵說：「香帥，焦山定慧寺望江樓楹聯，您還記得嗎？」

梁鼎芬的這句突如其來的問話，將張之洞從沉思中喚回，他想了下說：「記得，這會子你怎麼會想起那副楹聯來？」

梁鼎芬壓低着聲音說：「自京師出大事以來，我一直在為香帥回憶着看有沒有給人落下甚麼藉口的，剛才我突然想起那年在焦山的楹聯，好像有點不妥？」

張之洞的心下意識地緊縮一下：「有哪點不妥。」

「我記得，下聯的末句是『與時維新是正道』。太后現在最恨的是維新，倘若有人據此密告，說香帥

您是維新派，那就麻煩了。」

張之洞的心突突地急跳起來：「那怎麼辦？這楹聯已在望江樓上兩三年了，要收也收不回了。」

「把它刮掉！」梁鼎芬早已有了主意。「趁着現在還沒有人想起這件事時，趕緊刮掉，重新上漆。到時即便有小人生事，沒有了證據，他也硬不起來。」

「行，就這麼辦！」張之洞立即作決定，「節庵，就麻煩你到焦山去辦這件事。你立刻坐小火輪去，明天夜晚把它辦好。」

「好，我這就去！」

梁鼎芬説着，正要轉身出門，又被張之洞叫住了：「你帶一百兩銀票去，送給定慧寺的僧眾們。」這一百票銀子顯然是為了堵定慧寺和尚的口，梁鼎芬佩服張之洞想得周到，答應一聲，趕急出了門。

張之洞很感激梁鼎芬的這份心意。很快，他又不安起來：楹聯可以刮掉，但別的東西刮不掉呀！眼下太后最恨的是康有為，上諭寫得很清楚：康「糾約亂黨圖謀圍頤和園劫持」，又説康「只保中國，不保大清」。這樣看來，康有為乃叛逆，怪不得太后痛恨他。張之洞很悔恨不該在江寧接待康有為，更不應該資助他銀両，讓他在上海辦《強學報》。還有，前年對梁啟超的接待，也是太出格了。這些事盡人皆知，決不像焦山上的楹聯那樣，可以一刮了之的。

「香帥，你早已與康梁劃清界限了。」辜鴻銘一本正經地説，「一部《勸學篇》，乃絕康、梁而謝天下，天下人豈能不知？」

《勸學篇》是預為防患而作，但也沒有哪句說到「絕康、梁」呀，張之洞一時摸不清這個怪才肚子的小九九：「湯生，你說明白點。」

「香帥，你不記得了？《勸學篇》開篇就說『邪說暴行，橫流天下』，若有人說你是康、梁的後台，你可以明白地表示，你早就把康、梁的那一套稱為『邪說』了。你禁止康有為在《強學報》上以『孔子卒後』紀年，又斥責《湘學報》上的不軌文章，這就是你反邪說的行動。又有言論，又有行動，陳寶箴、徐仁鑄他們能跟你比嗎？所以我勸香帥你放一百個心，儘管世間風急雨驟，你卻處磐石之上，風雨不動安如山。」

辜鴻銘的確給了張之洞一顆定心丸。但這顆定心丸仍不能讓他完全安定下來，他想起梁啟超在湖南曾辦過南學會。是的，可以通過取締它來以此表明自己堅決擁護太后、堅決反對康、梁的態度。

張之洞立即傳令，命電報房火速致電陳寶箴：立即取締反動團體南學會，禁止一切集會結社，以安定人心而維護社會秩序。

儘管下達了這個命令，張之洞的心還是忐忑不安。還有一樁事與他同樣關係密切，那就是這些天被捕的人中，至少有三個人與他關係不一般。

第一個是譚嗣同。他的父親身為湖北巡撫，與張之洞共事多年，儘管於洋務兩人意見多有不合，但私交尚可。若要追究起來，譚繼洵自然責無旁貸，他這個湖廣總督也負有管教失嚴的過失。而眼下，譚繼洵不知處於何種境況之中。張之洞喚來女婿念礽，讓他代表自己去巡撫衙門探視譚撫台。

晚上，念礽回來告訴岳父，譚撫台雖為兒子逮捕入獄而難受，但不擔心受牽連。原來出事後瀏陽會

館就拍來緊急電報，告知譚嗣同怕老父受連，在步軍衙門來查抄之前，便模仿父親的筆跡寫了一封斷絕父子關係的信，這封信可以保護老父。事實上，這兩天湖北巡撫也一片安靜，未見有事牽涉到譚撫台的身上。張之洞聽了這話後，大為寬慰，心裏對譚嗣同充滿愛憐。好個深明事理的孝順兒子，在這種危急關頭，還能靜下心來想出如此好法保全父親。這等氣壯如牛、心細如髮、又忠又孝的人，真堪稱天地間的奇偉大丈夫。可惜時運不濟，遭此困厄，但願能平安渡過難關，日後作為當不可限量。身為父親的譚繼洵都沒有受到牽連，那他這個同寅自然更可以不負責任了。

第二個是楊深秀。早在山西時，楊深秀便因獻魚鱗冊而受到張之洞的賞識，後聘請他出任晉陽書院的教習。他進京做官後，仍與張之洞保持良好的關係，並自稱是張的學生。張之洞有不少信件在楊深秀手裏。實行新政以來，楊深秀很活躍，張之洞對他的活動大多表示支持。張之洞擔心，倘若萬一查抄楊深秀的家，查出自己寫給楊的信件後，豈不成了麻煩事！張之洞向已任刑部官員的兒子仁權發出急電，要兒子打聽楊深秀的事，特別關注是否抄了楊家。第二天兒子回電：楊深秀雖入刑部大獄，但家卻沒抄。張之洞放心了。

最令張之洞憂愁的是楊銳。作為得意門生和受器重的幕僚，從太原到廣州，從廣州到武昌，楊銳一路跟着他，從未分離過。那年，又是他推薦楊銳進京任內閣中書，實際上是湖廣衙門在京城的耳目。這些年來，要說張之洞對待楊銳，在信任和依靠上甚至超過了自己的兒子。感情上他不願意看到楊銳被捕坐牢，理智上更覺得楊銳不應該遭此劫難。張之洞深知楊銳和康有為不是一類人。

楊銳被皇上超擢，按諭旨辦事，何罪之有！即便皇上做的事大違太后之意，責任也在皇上身上，而

不應當由一個軍機章京來承擔。楊鋭冤枉！

楊鋭在好幾封信裏，都說起過他與康有為、譚嗣同等人的分歧，他是不贊成諸如民權、議院這些過激主張的。現在，卻因康有為的事而被捕入獄。一個正在成熟的國家棟樑轉眼間成了囚犯，這不太冤枉了嗎？要為楊鋭訴這個冤！

張之洞剛一冒出這個想法，心裏又不免有幾分畏難。眼前的變局是太后一手在操縱的，新舊之爭演變為權力之爭；從朝廷公佈的官方文書上，權力之爭又被說成是鎮壓奸佞集團的正義行為。楊鋭已和康梁同被列入奸佞一類，為楊鋭訴冤，豈不是為奸佞訴冤？身為國家大臣，此舉豈不有和朝廷作對的嫌跡？訴不訴，如何訴？時局危急，又容不得太多的思考。張之洞為此而心如火焚。他多想找一個人來商議商義，然桑治平已不在身旁，誰可與之談此等腹心話？

下午，念礽過來稟報漢陽鐵廠的事，說起鐵廠的總辦鄭觀應在幕友房裏與眾人聊天時，對譚嗣同、楊鋭四章京被捕一事深為遺憾。又說督署幕友們也對楊鋭遭此不測之禍歎息不已。

念礽的這幾句話給張之洞以啟示：為避嫌疑，自己不能出面，找一個局外人來關說，既可達到訴冤目的，又可以免遭風險。現在有一個最好的人選擺在面前，那就是漢陽鐵廠督辦兼鐵路公司總辦的盛宣懷。

此人絕對是新政的擁護者，是楊鋭等人的同情者，他門路極廣，且以局外人的身份出面更為妥當，但不知道此刻他願不願意出面？

念礽說：「鄭觀應的話說得激昂，估計盛宣懷也是這個態度。再說，他現在跟我們關係密切，也不

好意思拒絕。」

張之洞說：「這不是一般的事，不能勉強人家。你不妨先去鄭觀應那裏跟他說明，讓他先用電報與盛宣懷聯繫。若他願意，我再直接拍個電報。不過，所有這些都得對外嚴格保密。」

一個多小時後，陳念礽回來說：「一切都辦好了，您就擬電報吧！」

張之洞沉吟一會，對念礽說：「你記吧。」

陳念礽從衣袋裏掏出一支美國帶回的鉛筆，將張之洞口授的話一字字地記了下來：

盛京堂：楊叔嶠端正謹飭，素惡康學，確非康黨。平日論議，痛詆康謬者不一而足，弟所深知，閣下所深知，海內端人名士亦無不深知。此次召見蒙恩，係由陳右銘中丞保，與康無涉。且入值僅十餘日，要事概未與聞。此次被逮，實無辜受罪，務祈迅賜切懇夔帥、壽帥設法解救，以別良莠，天下普類同感兩帥盛德。叩禱。

王文韶字夔石，故稱夔帥。軍機大臣裕祿字壽山，故稱壽帥。

電報亥時發出，第二天未時盛宣懷回了一電：

張制台：真電所言楊叔嶠事，已轉電仁和，力懇保全，聖躬未癒，有旨徵醫。宋伯魯革職，餘無所聞。

仁和即夔帥王文韶，他是浙江杭州人，杭州古稱仁和，以仁和代王文韶，乃是對王的尊敬。宋伯魯

乃一名很活躍的新派御史，革職自是難免。張之洞看到這份電報，心情安定下來了。

王文韶與裕祿兩人中，盛宣懷沒有找裕祿而找王文韶，看來盛與王交情更深。王文韶眼下是太后的大紅人，身兼總署和軍機兩大任，他答應保全，大概楊銳的處罰不會太重。有旨徵醫，莫非皇上真的病了，多半是因新政失敗被囚而憂鬱成病？

北京幾乎所有的衙門都捲入了新舊之爭，朝政眼下不知亂到何種地步！張之洞電告兒子：遇有大事，隨時報告。

不料第二天深夜，仁權從京城發來電報：今日午後，康廣仁、譚嗣同、楊銳、楊深秀、劉光第、林旭被斬於蔡市口，監斬人剛毅，京師百姓觀看者數以萬計。未等電報讀完，張之洞已軟癱在藤躺椅上。

這是怎麼回事呢？這樣重大的案件，當事人又是朝廷的重要官員，為甚麼不按正常的程序由刑部審訊，由大理寺定罪，就這樣匆匆忙忙，甚至可以說是急不可待地把人殺了？

二百多年來的大清歷史上，似乎還沒有過這樣的先例。

就在接讀電報的前一分鐘還存在的企盼徹底破滅了，楊銳而今已是身首相分，倒在蔡市口的血泊之中。可憐的叔嶠呀，你真是冤枉死了！整整的一個晚上，楊銳的音容笑貌一直在張之洞的眼前晃動：一會兒是尊經書院憨態可掬的年輕學子，一會兒是太原城秉燭夜書的勤勉幕僚，一會兒是奔走國是的熱腸京官。今年才剛進的四十歲，一個大有作為的幹才能員，一個憂國憂民的正直書生，怎麼能以這樣的形式結束短短的人生，離別他眷戀不已的國家、朝廷、老父妻兒、師友同寅？

張之洞知道，像這樣的朝廷欽犯，在蔡市口砍頭，是有意暴屍示眾、三日之內不能讓人收斂的。還

差兩天便是中秋節了，張之洞抬頭仰望夜空中那一輪即將圓滿的月亮，心裏無限的悲涼。今夜，蔡市口是一副多麼恐怖的場景；今夜，京城楊宅又是如何地哀傷、悲痛！叔嶠七十歲的老父、十歲的幼兒、已成未亡人的妻子，既頂頂罪犯眷屬的惡名，又要承受失去親人的痛苦，未來的日子，將怎麼過呀！

張之洞要念礽速電仁權，派僕人帶一張千両銀票悄悄地去楊宅探視，並轉達他的問候。

接下來，是一連串的相關消息：翰林院學士徐致靖永遠監禁，其子湖南學政徐仁鑄革職永不敍用，積極行新政的戶部侍郎張蔭恆革職，充軍新疆，將康有為離間帝後圖謀不軌的罪行宣示天下。又命廣東地方官府抄查康梁原籍財產，逮捕已出逃的禮部主事王照的一兄一弟，保薦康有為的禮部尚書李端棻革職，充軍新疆，交地方官嚴加管束，湖南巡撫陳寶箴及其子翰林陳三立，以及前湖南學政江標、翰林熊希齡均革職永不敍用，交地方官嚴加管束。在懲辦新派的同時，以懷塔布、許寶騤等為代表的一批老派人物，或加官晉級，或官復原職。

一百零三天的維新變法彷彿一場春夢似的，一覺醒來，大清帝國沒有絲毫變化，依舊是原來的舊貌樣。

急風驟雨般的瘋狂報復過去後，張之洞最為擔心的是兩件事：一是有人會借他曾與強學會和康梁有過聯繫，以及他與楊銳的師生關係而攻擊他。這都是確確實實的歷史，他無法抹去，也無法改變，倘若遇到仇家要周納深文無限加碼的話，他張之洞也可以被視為維新變法的積極擁護者，甚至是康梁的後台而遭到嚴懲。事實上，有人已經在這樣做了。

十六七年前因貪污被參劾的前山西布政使，十二三年前借徐致祥彈劾張之洞不成、賦閒家居一百天

如今又官復原職的太常寺正卿葆庚，便找到了眼下言官中的大紅人楊崇伊，以用一萬貪污銀子買來的宋徽宗的一幅花鳥真跡為誘餌，慫勇楊崇伊上了一道對張之洞的參摺，但慈禧將這份參摺留中未發下。一來張之洞是她一手提拔的而今享有盛譽的三朝老臣，二來一部《勸學篇》也使得慈禧深信張之洞決不是康梁一類的人。辜鴻銘的那句「絕康梁以謝天下」的玩笑之語，終於得到了證實。這樁事，兩年後張之洞從姐夫鹿傳霖那裏得知，使他對慈禧更添一分感激之情。

張之洞的另一個擔心，便是他耗費多年心血經辦的洋務局廠，會因這場變故而受池魚之殃。這個擔心在幾個月後也慢慢消除了。鐵廠和鐵路都和先前一樣在正常的生產和施工中，盛宣懷及其得力助手們依舊在興趣濃厚地經營着，並對前景十分看好。其他如漢陽槍炮廠、漢陽火藥廠、紡紗局、織布局、製蔴局、繅絲局也事事照舊。

張之洞的仕途沒遇到障礙，他所致力的洋務事業也沒多大的影響。湖廣總督衙門的運轉一切如常，然而中國的政壇卻因這次變故而大傷元氣，中國社會的進展也因此而中止甚或倒退。西方各國曾因新政而對中國燃起的一點希望之火也遭澆滅，灰藍色的眼睛裏充滿着對這個古老之國的政治不可理解的迷惘神色。中國的億萬百姓，也從此失去了以和平方式獲得富強的機會，被迫走上血與火的痛苦之路。神州大地，再度陷於壓抑、沉悶、暗淡的時空大隧道中。

終於，這種畸形的陳舊統治術導致了一場更為混亂更為可怕的大動蕩，大清帝國因此蒙受從未有過的奇恥大辱，搖搖欲墜的愛新覺羅王朝幾近覆沒！